Le modèle suisse

Du même auteur

L'Indépendance de l'Algérie, Peter Lang, Berne, 1977.

Dessine-moi un Suisse, 24 Heures, Lausanne, 1987.

Documents Payot

Fabien Dunand

Le modèle suisse

AVANT-PROPOS

Janvier 1991. Devinez à quoi rêvent les Allemands après la réunification ? A la Suisse. 40 % des Allemands de l'Est comme de l'Ouest voient dans le petit pays voisin, riche et paisible, le modèle à suivre pour l'avenir, le bonheur à imiter. Ils songent naturellement au bien-être douillet, à la neutralité, mais ils souhaitent aussi qu'on améliore les institutions allemandes — bien qu'elles n'aient pas démérité à leurs yeux — en empruntant les chemins du système helvétique. En publiant les résultats de ce sondage réalisé pour un journal munichois, *le Monde* titre, en première page : « La tentation suisse des Allemands [1] ». A quoi rêvent les Italiens empêtrés dans leur crise perpétuelle ? A la Suisse. Le professeur Gianfranco Miglio qui prêche depuis plus de vingt ans — à l'université catholique de Milan — les vertus du fédéralisme est subitement assailli par la presse de son pays. Dans quelle mesure, lui demandent les journalistes, le modèle suisse pourrait-il servir de solution à l'instabilité chronique de la péninsule [2] ? A quoi rêvent les Soviétiques pour sauver l'empire éclaté du déchirement des nationalités ? A la Suisse. Du 9 au 13 juillet 1990, Edouard Chevarnadzé dépêche à Berne une mission d'information pour étudier, sur le terrain, le fédéralisme démocratique, si éloigné du centralisme du même nom. Les délégués soviétiques soumettent à leurs interlocuteurs plusieurs situations concrètes auxquelles l'URSS se trouve confrontée et se montrent particulièrement intéressés par la manière dont la Suisse a surmonté la question jurassienne.

Ces quelques exemples confirment l'attrait du modèle helvétique à l'étranger, en particulier dans les pays qui s'apprêtent à participer, dès le 1er janvier 1993, à la grande aventure du marché unique. Au sein des Douze, l'opinion fait même davantage confiance à la Suisse qu'aux partenaires du jeu communautaire. Cette image particulièrement positive serait due, selon les responsables d'Eurobaromètre, au caractère du peuple suisse, laborieux et tranquille, et à la neutralité traditionnelle de la Confédération. « Quel génie de la vie en commun fait de cette démocratie campagnarde un organisme si heureusement balancé entre l'équilibre et le mouvement [3] ? » interrogeait déjà Alain Peyrefitte dans *le Mal français*.

Après sept cents ans de vie commune, les Suisses sont d'ailleurs convaincus que leur pays peut servir de modèle en Europe [4]. Mais l'intelligentsia en doute ; elle en doute depuis longtemps, chaque fois différemment, selon les sensibilités du moment. Dans l'entre-deux-guerres, Ramuz n'imaginait pas que l'entente confédérale ait un sens, qu'elle puisse survivre à un second conflit mondial. A quelques jours de sa mort, Friedrich Dürrenmatt, qui s'adresse à Vaclav Havel, livre en fait son testament à ses compatriotes sur le ton de la parabole. Il leur parle de prison dans les têtes : « Il s'agit d'une prison, assez différente évidemment de celles où l'on vous a jeté, dit-il à l'écrivain-président, une prison où les Suisses se sont réfugiés. Parce qu'à l'extérieur de la prison tout le monde se ruait sur tout le monde, et parce que c'est seulement dans leur prison qu'ils sont sûrs de ne pas être agressés, les Suisses se sentent libres, plus libres que tous les autres hommes, libres en détenus de la prison de la neutralité [5]. »

Cette distance critique que les intellectuels entretiennent volontiers avec l'opinion dominante n'est pas propre à la

Suisse. En mai 1989, *Libération* demande à onze écrivains des quatre coins de la Communauté : à quoi vous fait rêver l'Europe ? Les réponses contrastent plutôt avec « l'europhorie » ambiante à Bruxelles, à moins qu'elles ne ressemblent carrément à un cauchemar. Le Français Jean-Marie Le Clézio imagine par exemple le journal intime qu'il pourrait écrire en 1993[6]. L'année commence un vendredi, elle commence mal : « C'est le bruit des sirènes qui m'a réveillé, confie-t-il à sa fille. Les mugissements lointains ne résonnaient pas pour nous souhaiter la bienvenue dans cette année nouvelle, mais pour nous prévenir du danger de la pollution atmosphérique et nous avertir qu'il valait mieux que nous restions chez nous, sans feu, sans chauffage. » Ce 1er janvier 1993, la télévision, la radio recommandent aux Londoniens de rester chez eux pendant quatre jours et de ne sortir qu'en cas d'absolue nécessité, en raison de l'augmentation exceptionnelle des gaz toxiques. C'est la première alerte de l'année, ce n'est pas la dernière. Dans toutes les grandes villes européennes, la pollution dépasse régulièrement le seuil du supportable. Certains jours, la contamination microbienne s'en mêle. Des bébés, des vieillards en meurent. Et d'autres catastrophes écologiques s'ajoutent à cette malédiction chronique. A Londres encore, un accident survenu dans une usine d'armement répand des émanations de tabun, un gaz mortel. En France, un incendie se déclare à la centrale nucléaire de Tricastin, on parle d'une rupture de l'enveloppe. Jusque-là, l'Europe de Le Clézio ressemble davantage à une société menacée par l'arsenal chimique et bactériologique d'un Saddam Hussein qu'à un discours de Jacques Delors.

Serait-ce tout ? Non. Partout, le chômage est endémique. Il suffit d'une fausse rumeur pour que des centaines de jeunes se ruent à Mons et à Charleroi où, paraît-il, les usines sidérurgiques embauchent. Parmi ces désespérés, quelques membres du mouvement Gardiens de la Terre, avec leur tunique de bure qui les fait ressembler aux vagabonds du Moyen Age, mais aussi des Buffaloes, ces nouvelles bandes de casseurs qui recherchent la violence pour la violence.

Couverts de cuir, bardés de fer, grands buveurs de bière, de whisky, de champagne (ne pas oublier de mélanger), ils cognent au hasard des rencontres ou des circonstances, tantôt sur l'écolo, tantôt sur l'immigré. Ils ont, pour leur donner bonne conscience, le racisme latent de toute la société. Mais ce qu'ils pensent, eux, leur vient du fond des tripes. Et tant pis pour ceux qui se trouvent sur le chemin de leur pensée.

Dans la tête d'un romancier français, on le voit, l'image de l'Europe à venir n'est guère plus enjolivée que celle de la Suisse d'aujourd'hui sous la plume de ses meilleurs dramaturges. Le phénomène nouveau en Helvétie, c'est que le gouvernement lui-même se met à douter du pays. « Longtemps, nous avons passé pour un modèle, dit l'un de ses membres. Au moment où ce modèle devrait se réaliser sur une large échelle, j'ai parfois un sentiment de stérilité[7]. » C'est signé Arnold Koller, président de la Confédération en 1990.

Qui faut-il croire ? On ne peut répondre à cette question qu'en déshabillant la Suisse de ses clichés et l'Europe de ses slogans. On découvre alors que les relations entre l'une et l'autre sont placées sous le signe d'un double paradoxe. Le paradoxe européen qui veut que l'invention politique la plus spectaculaire du continent, selon l'expression de François Furet — « l'État-nation » — ait précisément empêché jusqu'ici l'Europe de se faire. Et le paradoxe suisse qui veut que le modèle d'une confédération européenne réalisée avant l'heure, au confluent des cultures, trouve dans sa réussite même des raisons de ne pas participer activement à l'unification du continent.

Notes et références

1. *Le Monde*, 9 janvier 1991. Le sondage publié dans le supplément magazine du *Süddeustsche Zeitung*, le 4 janvier 1991, a été réalisé auprès

de 1 936 Allemands (1 008 à l'Ouest, 928 à l'Est). La Suède vient au deuxième rang des pays modèles avec 29 % des suffrages, devant l'Italie (10 %), la France (8 %), les USA (6 %) et la Grande-Bretagne (2 %).

2. *L'Hebdo*, 4 janvier 1991.
3. Paris, Plon, 1976, p. 140.
4. Selon les sondages, 65 à 70 % des Suisses sont de cet avis, *Tages Anzeiger*, 25 août 1988 et *Coopération*, 25 juillet 1990.
5. *Pour Vaclav Havel*, Genève, Zoé, 1991, p. 19.
6. « 93, le roman de l'Europe », in *Libération*, mai 1989, p. 4-23.
7. *24 Heures*, 29 décembre 1989.

PREMIÈRE PARTIE

Les suisses

CHAPITRE PREMIER

UNE ESPÈCE A PART

Je suis certain qu'Ulysse
a choisi le lot d'être un Suisse.

Friedrich DÜRRENMATT

Les Suisses sont une espèce tellement à part qu'il leur arrive de ne pas se reconnaître. Un ébéniste alémanique établi à Genève en a fait un jour l'expérience. Pour fêter son cinquantième anniversaire, tous les siens, restés fidèles à leur village d'origine, Kaisten, dans l'Argovie profonde, avaient décidé de faire le voyage de Genève. Et de débarquer sur le quai de la gare dans un accoutrement volontairement folklorique : vêtus de blouses paysannes, coiffés de bonnets à pompons bien enfoncés sur le front, bannières locales au vent. De son côté, le comité d'accueil n'était pas en reste, une banderole de bienvenue lançait à la ronde, comme signe de ralliement : « *S'Mostis + Aahang vo Kaisten — do äne.* » Ce qui veut dire à peu près : « La smala de Kaisten, par ici ! » Que croyez-vous qu'il arriva ? Ce fut la police qui s'inquiéta. En patrouille dans la gare, de fins limiers genevois, dont c'était sans doute le jour de zèle, prirent d'abord cette bruyante et sympathique réunion pour un embryon de manifestation, et leurs auteurs pour des ressortissants... turcs. Il fallut le contrôle d'identité pour les convaincre qu'ils avaient bien affaire à des compatriotes. C'était hier, en mars 1987 [1].

La double image des Suisses

Au fond, les Suisses ont toujours eu l'image d'un peuple de paysans. D'un côté, bon enfant, sympathique, malin sous des dehors balourds, épris d'indépendance et prêt à la défendre. De l'autre, grossier, bardé de mœurs étranges, peu accessible aux flamboiements de l'esprit. Au XIVe siècle, les Allemands les appelaient : *Kuebuben, Kuemelcker, Milchbeugel.* Tous ces noms désignent le vacher, celui qui trait les vaches. Comme quoi Victor Hugo n'a rien inventé.

Le successeur de Zwingli à la tête de la Réforme à Zurich, Henri Bullinger se qualifiait dans sa correspondance de « gaillard rude et tranchant, à la suisse ». Au XVIIIe encore, l'écrivain bernois Beat-Louis de Muralt se décrivait ironiquement comme un « grossier personnage », et Marie-Antoinette qui jouait à la bergère dans le parc de Versailles n'en méprisait pas moins ce « gros Suisse » de Besenval, commandant de la place de Paris un certain 14 juillet. Ce qui n'a jamais empêché l'Europe des princes de s'étonner régulièrement des talents de négociateurs et de diplomates que cachaient ces roturiers aux manières sans doute trop simples.

Dans *Tartarin sur les Alpes,* Alphonse Daudet s'en est donné à cœur joie sur ce pays où l'on parle un affreux patois allemand, où l'on vous fait payer jusqu'au lever du soleil — il est vrai qu'il y pleut apparemment tout le temps — et dont les habitants, quand ils méritent deux mots de description, ont l'air idiot, grotesque ou hébété. Les pauvres bougres ne doivent songer qu'à nettoyer, encore et toujours, tant un village suisse paraît au brave Tartarin « trop propre, trop vernissé, sentant le joujou neuf ». Les choses ont-elles vraiment changé depuis le voyage du chasseur tarasconais ? En 1988, les Allemands trouvent aux Suisses beaucoup de qualités[2]. Dans l'ordre décroissant, ils les voient traditionalistes (90 % mentionnent ce trait de caractère), propres, diligents, aimables, hospitaliers, unis, fiables, prêts à se défendre, honnêtes, cosmopolites, joyeux, fermes, sociables, modernes, cordiaux, solidaires, charmants, drôles, tolérants, créatifs et modestes (ce dernier qualificatif ne recueille plus que 13 % des suffrages). Plus courte, la liste des défauts se concentre sur deux ou trois types de comportement : calculateurs (33 %), renfermés, avares, pointilleux, égoïstes, têtus et superficiels (8 %). Dans l'ensemble, l'image paraît plus positive que par le passé. Mais sous une palette plus riche de couleurs, on retrouve les deux traits du paysan : bonhomme et accueillant, mais tenace et habile à défendre son bien. Et les contradictions du jugement global sautent aux yeux. Comment peut-on apparaître joyeux, sociable, cordial, charmant, drôle aux uns et renfermé aux autres ? L'ambiguïté mérite au moins d'être éclaircie.

Monsieur Propre-en-ordre. — « Si on se mettait à installer l'eau dans les maisons, on irait au pire luxe et à toutes les catastrophes morales. » Cette réponse sans réplique adressée au XVIIIe siècle à une bonne Vaudoise qui voulait qu'on détourne une partie de l'eau de la fontaine villageoise pour l'amener sur son évier rappelle opportunément que les Suisses n'ont pas toujours considéré l'hygiène comme une vertu[3]. Les témoignages du passé ne sont guère flatteurs à cet égard. En les comparant aux fantassins allemands de son époque, Machiavel considérait crûment que les Suisses, dont il admirait par ailleurs l'efficacité guerrière, n'étaient « ni propres ni beaux[4] ». Sans remonter si loin, les touristes se lamentaient souvent, au XIXe siècle encore, des conditions d'hygiène de l'accueil. Une Anglaise qui parcourt le pays avec son mari se plaint de la malpropreté des chambres où elle loge en Valais et de l'air étouffé qu'on y respire. Un voyageur de passage dans les Grisons constate que les draps du lit qu'on lui propose ne sont pas propres : « Impossible, lui répond l'aubergiste, on y a encore couché qu'une seule fois[5] », etc.

La réputation de propreté des Suisses paraît somme toute assez récente. Elle tient sans doute pour une bonne part à l'élévation plus précoce ou plus rapide de leur niveau de vie. Selon le très sérieux *Annuaire statistique de la Suisse*, l'usage de savon et de produits de nettoyage a presque doublé au cours du dernier quart de siècle. Les Suisses en consommaient 14,3 kg par habitant en 1965, ils en utilisent 24 à 25 kg en 1990. Pendant toute cette période, les ventes ont progressé régulièrement, sauf à la suite du premier choc pétrolier qui leur a porté, quelques années, un coup sensible. Preuve qu'une crise économique provoque des remous jusque dans les salles de bains et de lessives et que l'amélioration de l'hygiène passe d'abord par l'augmentation du niveau de vie. Mais les Suisses ne détiennent plus, si ce fut jamais le cas, un quelconque record dans ce domaine. Ils se situent simplement dans la bonne moyenne européenne. La manie de la propreté qu'on leur prête n'est sans doute qu'une légende, en tout cas dans le domaine de l'entretien corporel et de ses à-côtés. Les Britanniques, les Français, les Allemands ou les Suédois consomment au moins autant de savon et de produits de nettoyage sans que personne ne songe à leur en faire compliment.

Pour de nombreux étrangers, la Suisse n'en reste pas moins le pays où les trottoirs sont propres et les habitants bien rangés, comme si l'hygiène de vie allait de pair avec le respect de la loi. « Il y a là une vie solide, écrivait André Siegfried, fondée sur la structure même de l'habitation, sur l'organisation sociale, dans une discipline stricte mais acceptée, et peut-être aimée pour sa rigueur même. Il s'agit d'une zone de civilisation où l'individu accepte sans peine de se soumettre à la loi, sans chercher à l'enfreindre, heureux de se sentir encadré, sachant qu'une vie évoluée comporte l'organisation, la hiérarchie et même une forte proportion de collectivisme[6]. » On n'affirmerait plus ce cliché avec autant d'abstraite conviction aujourd'hui. Il suffit de prendre le volant un instant pour constater que certaines règles de la circulation, les limitations de vitesse, l'obligation de boucler la ceinture de sécurité, ne sont guère respectées, surtout en Suisse romande. En Suisse alémanique, les grandes villes ont dans les faits dépénalisé la drogue, y compris les drogues dures, sans se préoccuper de la loi. A Berne même, à deux pas du « Palais » où siège le gouvernement fédéral, le parc de la Kleine Schanze s'est transformé en marché libre des paradis artificiels. André Siegfried n'en reviendrait pas, même si toute trace du « propre en ordre » bien helvétique n'a pas disparu.

L'ancien champion de ski Jean-Claude Killy raconte qu'ayant parqué sa voiture légèrement de travers, il avait eu la surprise d'entendre un policier qui passait par là lui demander de ranger sa voiture comme il faut : « Comme je n'imaginais pas que cela soit incorrect, dans la mesure où je ne gênais pas du tout la circulation, je lui ai demandé pourquoi. Il m'a répondu : "Parce que sinon ça fait désordre."[7] » Les anecdotes de ce genre font d'ailleurs les délices de la presse. Le 13 avril 1988 (il y a des dates dans l'histoire), un pandore genevois inflige une amende de 40 francs à une jeune femme coupable d'avoir exposé une fourre de duvet à la vue des passants au-delà de 10 heures du matin. « Ici, on n'est pas à Naples », lui explique l'agent, fort du règlement sur la propreté, la salubrité et la sécurité publiques. L'article 14, alinéa 3, de cet arrêté cantonal interdit clairement d'exposer literie, tapis, linge ou vêtement aux fenêtres et aux balcons donnant sur la voie publique après l'heure fatidique. Mais la contrevenante ne l'entend pas de cette oreille et recourt auprès du tribunal de police. Elle plaide pour sa santé. L'État ne peut l'obliger à ouvrir ses fenêtres au moment même où le trafic automobile pollue particulièrement l'atmosphère. « Mon duvet, demande-t-elle, est-il plus toxique que les émanations de gaz des voitures ? » Peine perdue. Le tribunal de police confirme l'amende. Mais la jeune femme ne cède pas et porte l'affaire devant la chambre pénale de la cour de justice genevoise. Et là — ô surprise — elle obtient gain de cause. Dans un arrêt qui a fait le tour du monde, le juge estime qu'interdire à la population d'exposer la literie après 10 heures du matin n'a rien à voir avec la propreté, la salubrité ou la sécurité publiques. Autrement dit, l'administration naviguait jusqu'ici en plein arbitraire et son règlement passe à la trappe : il est déclaré sans base légale. Au passage, le juge lance un clin d'œil aux stéréotypes. « La population ayant un sens inné de la propreté, dit-il, comment peut-on craindre que soit exposé du linge sale ? En revanche, la salubrité justifie qu'on attende les heures de moindre trafic — et donc de moindre pollution — pour aérer ses effets personnels[8]. » C'est la notion du « propre en ordre » retournée contre elle-même.

Un lourdaud maniaque d'exactitude. — Dans *Astérix chez les Helvètes*, les chambres des hôtels sont équipées de sabliers et, chaque fois que l'aubergiste crie « coucou », c'est qu'il est l'heure pour les clients de retourner leur compte-minutes. Exagération d'humoriste, bien sûr. Mais Neuchâtel a conservé le souvenir d'un fonctionnaire de l'administration postale, Jean-Pierre Bucher, qui servit d'éveilleur pendant soixante-deux ans. Jusqu'avant sa mort, en 1886, il disposait des clés de tous les hôtels de la ville et allait réveiller dans leur chambre les voyageurs annoncés pour les diligences du matin. Le service coûtait deux batz[9]. Un siècle plus tard, en 1983, un Américain faisait encore ce constat amusé : « En Suisse, les trains marchent comme des pendules, les pendules marchent comme des chronomètres, les chronomètres sont réglés sur le pouls de l'univers ; en Suisse, des yeux électriques surveillent les parkings souterrains et passent au vert quand une place se libère ; en Suisse, d'autres yeux électriques surveillent les urinoirs et déclenchent une chasse d'eau non seulement pour l'usager, mais en prime pour celui qui lui succède ; en Suisse, où des interrupteurs placés dans les matelas plongent les chambres dans le noir au moment précis où les gens entrent dans leur lit[10]... »

Dans l'imagerie internationale, le sens de la précision des Suisses, dont l'exactitude n'est que la dimension temporelle, s'accompagne d'un comportement apparemment nonchalant. Pour tout dire, l'étranger les trouve lents, comme appliqués à ne pas se presser, à respecter à la lettre les recommandations de La Fontaine : « Rien ne sert de courir, il faut partir à point. » Un voyageur français note, en 1822, que « rien ne se fait rapidement dans ce pays, personne ne semble en hâte ». Sa diligence s'arrêtait de dix minutes en dix minutes « pour délivrer ou prendre des paquets, ou pour donner aux voyageurs le temps de monter en voiture ou d'en descendre et de faire la conversation [11]... » Le temps semble s'être arrêté si l'on compare ces témoignages du XIXᵉ à celui du révérend père Bruckberger. Autrichien de naissance, mais devenu Français pour l'avoir voulu à 20 ans, ce dominicain peu conformiste a vécu deux ans au Sahara, huit aux USA, quatre en Grèce, avant de s'installer en Suisse en 1962. Sans enthousiasme. Au début, il est exaspéré par certains comportements. Lui aussi prend la propreté des maisons et des rues pour du puritanisme, le silence et les réserves des habitants pour de la lourdeur d'esprit. Peu à peu, il change d'avis. « Je découvre les Suisses, écrit-il dans ses *Mémoires*, tranquilles, ordonnés, une chose après l'autre. On a le temps. Si on ne l'a pas, on le prend. » Et ce petit jeu qui consiste à vous donner des rendez-vous à l'aube, dès 6 heures 30 du matin, c'est un test. « Il faut se lever tôt, constate-t-il. Cela vous classe d'emblée parmi les gens qui savent certaines choses précieuses qu'ignoreront toujours ceux qui ne se lèvent pas avant 10 heures du matin [12]. » Les Suisses eux-mêmes en plaisantent. S'ils se lèvent tôt, disent-ils volontiers, c'est qu'ils se réveillent tard et les blagues sur leur manque de vivacité courent — lentement — les rues. Un jour, trois Suisses vont à la chasse aux escargots et comparent leurs trophées à l'heure du rendez-vous. Le Genevois en a cent, le Bernois en a quatre, et le Vaudois explique qu'il en avait pris deux, mais qu'il ne lui en reste qu'un.

— Qu'as-tu fait de l'autre ? lui demandent ses compagnons.

— Il m'a échappé !

Vieilles histoires ? Certainement. Mais lors d'un sondage mené en 1990, 46 % des Romands interrogés attribuaient à ces chers Vaudois le record régional de lenteur [13]. Faut-il y voir la preuve d'un esprit épais ? Denis de Rougemont supportait mal qu'on oppose la lourdeur « helvétique » à la finesse « gauloise » alors que les deux peuples ont en commun la même origine celte, mâtinée par la suite du sang des invasions romaine et barbares. Cette manière de dire le minimum, et de le dire en cherchant ses mots, que certains Vaudois parmi les plus brillants pratiquent en virtuoses, s'explique plutôt par une volonté de contrôler constamment ses émotions sans trahir ses convictions, comme si la conversation, même intime, n'était qu'une négociation permanente avec l'autre. Bruckberger raconte cette anecdote de deux ouvriers agricoles qui font la pause dans les vignes de Lavaux, au-dessus du Léman. « Soudain, l'un pénétré de la beauté rayonnante qui l'entoure, hasarde cette réflexion :

— Tout de même, quand on voit ce lac, si beau, ces montagnes qui le ferment, ce ciel, cette lumière... on ne peut s'empêcher de penser, qu'au-dessus de tout ça, il y a quelque chose...

L'autre le coupe :

— Hé ! dis-moi, Louis, est-ce que tu deviendrais fanatique [14] ? »

Un avare né pour être banquier. — Dès les débuts de l'aventure mercenaire, l'argent a joué un rôle considérable dans l'image des Suisses, surtout en France, dont ils furent si souvent les soldats. Au cours du premier siècle de l'Alliance perpétuelle, de 1517 à 1612, les Capétiens ont versé en écus l'équivalent de 12 à 16 tonnes d'or fin aux cantons pour le seul droit de lever des troupes sur leur territoire [15]. Cela pouvait d'autant moins passer inaperçu que les confédérés se montraient intraitables sur la solde et l'entretien. « Les Suisses sont, à la vérité, vrais gens de guerre, disait Blaise de Montluc, mais il faut que l'argent ne manque pas, ni les vivres. Aussi ils ne se paient pas de paroles [16]. » Racine dira plus tard, dans *Les Plaideurs* : « Point d'argent, point de Suisse. » Littéralement, la formule était exacte (pourquoi auraient-ils versé leur sang pour rien ?) mais elle se transforma rapidement en proverbe indélébile. Les Suisses le méritaient-ils ? Sans doute un peu. Mercenaires ou pas, leur sens des affaires et de l'épargne fut au moins précoce. La Confédération s'est d'abord agrandie, à la fin de l'époque féodale, à coups d'achats de territoires ou de prêts hypothécaires judicieusement consentis. A l'heure de la faillite, les seigneurs endettés devaient leur céder tout ou partie de leurs domaines.

Autre signe qui ne trompe guère : la pratique de l'usure était autorisée à Genève, pourvu que ce soit à un taux raisonnable, à la fin du XIVe siècle déjà. Avant même que Calvin — qui n'était pas du lieu — n'en défende le principe sur le plan théologique et n'étende aux protestants l'avantage réservé jusque-là aux juifs dans le monde chrétien. D'une manière plus générale, le calvinisme a contribué à répandre en Suisse un comportement ambivalent à l'égard de l'argent. En avoir n'est pas un signe de perdition mais la preuve d'une récompense accordée par Dieu à celui qui Lui plaît. Montrer qu'on en a, en revanche, est condamnable. Étaler ses richesses ou en jouir est la dernière attitude à adopter quand la fortune vous sourit. L'argent gagné doit être réinvesti pour fructifier à nouveau, dans l'idée que les retombées de votre travail, pourvu qu'il soit licite, profitent ainsi aux autres. Cette conception a fini par servir d'archétype — et de règle d'or — aux milieux les plus aisés dont la discrétion est aussi légendaire que réelle.

Atavisme enfin ? De siècle en siècle, les étrangers ont souvent exprimé leur surprise devant des mœurs qu'ils jugeaient ascétiques ou spartiates et leur impression que rien, dans ce pays, n'était gratuit. Même Monsieur Thiers, symbole de toute une bourgeoisie, austère et rigide comme une redingote à huit boutons, considéra, à la suite d'un séjour à Vevey, que ce petit peuple était avare. Disons qu'on ne détient pas, pendant des années, le record mondial de l'épargne individuelle sans quelque prédisposition naturelle.

C'est sur ce terreau historique qu'est venue se greffer, avec la réussite économique du pays et le succès particulier de ses banques, l'image des gnomes de Zurich.

Un phallocrate qui fait la fondue. — Si les Latins passent pour être machos, les Suisses sont phallocrates. Français jusqu'au bout des phrases, les héros de roman de Frédéric Dard, San Antonio et Bérurier brillent davantage par leur souci de galanterie que par leur philosophie profonde sur la répartition des tâches ménagères. Cela n'empêche pas leur auteur de s'étonner que les Suisses sortent si peu leurs épouses. « La plupart des repas auxquels je suis convié, dit-il, sont des repas d'hommes. Ce qui est inconcevable à Paris [17]. »

Cette ségrégation sexuelle a toujours frappé les visiteurs. Une des premières surprises de Casanova, à Zurich, fut d'assister à un concert où les hommes étaient tous d'un côté et les femmes de l'autre, comme s'ils assistaient à un office religieux. Au XIXe siècle, les sexes ne se mélangeaient pas dans les parcs publics, et Victor Hugo souligne que les femmes trompent leur ennui en épiant la rue, avec des miroirs installés à l'extérieur des fenêtres à Bâle, derrière des tourelles à Zurich, ou de petites armoires percées de trous et placées sur les balcons à Lucerne [18]. En 1964, Denis de Rougemont note encore qu'au sein des couples, c'est l'homme qui s'exprime généralement en société, surtout s'il s'agit de politique [19]. Coutume plus alémanique que suisse peut-être, mais qui a largement marqué les mœurs d'un pays où la qualité de citoyen dépendait depuis des siècles du droit de porter les armes. La première démocratie de l'ère moderne a été la dernière en Europe à accorder le droit de vote aux femmes. « État phallocratique », en conclut André-Louis Sanguin, la situation faite aux femmes, sur le plan politique, l'a longtemps empêché de signer la Déclaration des droits de l'homme [20].

Malgré cela, le statut économique et social des Suissesses est comparable à celui de la plupart des femmes d'Europe occidentale. Une sur deux exerce une activité professionnelle. Cette proportion est certes beaucoup plus élevée dans les pays scandinaves — elle atteint près de 80 % en Suède — mais elle oscille bien autour de 50 % dans les États voisins de la Suisse, et même au-dessous, en Italie. A travail égal, les Suissesses gagnent environ un tiers de moins que les hommes, même si l'écart se réduit. Mais cette inégalité persiste également dans les principaux pays de la Communauté européenne. Dans la répartition des rôles au sein du couple, la conception fondée sur la présence de la femme au foyer demeure la plus répandue : même quand elle travaille, la femme assume une part substantielle des tâches ménagères. Lors d'un sondage réalisé en Suisse, en 1986, 80 % des hommes interrogés jugeaient que la femme devait rester à la maison pour élever les enfants, et 92 % ne s'occupaient pratiquement jamais du ménage [21]. A ce sujet d'ailleurs, les paysans helvétiques dont les touristes de la bonne société se moquaient volontiers par le passé étaient peut-être en avance d'une révolution. Les humanistes des XVe-XVIe siècles, de l'Allemand Martin Luther à l'Anglais Fynes Morison, s'étonnaient de voir ces montagnards s'occuper eux-mêmes du bétail, faire le beurre et le fromage, au lieu de laisser cela aux femmes comme partout ailleurs [22]. Pour sa part, Ulrich Bräker a laissé un témoignage inestimable sur la vie du Suisse moyen au XVIIIe siècle. Si le pauvre homme du Toggenbourg se plaint longuement du tempérament irascible de son épouse et de son goût immodéré pour la prière, il souligne aussi la dureté des travaux accomplis par sa femme : « Je l'aidais de mon mieux, écrit-il, et remplaçais vraiment une bonne en faisant la cuisine et la lessive, en portant l'eau et le bois ; et tout cela, d'ailleurs, avec grand plaisir. Que d'heures ai-je passées à porter mes petits sur mes bras, à les caresser, à les bercer [23]... » Aujourd'hui, les féministes l'exhiberaient en exemple.

Un publicain élu de Dieu. — Les effigies de 150 Suisses tapissaient les murs de la salle des honneurs de l'Exposition nationale de 1939. Certains étaient effectivement célèbres dans le monde entier, d'autres n'étaient guère connus que dans leur canton, mais tous avaient droit à un portrait de mêmes dimensions. En

Suisse, personne ne dépasse ; ou ne devrait dépasser. Toutes les institutions portent la marque de cette philosophie. Pas de chef d'État ou de gouvernement, même au niveau cantonal, mais un exécutif collégial dont le Président tourne aussi vite que la Terre autour du Soleil ; pas de général pour l'armée en temps de paix ; point de chef de parti ou de leader syndical omnipotent. « Si l'organisation de la vie politique en Suisse est propice au développement des responsabilités individuelles et sociales, constate André Reszler — le citoyen y est exposé à une grande variété de situations et acquiert facilement un haut degré de maturité —, elle ne favorise nullement l'éclosion de personnalités exceptionnelles. La peur de l'arbitraire, la haine de la démesure s'opposent à la réalisation de toute ambition hors pair. A l'homme d'envergure qui ferait éclater les cadres traditionnels de la vie et se placerait fatalement au-dessus des lois pour créer du neuf, s'oppose donc d'emblée une formidable coalition de résistances [24]... » Cette méfiance à l'égard des grands hommes n'a rien de scandaleux au regard de l'histoire. Sans songer nécessairement à Hitler ou à Staline, l'œuvre des « génies » politiques s'accompagne trop souvent de régimes totalitaires ou de dictatures policières pour que la réaction des Suisses n'apparaisse pas dépourvue de sagesse. Un homme fort, à leurs yeux, cela veut tout dire.

Cet état d'esprit a cependant envahi tous les secteurs de la société, l'école, l'entreprise, y compris les arts et les sciences, où des comités jaloux veillent à encadrer les ambitions et à doser les subventions déjà parcimonieuses de l'État mécène. Nulle part, sans doute, le génie n'a la tâche facile face à la meute des médiocres et, partout, les ratés en profitent pour se croire du talent. En Suisse, pourtant, c'est le tissu social lui-même qui ressemble souvent à un étouffoir ou à un carcan. Denis de Rougemont, qu'on ne peut guère soupçonner d'aigreur rétrospective, a bien montré que le « grand homme » ne pouvait exister dans ce pays qu'à la condition de passer inaperçu de son vivant — le comble de la réussite helvétique ? —, de se rendre très concrètement utile à la société ou de se faire reconnaître par l'étranger. S'il n'était prix Goncourt,

Jacques Chessex ne serait au fond, pour ses chers confrères de l'Association vaudoise des écrivains, que l'un des leurs, tout juste bon, peut-être, à jouer les trésoriers.

Ce comportement de modestie obligée sur le plan personnel trouve comme une compensation dans la fierté collective d'appartenir à un peuple élu. Autant le « moi, je » est interdit à un bon Helvète, censé ne pas avoir d'ego, autant le « nous » satisfait est répandu. Le peuple suisse se croit volontiers différent et, par conséquent, meilleur que les autres. « Y'en n'a point comme nous », ironise-t-il comme pour atténuer cette bouffée d'orgueil national, mais mieux vaut ne pas s'y tromper. « Dieu s'est fait recevoir bourgeois de Berne », disaient les Bernois victorieux pendant longtemps sur tous les champs de bataille de l'Europe. Aux jours les plus angoissants de la Seconde Guerre mondiale, le général Guisan a su jouer avec conviction sur cette fibre émotionnelle. « Remercions Dieu, qui nous a protégés à travers les siècles », répétait ce bon protestant dans ses appels au peuple et ses ordres du jour à l'armée. L'adhésion était telle dans le pays que, en juin 1940, plusieurs journaux ont mentionné l'apparition, dans le ciel helvétique, de la main de Nicolas de Flue — le saint patron de la Suisse aux yeux des catholiques. Selon toute vraisemblance, la main correspondait aux traces de condensation laissées par le passage d'un avion, mais peu importe. Le sentiment religieux recouvrait les croyances profondes de la population : le sort de la Suisse lui paraît — heureusement — prédestiné.

Le caractère national

« C'est une accablante entreprise d'expliquer un peuple surtout quand il n'existe pas... Nous ne savons pas très bien ce que nous avons en tant que Suisses à faire ensemble. » Ce jugement catégorique de Ramuz, paru dans la revue *Esprit* en octobre 1937, ne s'est pas vérifié comme l'écrivain le pensait. Il ajoutait en effet ne pas être certain qu'une nouvelle guerre trouverait les Suisses encore unis. Malgré la réponse très nette de l'histoire sur ce point, le doute n'a pas totalement disparu. Les Suisses ont-ils un caractère, une culture qui leur soient propres ? La question a encore agité un forum d'artistes et de savants réunis en 1988 à l'université de Genève[25]. Mais cette interrogation persistante sur la nature profonde de la maison suisse souligne plutôt l'originalité du ciment national que son inexistence.

Les Suisses entre eux perçoivent surtout leurs différences ; c'est un réflexe entretenu par des siècles de fédéralisme, de particularités locales, de quant-à-soi cantonal. Ils voient et soulignent d'instinct ce qui singularise les Alémaniques et les Latins, ce qui distingue un Bâlois d'un Zurichois, un Genevois d'un Vaudois. Ils en oublient leurs ressemblances et s'étonnent souvent de se découvrir des points communs lorsqu'ils se retrouvent sous d'autres latitudes. Très tôt, pourtant, dès le XVIe siècle, l'étranger a eu conscience d'un comportement typiquement suisse et s'est fait une image concrète du pays et de ses habitants. « Les Suisses, en dépit des différences ethniques, possèdent le caractère national le plus accusé et le plus facile à reconnaître de tous les peuples de l'Europe », confiait un professeur parisien à Jean-Rodolphe de Salis[26]. Sans tomber dans cet excès contraire, le tempérament national est suffisamment puissant pour marquer les œuvres des artistes — de l'ogre de Jacques Chessex à la vieille dame de Friedrich Dürrenmatt, du peintre Ferdinand Hodler au cinéaste Alain Tanner — et même de ceux qui, à l'instar de Ramuz, s'en défendent. Discernable sans microscope dans le domaine artistique, le caractère helvétique saute aux yeux dans les relations d'affaires. Professeur à l'École des hautes études commerciales de Lausanne, mais de nationalité allemande, Alexander Bergmann donnent ainsi quelques conseils aux managers étrangers qui souhaitent entrer en contact avec des Suisses : ne les sous-estimez pas, dit-il, ne cherchez pas davantage à les impressionner, et soyez patient[27]. Ce mode d'emploi ne fait que traduire deux traits fondamentaux du comportement helvétique.

1. La simplicité des mœurs et des relations sociales, le refus du faste extérieur qui s'accompagnent, dans le domaine de l'esprit, d'une méfiance instinctive pour les spéculations intellectuelles. Les Suisses détestent l'esbroufe et l'étalage en tout, ils préfèrent passer pour moins riches ou moins cultivés qu'ils ne sont, mais cette attitude ne doit pas faire illusion. Plus finauds qu'il n'y paraît, ils savent ce qu'ils veulent et se révèlent d'opiniâtres négociateurs.

2. Le respect des droits d'autrui, le goût de la vie associative qui se manifestent par leur manie de la consultation et de la concordance. Ils font perdre du temps au temps mais s'en trouvent fort bien et tant pis — ils ne sont pas loin de penser tant mieux — si leurs partenaires s'impatientent.

A ces formes de « démocratisme », à cette recherche appliquée de l'égalité, même si elle demeure superficielle, s'ajoutent au moins deux autres conduites ancestrales.

1. Le sens du travail soigné, méthodique, élevé au rang d'idéal moral et qui n'est pas l'apanage des Suisses alémaniques. Sinon une industrie de haute précision comme l'horlogerie n'aurait pas pu prendre un tel essor en Suisse romande, entre Genève et le Jura.

2. La discipline, la volonté de respecter l'ordre et la propreté qui frappent toujours les visiteurs à Zurich, à Genève comme à Lugano, bien qu'elles ne soient plus aussi absolues que par le passé. Le *Guide Michelin*, par exemple, s'extasie devant ces caissettes qui laissent, au coin des rues, les journaux à la discrétion des passants[28]. Les éditeurs suisses savent ce qu'il leur en coûte, le taux de vol étant plutôt en augmentation, mais on en déduit qu'ailleurs une telle politique aurait conduit depuis longtemps à la faillite.

Ce sont les circonstances qui ont peu à peu forgé ce fonds

commun national, la ressemblance des mentalités l'emportant finalement sur la diversité des langues. A la différence de la Germanie, toute la Suisse du plateau jusqu'à Bâle et Bregenz a vécu des siècles sous la domination romaine. A l'inverse, la Suisse romande qui a subi les invasions burgonde et franque a successivement appartenu au royaume de Bourgogne et au Saint Empire romain germanique, mais jamais au domaine des Capétiens. A l'heure de la Réforme, la même religion « helvétique » a rapproché Genève et Zurich sous l'influence de Calvin et de Zwingli, coupant la Suisse romande de la France catholique et la Suisse alémanique du protestantisme à l'allemande. « Vous n'avez pas le même esprit que nous », reconnaissait Luther en s'adressant au réformateur zurichois. L'emprise de la Prusse sur le reste de l'Allemagne, suivie d'une épidémie de peste nationale-socialiste, n'a fait que parachever l'œuvre patiente du Rhin, devenu à son tour frontière linguistique. Car la langue maternelle des Suisses alémaniques n'est pas l'allemand, mais leur dialecte, symbole parmi d'autres de leur identité.

Pour percevoir le fonds culturel commun à toute la Suisse, il faut la considérer, non comme les tableaux cubistes qui l'entourent, mais comme l'œuvre impressionniste à laquelle elle ressemble. De près, l'observateur ne distingue que des points de couleurs différentes jetés les uns à côté des autres sans raison apparente. Aucun sujet d'ensemble, aucune cohérence ne se dégagent. Pas de langue ni de religion communes dans ce pays, mais une imbrication profonde des unes et des autres : les deux confessions chrétiennes, la catholique et la réformée, influentes dans toutes les régions linguistiques ; les langues allemande et latine présentes ensemble dans plusieurs cantons, à Fribourg, en Valais, dans les Grisons, et dans une moindre mesure, à Berne ou plus récemment au Tessin. Pas d'État-nation ni de capitale qui servent d'aimant pour les talents ou les ambitions : un foisonnement, au contraire, de centres culturels, un éparpillement qui rend le pays encore plus petit qu'il n'est. Comme le note fort bien le peintre et sculpteur John Armleder : « La Suisse jouit d'une densité d'artistes à la créativité tout à fait exceptionnelle compte tenu de sa taille, du nombre de ses habitants et de sa géographie. C'est un phénomène très particulier et qui frappe en général les étrangers, bien que les Suisses eux-mêmes aient parfois tendance à l'ignorer, prisonniers qu'ils sont du minuscule îlot dans lequel ils s'enferment. Car ce petit pays ne forme même pas un ensemble intégré. C'est une sorte d'archipel, de complexe de villes et de villages qui communiquent peu entre eux (...). Cet éclatement en petites provinces centrées sur elles-mêmes ne permet toutefois pas de conclure que la Suisse n'est pas favorable à la culture[29]. »

Quelques foyers ne se sont plus éteints depuis la Réforme. Ils coïncident avec de grands centres urbains, Bâle, Genève, Zurich, surtout, devenue la ville de toutes les avant-gardes en Suisse depuis que s'y est développé le mouvement dada. Mais d'autres feux ont brillé dans toutes les directions : monacal et baroque, à Saint-Gall ou Einsiedeln, du temps des abbayes ; romantique et libéral, à Coppet, quand Mme de Staël y tenait son salon et ses amants ; populaire à Mézières, dont le théâtre de bois en pleine campagne vaudoise, la « Grange sublime », eut son heure de gloire jusqu'à Paris. Personne ne conteste d'ailleurs sérieusement l'existence de la culture en Suisse. On doute seulement de son caractère propre, de son originalité « nationale », comme si l'identité helvétique se limitait aux institutions politiques et à quelques comportements un peu étranges de ses habitants. Pour le reste, le Suisse serait culturellement français, allemand ou italien. Curieux blocage. Tout le monde admet sans sourciller la réalité d'une culture européenne, bien qu'on ne puisse lui trouver un centre unique, de Paris à Moscou ou de Madrid à Londres, ni de langue de prédilection, ni même une assise politique commune dans le passé. La culture suisse, parfaitement atypique par rapport aux cultures nationales qui l'environnent, ressemble en fait à la culture européenne, dont elle constitue, non pas l'avant-garde, mais la représentation historique la plus concrète.

La définition la plus juste me paraît encore celle de Jean-Rodolphe de Salis : « La culture suisse n'est pas une culture verbale, elle est manuelle[30]. » Son héros de légende, Guillaume Tell, a fait le tour du monde grâce au drame de Schiller, un Allemand, et à l'opéra de Rossini, un Italien. Elle ne s'exprime pas volontiers au travers d'un langage fait de mots ou de notes ; l'éloquence, le lyrisme, l'invention musicale ne lui appartiennent guère : elle se sent plus à l'aise en architecture, en peinture, dans les arts plastiques ou les sciences appliquées. Pas de Mozart ou de Shakespeare à l'horizon, mais des prix Nobel, des Giacometti ou des Le Corbusier à l'époque moderne, des Maderno, Borromini ou Fontana qui ont marqué de leur empreinte les églises et les palais de la Renaissance italienne. La qualifier de « manuelle », dans ce sens, ne l'oppose pas aux choses de l'esprit, mais souligne la forme d'expression qu'elle privilégie. Le mot renvoie à l'*homo faber* de Bergson ou à cette image que Bruckberger s'est fait d'Albert Camus : « Il a une qualité de l'âme tout à fait singulière que je n'ai observée que chez quelques très vieux prêtres et chez des artisans en matière précieuse, il a une âme manuelle si j'ose dire, une âme artisanale, appliquée aux travaux délicats et les plus précis dans l'ajustement des choses de l'esprit. Je connais, ici, à Vevey, un artisan orfèvre qui a les mêmes soucis, la même minutie d'application, la même angoisse intérieure dont il se garde de faire porter le poids aux autres, la même sûreté de main dans l'exécution[31]. » Artisan donc, et tailleur de pierre, mais capable de construire des cathédrales.

Le melting-pot européen

Physiquement et jusque dans ses mœurs, le Suisse est un métis européen, un Lotharingien façonné par des siècles de passage dans ce long couloir de communication nord-sud dont il occupe le centre. Plutôt grand de taille comme ses voisins du Haut, il a l'œil et le poil plutôt foncés comme ses voisins du Bas. A table, il puise sans façon aux sources de la bière et du vin. Volontiers bon vivant, chaleureux même sous la carapace d'une certaine rigidité sociale, il trouve du plaisir à son travail et prétend s'y épanouir. Tout son paysage mental est imprégné des mondes germanique et latin qui se mélangent dans sa tête comme dans ses veines. Bâle est le dernier port de la mer du Nord à l'intérieur des terres, et Genève l'extrémité septentrionale de la Provence. La cathédrale de Lausanne est dite bourguignonne et les palmiers s'accommodent du climat de la Riviera vaudoise, tout près du vignoble de Lavaux. Le poète Rilke qui découvre le Valais après avoir vécu à Vienne, à Venise et à Rome, compare cette vallée alpestre à un heureux mélange d'Espagne et de Midi. Le palais de l'avoyer lucernois Lux Ritter, qui date du XVIe siècle, constitue un cas unique d'architecture d'inspiration florentine au nord des Alpes.

La Suisse présente tous les aspects d'un mariage symbolique et réel entre les deux cultures, où les excès de l'une et de l'autre s'annulent. Quel habitant de ce pays n'a pas, parmi ses ancêtres, un arrière-parent au moins venu des brumes nordiques ou des cieux méditerranéens ? Quelques-unes des marques helvétiques les plus connues à l'étranger doivent leur existence à des immigrants. La plus grande multinationale du pays, Nestlé, dont les filiales sont présentes partout dans le monde, porte le nom d'un chimiste allemand né à Francfort-sur-le-Main en 1814, mais installé à Vevey où il inventa son fameux lait en poudre. L'entreprise Brown-Boveri, qui s'est acquis un renom international dans l'industrie des machines et des moteurs électriques, est née de l'association de deux jeunes ingénieurs, l'un d'origine britannique, l'autre d'origine allemande. Les soupes et les cubes Maggi ont répandu dans toute l'Europe le patronyme d'un fils d'immigré lombard, réfugié politique en Argovie. La première Constitution fédérale elle-même, celle de 1848, s'est inspirée des travaux d'un autre réfugié italien, le comte Pellegrino Rossi, qui fut un temps professeur de droit à l'université et député de Genève [32].

Sans remonter aux réfugiés huguenots, la première vague massive d'immigrés coïncide, en Suisse, avec la révolution industrielle et le développement des chemins de fer. De 1850 à 1910, le nombre des étrangers passe de 70 000 à 550 000. Ils représentent 15,4 % de la population résidante à la veille de la Première Guerre mondiale, alors que la moyenne européenne se situe à 1,2 % [33]. A l'époque, l'écrivain genevois Philippe Monnier se plaint déjà que sa ville s'internationalise. C'est que l'Europe pratiquait sans le savoir le principe de la libre circulation des personnes. Les ressortissants des États avec lesquels la Suisse avait conclu des traités d'établissement pouvaient s'installer librement sur son territoire, exercer la profession de leur choix. A la fin du premier conflit mondial, le gouvernement fédéral décida cependant de limiter cette liberté ; sans succès spectaculaire, il est vrai. La crise des années trente eut beaucoup plus d'effets. En 1941, les étrangers ne représentaient plus que 5 % de la population helvétique.

La deuxième vague date du boom économique de l'après-guerre. En 1950, 280 000 étrangers vivent en Suisse, plus d'un million en 1974, l'année record. Leur proportion approche alors 17 %. Sous la pression de l'opinion, le gouvernement prend, dès 1963, de nouvelles mesures pour restreindre l'immigration. Le flot s'en trouve freiné, mais il faut attendre la crise du pétrole, dix ans plus tard, et le fléchissement brutal du marché de l'emploi pour que le nombre des étrangers régresse et finisse par se stabiliser à 14-15 % de la population. « Dans l'ensemble, écrit à ce propos André-Louis Sanguin, la Suisse se conduit mal avec ses étrangers. » Choqué par le renvoi des chômeurs dans leur pays à la suite de cette récession, le géographe français vise surtout le principe, esclavagiste à ses yeux, qui lie le travailleur étranger à son lieu de travail puisqu'il ne peut changer d'employeur sans autorisation formelle des autorités [34]. Mais la naturalisation de 175 000 étrangers en vingt-cinq ans (dont les trois quarts étaient originaires des pays limitrophes) a également contribué, moins brutalement, à cette stabilisation.

La troisième vague, déjà perceptible quelques mois auparavant, se manifeste vraiment à partir de 1985. Le nombre des étrangers augmente à nouveau rapidement d'année en année, et le record de 1974 est battu en 1990[35]. Une immigration réellement croissante et la diminution des naturalisations expliquent cette nouvelle poussée, mais l'opinion se montre surtout sensible au phénomène des nouveaux réfugiés. Jusque-là, la Suisse accordait l'asile à un millier de personnes environ par année. Subitement, le flux des requérants s'amplifie : autour de dix mille par an pendant la période 1985-1987, plus de trente mille en 1990. Surtout, il change de nature. Aux ressortissants des pays d'Europe de l'Est ou du Viêt-nam, qui fuyaient les régimes communistes succèdent des Turcs, des Tamouls, des Africains dont beaucoup cherchent simplement de meilleures conditions de vie.

Au total, un habitant sur six est étranger : un taux inégalé en Europe. Encore cette moyenne ne veut-elle pas dire grand-chose. Dans les grandes agglomérations, les étrangers représentent en fait un quart de la population, jusqu'à 36 % à Genève. Dans la banlieue de Lausanne, la commune de Renens, quatrième ville du canton de Vaud, compte près de 44 % d'étrangers sur son territoire. Dans l'enseignement, le problème prend une dimension supplémentaire. A Genève, le français n'est pas la langue maternelle de plus d'un élève sur trois : on dénombre une quarantaine de langues différentes dans les classes d'accueil et 140 nationalités dans les écoles du canton.

Aux habitants venus d'ailleurs s'ajoutent les travailleurs de passage, les saisonniers (environ 150 000) et les frontaliers, dont le nombre a pratiquement doublé en dix ans. Attirés par des salaires plus élevés, 180 000 Français, Allemands, Autrichiens et Italiens ont passé la frontière chaque jour, en 1990, pour venir travailler en Suisse. Enfin, la statistique ignore les clandestins, entre 30 000 et 100 000 selon les estimations. De l'aveu même du directeur de l'Office fédéral des étrangers : « Il n'existe pas de volonté politique de les rechercher. Ce n'est pas le problème numéro un des autorités[36]. »

D'une manière ou d'une autre, en effet, la situation paraît incontrôlée aux yeux de l'opinion. Au début des années 70, ce sentiment a provoqué l'apparition de mouvements nationalistes dont les initiatives ont valu à la Suisse la réputation d'un pays xénophobe. Un Zurichois aux allures tranquilles, James Schwarzenbach, a déchaîné les passions en proposant de réduire « l'emprise étrangère » à 10 % de la population dans l'ensemble du pays — et à 25 % à Genève. Evénement exceptionnel, la Suisse profonde s'est rendue aux urnes le jour du scrutin : 75 % de participation. Mais 54 % seulement des votants ont rejeté l'initiative. « A travers les préoccupations essentiellement économiques des adversaires du projet et les élans de xénophobie de ses partisans, écrit alors *le Monde*, la Suisse s'est montrée peu conforme à son image[37]. » Sans disparaître, les tensions ont semblé s'apaiser par la suite. Les tentatives ultérieures d'inscrire dans la Constitution un plafonnement du nombre des étrangers — en 1974, 1977 et 1988 ! — n'ont recueilli qu'un tiers des voix. Mais le mécontentement diffus s'est ranimé avec l'afflux des nouveaux réfugiés. Les actes de violence le prouvent. Les incendies criminels contre les foyers d'accueil, les bagarres entre Suisses et étrangers se multiplient, entraînant régulièrement mort d'homme. Les sondages le confirment. En 1980, 61 % des Suisses déclaraient vivre positivement la présence des étrangers. Dix ans plus tard, ils ne sont plus que 41 % à les accepter sans problème, et plus de 60 % d'entre eux jugent indésirables les requérants d'asile[38] .

Cette évolution ne s'explique guère rationnellement. De toute évidence, elle n'a aucun rapport direct avec le pourcentage réel des étrangers, puisque c'est précisément en Suisse alémanique, là où ils sont les moins nombreux, que le mouvement xénophobe rencontre le plus d'écho. Manifestement aussi, cette réaction se moque des contingences économiques. Sans ce formidable apport extérieur de main-d'œuvre, le bien-être helvétique serait sans doute moins éclatant, le progrès aurait été sinon bloqué, du moins considérablement ralenti. Sur le plan démographique, le recul des naissances de l'entre-deux-guerres a créé un vide dans la pyramide des âges qui ne pouvait être comblé que par l'appel aux travailleurs étrangers, et leur présence ralentit le vieillissement en cours de la population. Sur le plan social, l'arrivée massive de simples manœuvres a permis à de nombreux Suisses de délaisser les métiers manuels et non qualifiés et d'accéder à la classe moyenne[39].

Mais ce phénomène de rejet n'est pas spécifique à la Suisse, il est européen. En France, par exemple, où les étrangers ne représentent que 7 % de la population, la situation a provoqué la percée du Front national de Jean-Marie Le Pen et des revirements plus ou moins déchirants. Quand le Premier ministre Michel Rocard découvre que « la France ne peut accueillir toute la misère du monde », le président François Mitterrand fait entrer dans le vocabulaire de la gauche une formule jusque-là taboue, en parlant du fameux « seuil de tolérance », de cette idée selon laquelle la cohabitation avec les étrangers devient problématique lorsque leur nombre dépasse un certain pourcentage. Coïncidence ? 68 % des Français se disent précisément convaincus que ce seuil est atteint dans leur pays[40] En Suisse comme en France, ce sont les catégories les plus défavorisées, les ouvriers, les retraités, qui réagissent le plus vivement. Partout aussi, la population admet certains aspects positifs de la présence des étrangers, qu'ils amènent avec eux le vent du large ou qu'ils accomplissent les travaux que les autochtones refusent de faire. Mais une très nette majorité, près de 60 % en Suisse, 74 % en France, estime que les étrangers menacent l'identité nationale[41].

L'Autre est ressenti comme une insécurité supplémentaire dans un monde engagé dans une course folle, presque absurde, où plus personne ne distingue la ligne d'arrivée. Dans la vie quotidienne, les difficultés de logement ou de transport, le simple prix, généralement exorbitant, du mètre carré donnent le sentiment d'être en réel surnombre. Dans la sphère de travail, les adaptations permanentes aux changements — du marché, des techniques de production, de la concurrence — distillent le stress et l'angoisse à des doses de moins en moins homéopathiques. Dans l'environnement, tout devient pollution, excès de présence de l'homme. Aux frontières, la déréglementation de l'économie mondiale et la construction de l'Europe (sans parler de l'implosion subite des pays de l'Est et de la énième crise du pétrole) risquent de déclencher de nouveaux cyclones sociaux. Plus rien ne semble stable, jamais, sur la belle planète bleue. Sans doute l'opinion cherche-t-elle une réponse enfin solide à ses inquiétudes, en rendant les étrangers responsables des problèmes. A ce phénomène bien connu du bouc émissaire s'ajoute certainement, pour les couches populaires, le sentiment de ne plus compter aux yeux du pays, y compris aux yeux des élites censées les représenter par le biais des partis de gauche ou des mouvements syndicaux. Les personnes les moins favorisées, qui côtoient justement les immigrés au travail ou dans leur quartier, ont dû batailler ferme dans la vie. Elles comprennent mal — ou prennent fort mal — les appels à la compréhension universelle lancés par des hommes d'appareil ou des intellectuels au nom d'une idéologie généreuse, bien sûr, mais qui ne leur coûte pas cher. La sollicitude dont on entoure les nouveaux arrivés, ces ouvriers de la onzième heure, leur donne de l'urticaire.

L'origine de plus en plus lointaine des immigrants n'arrange rien. Quand un nombre relativement élevé d'étrangers vivent dans le même endroit, ils ne sont plus ressentis comme des individus, mais comme un groupe, et les autochtones ont l'impression de ne plus être chez eux. Les risques d'explosion sont alors d'autant plus élevés que les différences culturelles sont plus grandes. Pendant des années, les immigrés venus d'Europe du Sud, Italiens, Espagnols, Portugais, ont dérangé les habitudes des gens du Nord qui les trouvaient au mieux

« sales et bruyants ». Leur intégration progressive, souvent dès la deuxième génération, et l'arrivée des Yougoslaves, des Turcs, des Maghrébins, des Noirs ou des Pakistanais, ont eu pour effet d'effacer le caractère exogène de ces Latins, finalement de langue sœur, de mœurs voisines et de religion commune[42]. A travers toute l'Europe, la nouvelle peur a pris le voile et les traits des immigrés musulmans, présents en Suisse, mais nombreux en Grande-Bretagne, en France, en Allemagne. Vont-ils s'intégrer eux aussi ou maintenir leurs différences, voire en réclamer le droit ? L'historien Emmanuel Todd juge pour sa part que les musulmans s'assimileront plus rapidement qu'on ne le croit, que leur religion et leurs structures familiales ne pourront pas résister, qu'elles commencent à se désintégrer dans une société déchristianisée, agnostique même, où la cellule familiale est réduite à sa plus simple expression. Il n'en soulève pas moins une question cruciale sur la manière très personnelle dont chaque État européen « règle » le problème. En France, l'enfant d'un Algérien devient français. En Suisse, comme en Allemagne, l'enfant d'un Turc reste turc. En Grande-Bretagne, l'enfant d'un Pakistanais devient un type particulier de citoyen britannique. Et de conclure : « Qui donc, en l'an 2000, sera européen ? [...] Les Européens ne pourront pas se définir sans se mettre d'accord sur la définition de l'Autre[43]. »

NOTES ET RÉFÉRENCES

1. *Le Matin*, 30 mars 1987.
2. Enquête menée en été 1988 pour le compte de l'Office national suisse du tourisme, *24 Heures* et *Tribune de Genève*, 16 février 1989.
3. Encyclopédie illustrée du Pays de Vaud, Lausanne, 24 Heures, 1984, t. II, p. 45-51.
4. *Œuvres complètes*, Paris, Gallimard, 1952, p. 133.

5. Pierre Grellet, *La Suisse des diligences*, Lausanne, L'Age d'homme, réédition 1984, p. 85 et 96-97.
6. *La Suisse, démocratie témoin*, Neuchâtel, La Baconnière, 1969, p. 22-23.
7. *L'Illustré*, numéro spécial Suisse, 12 septembre 1990.
8. *24 Heures*, 6 juin 1989, et *l'Hebdo*, 15 juin 1989.
9. Pierre Grellet, *op. cit.*, p. 42.
10. John McPhee, *La Place de la Concorde suisse*, Paris, Grasset, 1985, p. 77-78.
11. Pierre Grellet, *op. cit.*, p. 41.
12. *A l'heure où les ombres s'allongent*, Paris, Albin Michel, 1989, p. 213 et 225.
13. *L'Illustré*, 12 septembre 1990.
14. R-L. Bruckberger, *op. cit.*, p. 358-359.
15. Jean-François Bergier, *Histoire économique de la Suisse*, Lausanne, Payot, 1983, p. 304.
16. Jérôme Bodin, *Les Suisses au service de la France*, Paris, Albin Michel, 1988, p. 91.
17. *L'Illustré*, 12 septembre 1990.
18. Pierre Grellet, *op. cit.*, p. 203-204 et 206.
19. *La Suisse ou l'histoire d'un peuple heureux*, Lausanne, L'Age d'homme, réédition 1989, p. 140.
20. *La Suisse*, essai de géographie politique, Gap, Ophrys, 1983, p. 179.
21. *Die Weltwoche*, 23 janvier 1986.
22. Jean-François Bergier, *op. cit.*, p. 88.
23. *Lausanne*, L'Age d'homme, réédition 1985, p. 256.
24. *Mythes et identité de la Suisse*, Genève, Georg, 1986, p. 28.
25. *Création et innovation en Suisse*, Genève, Zoé, 1989.
26. *La Suisse diverse et paradoxale*, Neuchâtel, La Baconnière, 1971, p. 146.
27. *Bilan*, mars 1990, p. 107.
28. Édition 1987 du *Guide Michelin* « Suisse », p. 31.
29. Création et innovation en Suisse, *op. cit.*, p. 67-68.
30. *Ibid.*, p. 85.
31. *Ibid.*, p. 96.
32. Son histoire témoigne de l'ouverture d'esprit qui règnait sur le continent européen avant le déchaînement des nationalismes. Réfugié à Genève en 1815, le comte Rossi se fait remarquer comme professeur de droit à l'Université (il est le premier catholique à enseigner à l'académie de Calvin) et prend très rapidement une part active aux affaires publiques. C'est lui qui préside, en 1832, la commission d'experts chargée d'élaborer une projet de réforme du Pacte helvétique. Trop audacieux, le projet

échoue — il ne sera appliqué dans ses grandes lignes que seize ans plus tard — et le comte Rossi se retrouve à Paris où il acquiert la nationalité française. Nommé professeur au Collège de France, il obtient ensuite un siège à l'Institut et à la Chambre des pairs avant que Guizot l'envoie comme ambassadeur à Rome. Privé d'emploi par la révolution de 1848, le pape Pie IX l'appelle à la tête du gouvernement pontifical. Et Rossi entame une troisième carrière nationale, cette fois dans son pays d'origine, lorsqu'il meurt assassiné.

33. Jean-François Bergier, *op. cit.*, p. 246.

34. *Ibid.*, p. 93.

35. 1 071 753 étrangers résident en Suisse à la fin du mois d'août 1990 où ils représentent 16 % de la population contre 1 064 526 en 1974 (16,8 % de la population). Leur nombre était redescendu au-dessous de 900 000 personnes en 1980.

36. *24 Heures*, 23-24 janvier 1988.

37. Dans le *Bulletin de l'étranger*, en page une, sous le titre « La Suisse et la xénophobie », 9 juin 1970.

38. Analyse des sondages réalisés pendant dix ans par l'institut Demoscope, *24 Heures*, 17 avril 1990.

39. 71 % des Suisses considèrent cependant que les étrangers aggravent la crise du logement dans le pays en octobre 1990. L'argument selon lequel leur grand nombre pèse trop lourd dans les dépenses d'équipement (de l'école à l'hôpital) est régulièrement employé.

40. Sondage réalisé les 1er et 2 décembre 1989, et publié par *Paris-Match* le 14 décembre suivant. L'intervention télévisée du président François Mitterrand au cours de laquelle il emploie la formule du seuil de tolérance date du 10 décembre 1989.

41. Sondage Isopublic, *La Suisse*, 9 octobre 1990, et BVA-*Paris-Match*, 14 décembre 1989.

42. Environ 80 % des travailleurs étrangers installés en Suisse viennent des pays membres de la Communauté européenne ou de l'AELE.

43. *L'invention de l'Europe*, Paris, Seuil, 1990, p. 497-498.

CHAPITRE II

LES VALEURS SUISSES

> J'aime la Suisse car on s'y ennuie tellement que c'est un merveilleux endroit pour y travailler.
>
> Anthony BURGESS

Le travail et l'épargne

Toutes les études le démontrent, les Suisses sont champions d'Europe — et médaillés de bronze olympique — du travail. Selon la Société pour le développement de l'économie suisse, ils ont accompli en moyenne 1 800 heures de travail effectives en 1988, les Allemands de l'Ouest 1 560 « seulement ». A l'échelle internationale, seuls les Japonais (2 165 heures) et les Américains (1 847 heures) se montrent plus laborieux. Dans un rapport publié en juillet 1989, le BIT relève qu'avec une semaine de 50 heures dans les très petites entreprises, la construction et la restauration, et de 45 heures dans plusieurs autres secteurs, la Suisse est à la traîne par rapport à la majorité des pays industrialisés où des réductions considérables du temps de travail sont intervenues. C'est une vieille tradition dans ce pays. Jusqu'à la loi de 1877 sur les fabriques, qui limita à 11 heures la durée du travail quotidien, celle-ci oscillait entre 13 et 15 heures par jour, et parfois davantage.

« La journée de travail de l'ouvrier suisse, note Jean-François Bergier, semble avoir été plus longue que celle de ses camarades étrangers[1]. »

Le peuple lui-même adhère à cette philosophie de l'effort qui vient de loin dans son histoire. A l'heure où se répand partout la société dite de consommation, il rejette l'une après l'autre les initiatives qui lui proposent d'augmenter ses loisirs ou son temps libre. Il dit non à la semaine de 40 heures en 1976, non à l'abaissement de l'âge de la retraite en 1978, non à quatre semaines de vacances pour tous en 1985. En 1988, il refuse à nouveau de généraliser la semaine de 40 heures[2]. A cette date, la durée moyenne du travail est de 42 heures et demie, et un tiers des salariés, pour la plupart des étrangers, travaillent encore plus de 45 heures. Les arguments opposés par le gouvernement à ce dernier projet sont d'ailleurs révélateurs de la mentalité dominante. Le principe des 40 heures lui paraît à la fois trop rigide, inutilement dirigiste et, pour tout dire, simpliste. Trop rigide dans la mesure où il priverait certaines branches de l'économie et le système dans son ensemble de la souplesse nécessaire pour faire face à la concurrence internationale. Inutilement dirigiste puisque les conventions collectives conclues entre patrons et syndicats ont permis de réduire la durée effective du travail (de deux heures et demie par exemple entre 1973 et 1987), en profitant de l'amélioration progressive de la productivité. Simpliste, enfin, si l'on en croit les expériences faites à l'étranger où la réduction du temps de travail n'a pas garanti le plein emploi.

Ni la productivité ni la qualité de la vie ne dépendent effectivement de la seule durée du travail. Il n'est pas certain, par exemple, qu'en travaillant plus que leurs voisins, les Suisses aient pour autant moins de loisirs. Comme 86 % d'entre eux résident à moins d'une heure et 42 % à moins de trente minutes de l'un des grands centres urbains du pays, ils passent vraisemblablement moins de temps et d'énergie dans les déplacements quotidiens qui sont devenus la plaie des grandes métropoles[3]. D'une société à l'autre, le temps n'a pas non plus le même pouvoir d'achat : un ouvrier suisse doit en moyenne travailler moins longtemps que la plupart de ses homologues européens pour s'offrir le même bien de consommation. D'une manière générale, la vraie supériorité des Suisses, ce n'est peut-être pas qu'ils travaillent plus mais que leur sens de l'organisation les fait travailler mieux, sans les à-coups des conflits sociaux, dans un climat plus rationnel où l'économie s'adapte par étapes.

Derrière les stéréotypes, en effet, les esprits évoluent. De 1976 à 1988, la majorité opposée à la semaine de 40 heures est passée, dans les urnes, de 78 % à 63 %. Et s'ils en avaient réellement la possibilité, la plupart des Suisses (51 % en 1985, mais 63 % en 1990) choisiraient de travailler moins (pour le même salaire) plutôt que de gagner plus (pour le même temps de travail). Dans la vie, la quasi-totalité des Suisses souhaitent d'abord assurer un sort agréable à leurs enfants et subvenir aux besoins de leur famille. Cet objectif une fois atteint, ce sont les valeurs hédonistes ou post-matérialistes qui l'emportent : le bien-être personnel et le plaisir de vivre[4]. Plusieurs courants sont ainsi à l'œuvre en profondeur dans la société helvétique.

Sur le long terme, l'absence de ressources naturelles a façonné la mentalité nationale. L'école, l'entreprise, les institutions en ont fait le refrain du discours économique, inlassablement répété, aisément vérifiable. La survie passe par l'exportation de produits concurrentiels et riches du seul bien dont le pays dispose en abondance, à savoir le travail, même s'il s'agit désormais de matière grise et de cerveaux.

Après la Seconde Guerre mondiale, comme dans les autres sociétés occidentales, l'expansion formidable du secteur tertiaire a propulsé les Suisses dans les bureaux. Le couple ouvriers-indépendants constituait encore les trois quarts de la population active en 1950. Depuis le milieu des années 1970, plus d'un actif sur deux travaille dans une entreprise de services, et cette évolution s'accentue. Les travailleurs étrangers, proportionnellement très nombreux, se sont vu confier les travaux pénibles et les emplois subalternes ; ils ont permis de maintenir un secteur secondaire important. Mais le recul du tissu industriel et le développement des classes moyennes ont renforcé le goût du confort et de la sécurité, et vraisemblablement porté atteinte au dynamisme général de l'économie.

Avec les retombées de Mai 1968 et l'évolution du mythe de la croissance-progrès en croissance-pollution, l'attitude à l'égard du travail a changé. Pour beaucoup, surtout parmi les jeunes générations, il n'est plus un but dans l'existence, ni même un moyen de gagner sa vie, puisque de toute manière on la gagne plutôt bien. Il devient un moyen de s'épanouir personnellement. Le sentiment de participer à une œuvre collective (travailler pour le pays) ou d'être victime d'une aliénation (enrichir un patron) est devenu accessoire. Lors des enquêtes les plus récentes, les Suisses estiment que le travail représente, sur le plan des contacts humains et des rapports sociaux, un facteur essentiel d'équilibre, mais que de nombreux progrès restent à accomplir pour qu'il permette vraiment la réalisation de soi. Dans cette direction, les salariés attendent surtout de pouvoir développer leurs capacités personnelles au sein de l'entreprise, de participer aux décisions importantes et de bénéficier d'horaires flexibles adaptés à leurs besoins. En d'autres termes, de maîtriser davantage leur vie et leur temps[5].

Une autre valeur traditionnellement liée au travail semble en plein déclin : l'épargne individuelle. Selon l'Institut international des caisses d'épargne dont le siège est à Genève, les Suisses ont perdu leur leadership mondial dans ce domaine en 1986, au profit des Japonais, et ce résultat s'est confirmé depuis. Qu'est-il arrivé à l'épargne ? se demande *The Economist* dans son numéro du 3 février 1990. Elle diminue plus ou moins fortement dans tous les pays industrialisés au cours de la décennie 80. Le phénomène est général, y compris d'ailleurs au Japon. En Suisse, le mouvement s'est opéré en deux temps. Alors que les « économies » des ménages privés constituaient encore un tiers de l'ensemble de l'épargne nationale en 1970, elles en représentent moins de 20 % aujourd'hui. Ce recul s'est d'abord expliqué par les effets en tenaille de l'inflation et des impôts. D'un côté, l'augmentation du coût de la vie, souvent supérieure au taux d'intérêt, réduisait à rien le revenu réel des carnets d'épargne. De l'autre, le fisc continuait de taxer un revenu nominal devenu totalement fictif. Le développement de l'État social, l'amélioration substantielle des caisses de retraite n'a fait qu'accélérer la tendance. C'est en 1985 qu'une nouvelle contribution sociale, baptisée prévoyance professionnelle, a été rendue obligatoire dans le but d'assurer un revenu décent à tous les retraités. Dans ces conditions, les Suisses ne ressentent plus le même besoin d'assurer leurs vieux jours, d'autant qu'ils ont la réputation — fondée — d'être sur-assurés pour le reste. En fait, l'épargne n'a peut-être jamais été aussi élevée, mais d'acte volontaire elle est devenue forcée.

D'autres changements sont malgré tout intervenus. André Siegfried s'émerveillait encore que la publicité ou la propagande officielle « vante constamment les bienfaits de l'épargne, selon la morale traditionnelle de l'*Almanach des bons conseils*[6] ». Les grandes banques n'hésitent plus désormais à encourager par voie d'affiche ou de réclame le crédit à la consommation, et l'achat à tempérament des biens durables, de la voiture à l'ameublement, n'est vraiment plus une exception. Les connaissances économiques de base se sont aussi largement répandues au sein de la population, et les classes moyennes cherchent à retirer le maximum possible de leurs investissements : le carnet d'épargne classique s'est souvent dégarni au profit de la Bourse, de l'achat d'actions et d'obligations, de placements immobiliers — ne serait-ce que dans son propre logement — ou encore de collections en tout genre. De toute évidence, le bas de laine a pris un sérieux coup de vieux.

L'innovation et l'esprit pratique

La crainte du bétonnage excessif de la nature et de la pollution par les gaz d'échappement nous a fait oublier les misères provoquées par les nuages de poussière soulevés sur des chemins de terre par les premiers véhicules à moteur. A l'époque, c'était pourtant cela le mal automobile. Et c'est un médecin suisse, Ernest Guglielminetti (1862-1942), qui trouva le remède auquel il doit son surnom : le docteur Goudron. En vacances sur la Côte d'Azur, et déjà célèbre pour avoir inventé divers appareils de respiration artificielle (utilisés pour les narcoses, la réanimation ou la plongée sous-marine), il est invité par Albert Ier de Monaco qui le prend à témoin : les hommes, les plantes ne respirent plus que de la poussière sur les corniches de la principauté. Guglielminetti se souvient alors des planchers de l'hôpital de Java où il a séjourné quelques années. On les passait au goudron pour faciliter le nettoyage et lutter contre la poussière. Pourquoi ne pas essayer ce procédé sur la route ? Essai concluant. En 1902, le congrès de la Ligue internationale des associations touristiques recommande le goudronnage des routes, suivi quelques années plus tard par la Fédération internationale des clubs automobiles... Invention bien conforme à l'esprit helvétique mais l'apport suisse ne s'arrête pas là dans le domaine des transports.

Contemporain de Napoléon Ier, Isaac de Rivaz met au point, en Valais, le premier véhicule propulsé par un moteur à explosion. Cette « machine à feu », comme il l'appelle, et dont il avait calculé le coût au kilomètre, devait économiser près de la moitié des frais de transport. Pour monter à l'assaut des montagnes de son pays, l'ingénieur Nicolas Riggenbach invente le chemin de fer à crémaillère en 1862, et 3,5 % du réseau national fonctionne aujourd'hui selon ce principe. Au tournant du siècle, deux frères genevois, Henri et Armand Dufaux planchent sur le décollage vertical d'une charge utile et, en 1904, ils présentent à l'Académie des sciences de Paris leurs « essais d'un hélicoptère à moteur à essence pouvant s'élever et se maintenir dans l'atmosphère par ses propres moyens ». Entre les deux guerres, deux Suisses pénètrent pour la première fois dans l'espace stratosphérique. Le 27 mai 1931, Auguste Piccard et Paul Kipfer atteignent 15 946 mètres d'altitude à bord de la cabine (plus ou moins) étanche de leur ballon. Par la suite, les travaux d'Auguste Piccard le conduiront à explorer les fonds sous-marins avec le *Trieste* qui détient le record officiel de plongée établi en 1960 (10 916 m).

Si l'on calcule l'ardeur à innover au nombre des brevets déposés par million d'habitants, la Suisse vient largement en tête devant l'Allemagne et le Japon [7]. Ont ainsi été découverts ou mis au point par des Suisses : le lait en poudre et le Nescafé, la turbine à gaz et le réfrigérateur à absorption, les vitamines, le DDT, la cellophane, la boîte à musique et la montre automatique, le sèche-mains anti-microbes et l'assurance-vie. Le Genevois Rodolphe Töpffer qui publia en 1837 *les Amours de monsieur Vieux-Bois* passe pour le père de la bande dessinée. Un autre Genevois, Charles Hahn, pharmacien de son état, créa le pétrole Hahn après avoir observé que les ouvriers américains travaillant sur les champs de pétrole de l'Arkansas possédaient une chevelure abondante. En 1948, un ingénieur vaudois, George de Mestral fabrique la première bande Velcro, dont l'idée lui est venue en étudiant les graines de bardane, ces petits chardons qui s'accrochent aux vêtements. Classée parmi les cinquante inventions les plus marquantes du siècle, la bande Velcro a fait le tour du monde et même de la Lune puisque la NASA l'avait adoptée pour ses cabines Apollo. Dans l'habillement, elle concurrence la fermeture Éclair, invention d'un autre Suisse, le Soleurois Simon Frey, mais George de Mestral n'en a tiré aucune fortune. Au moment même où son produit commençait à percer vraiment, à partir de 1960, les pays asiatiques se mirent à le fabriquer meilleur marché.

D'ordinaire, les Suisses savent pourtant marier le sens de l'innovation et celui des affaires, comme l'illustre l'histoire de la souris. Tout le monde connaît ce petit instrument qui permet de transmettre les mouvements de la main à un ordinateur. Inventée par un chercheur de Stanford, la souris n'était à ses débuts qu'un gadget génial, mais bricolé et capricieux. En 1974, une équipe de l'École polytechnique de Lausanne s'empare de l'idée, la rend solide et fiable, et lui donne sa première chance industrielle en confiant sa production à une petite entreprise horlogère de la région. En 1982, la souris suisse a suffisamment creusé son trou pour qu'un autre Vaudois, Daniel Borel, découvre sa réputation lors d'un voyage aux États-Unis. C'est décidé : la société de conseils en informatique qu'il vient de créer avec quelques amis va se lancer sur ce marché. Et très vite, les souris de Logitech, toujours améliorées, fabriquées sur mesure, s'imposent auprès des grandes marques d'ordinateurs.

Un autre exemple, emprunté à un secteur fondamentalement différent, montre à quel point les Suisses savent allier la recherche de pointe aux côtés pratiques qui assurent le succès commercial. En 1974, la brasserie fribourgeoise Cardinal engage un spécialiste de la vente, Michel Edelmann, qui vient de passer quelques années dans les pays arabes à promouvoir — devinez quoi ? — des pompes à graisse. Étonné de constater que sa nouvelle entreprise n'exporte pas ses bières, il cherche d'abord à conquérir le marché du Proche-Orient. Pour cela, il lui faut disposer d'une bière sans alcool, boisson qui existe chez d'autres brasseurs mais qui cumule les inconvénients : fade, elle contient malgré tout des traces infimes d'alcool (entre 0,5 et 1 %). C'est encore trop pour les musulmans. A sa demande, les laboratoires de Cardinal entreprennent de nouvelles recherches et parviennent finalement au but. En recourant à la distillation sous vide, ils obtiennent une bière au goût amer, proche de celui du malt, et surtout sans aucun milligramme d'alcool. Michel Edelmann va faire le reste. Sur les bouteilles et les emballages destinés au Proche-Orient, le mot bière n'apparaît pas. Moussy, puisque c'est son nom, est présentée comme une boisson au malt qui titre 0,0 % d'alcool. En quelques mois, elle devient la bière « sans » la plus vendue dans les pays arabes. Fort de cette réussite, Michel Edelmann la lance sur le marché américain, en adaptant simplement la publicité. Outre-Atlantique, Moussy se transforme en bière sans calories, celle que l'on peut boire sans nuire à sa ligne ou à santé, et remporte un nouveau succès.

Dans un reportage consacré à la Suisse par *USA Today* en juin 1988, un vieux guide valaisan raconte comment, petit garçon, il a maîtrisé le Cervin : « Je gardais les vaches et j'ai vu une fleur là-haut, il fallait grimper pour l'avoir, c'est comme cela qu'on apprend. » Faut-il voir dans cette anecdote, comme dans les exemples précédents, un reflet du système d'éducation helvétique, de l'esprit concret qui l'anime ? La scolarisation est une histoire ancienne dans ce pays. Avant 1700, plus de la moitié des hommes âgés de 20 à 30 ans sont alphabétisés [8]. Bâle introduit l'école obligatoire en 1784 déjà, mesure proprement révolutionnaire à cette date [9]. Dès la fin du XVIIIe siècle, des écoles professionnelles s'ouvrent à Zurich ou à Berne pour former des travailleurs qualifiés, instruits des connaissances techniques et des préceptes moraux du moment [10]. La religion constitue le moteur essentiel de cette avance culturelle que la Suisse partage à cette époque avec une bonne partie de l'Allemagne, les Pays-Bas, le Danemark et la Suède. Le programme de la Réforme qui prône la lecture et la compréhension des Écritures implique l'alphabétisation des chrétiens. La nécessité pour l'industrie helvétique de disposer d'une main-d'œuvre qualifiée, contrairement aux pays bien fournis en matières premières qui n'avaient besoin que de manœuvres, a pris le relais dès les débuts de la révolution industrielle. « A l'étranger, la bourgeoisie pouvait croire trouver son avantage dans l'ignorance de la classe ouvrière. En Suisse, elle le trouvait au contraire dans son instruction [11]. »

Parallèlement à cette alphabétisation précoce s'est développée une tradition pédagogique, née des œuvres de Jean-Jacques Rousseau et de son « élève » Pestalozzi (révélé à sa vocation par la lecture de l'*Émile*), et prolongée jusqu'en ce siècle par les travaux d'Edouard Claparède et de Jean Piaget. Cette longue lignée n'a jamais cessé d'attribuer à l'expérience un rôle essentiel dans l'apprentissage des connaissances, dans la construction du réel, et de tirer les conséquences de ce principe. Même si la réalité ne correspond pas toujours à ce projet, l'école qui s'en inspire veut d'abord apprendre à apprendre : elle cherche à favoriser l'épanouissement des personnalités, non à organiser les jeux olympiques permanents de la connaissance, à former des bêtes à concours. Est-ce un hasard, au fond, si son baccalauréat s'appelle maturité ?

Dans ces conditions, la proportion des étudiants, de ceux qui vont au-delà des études secondaires, paraît anormalement bas. C'est l'une des plus faibles en Europe occidentale [12]. Elle tourne autour de 15 % des effectifs d'une classe d'âge contre plus de 40 % en Allemagne ou en France. Cette situation souligne les caractéristiques de la formation en Suisse et le rôle qu'y joue une véritable institution : l'apprentissage. Non seulement deux jeunes sur trois choisissent la voie de la formation professionnelle à l'issue de leur scolarité obligatoire, mais cette formation s'acquiert surtout « sur le tas [13] ». Cela signifie que « l'apprenti » reçoit avant tout une formation pratique à l'atelier ou au bureau, qu'il est associé immédiatement au travail de l'entreprise et que l'enseignement théorique — en école professionnelle — est relativement réduit en temps et en portée. C'est le prolongement moderne des anciennes corporations des arts et métiers [14].

Dans son fonctionnement actuel, ce système présente quelques inconvénients non négligeables. Il opère parmi les enfants une sélection précoce — à dix ans, c'est-à-dire trop tôt aux yeux des experts de l'OCDE —, qui conduit sans doute à une forte sélection sociale. D'autant que le cloisonnement plutôt étanche entre les différents types d'enseignement (primaire, secondaire, professionnel et universitaire) ne permet guère aux élèves de passer de l'un à l'autre, de changer d'orientation en cours de route. Par ailleurs, la formation professionnelle n'assure plus un métier pour l'avenir dans un monde en profond et perpétuel changement. En 1980, un ancien apprenti sur deux ne travaillait plus dans le secteur où il avait reçu sa formation de base. D'une manière plus générale, sept salariés sur dix exerçaient une profession pour laquelle ils n'avaient pas été spécifiquement formés, et plus d'un actif sur trois se déclarait sans formation ou sans formation terminée [15]. Il n'en reste pas moins que l'apprentissage en entreprise s'adapte plus facilement aux changements du marché de l'emploi, qu'il élimine d'entrée les risques de pléthore dans certaines professions puisqu'il faut trouver une place pour pouvoir être formé. De fait, le taux de chômage des jeunes n'est pas plus élevé en Suisse que celui des autres classes d'âge, contrairement à ce qui se passe dans la plupart des pays européens. « La crise, écrit un spécialiste, a ranimé les débats sur la formation professionnelle un peu partout en Europe. Elle a permis de mettre en lumière le fait que le savoir-faire peut mieux s'apprendre en atelier qu'en école [16] ». La tendance actuelle serait plutôt de se rapprocher, sur ce point, du modèle suisse, de revenir à des formes d'enseignement plus conformes à la réalité, aux conditions du travail productif dans les entreprises.

Cet état d'esprit s'applique naturellement, toutes proportions gardées, à la recherche scientifique. En consacrant à cette dernière 2,5 à 3 % de son PNB, la Suisse se classe dans le peloton de tête des nations industrialisées, avec l'Allemagne, le Japon, les États-Unis et la Suède. Le nombre de prix Nobel obtenus dans le domaine des sciences la situe même au premier rang des performances par million d'habitant [17]. La Suisse disposerait-elle d'un secret de fabrication ? A vrai dire, les traits extrêmement prononcés qui caractérisent la recherche helvétique apparaissent plutôt contradictoires :

— Comme au Japon, elle est principalement financée par les entreprises privées (à raison de plus des deux tiers au Japon, mais de plus des trois quarts en Suisse).

— A l'image du faible poids relatif des étudiants parmi les jeunes en âge de formation, le nombre des chercheurs est anormalement bas au sein de la population active. On en compte 3,4 ‰ contre 7,9 au Japon, 6,5 aux États-Unis, 5,2 en

Allemagne. D'autres petits pays, la Suède, la Norvège, les Pays-Bas font mieux que la Suisse sur ce point.

— La recherche helvétique est très fortement concentrée. Les trois géants de la chimie (Hoffmann-La Roche, Ciba-Geigy, Sandoz) et l'entreprise Asea-Brown Boveri, spécialisée dans les machines et l'électrotechnique, assument à eux seuls les deux tiers des dépenses qui lui sont consacrées par le secteur privé.

— En fait de recherche, c'est leur développement qui se taille la part du lion, en engloutissant les deux tiers des fonds engagés par l'économie privée [18].

Ce dernier point n'a rien de vraiment surprenant. Comment imaginer que les entreprises ne tiennent pas à rentabiliser leurs investissements ? Mais les causes de ce comportement sont certainement plus profondes. Quel que soit leur domaine de prédilection, les Suisses les plus portés à la recherche fondamentale, même des mathématiciens de la trempe des Bernoulli ou de Léonard Euler, ont toujours eu le souci de trouver un point d'application à leurs découvertes, de les rendre directement utiles, quitte à payer de leur personne [19]. Conformément, peut-être, à son génie, la Suisse innove plus qu'elle ne crée, elle s'intéresse davantage à l'exploitation des idées qu'à leur invention même. Il est vrai que l'innovation (qui consiste à améliorer quelque chose d'existant) a des retombées collectives, économiques ou sociales ; la création, pas nécessairement. « La Suisse, en conclut Guy Mettan, évolue dans la connaissance comme dans l'histoire : sans vague ni rupture [20]. » Prudemment. Mais ce qu'il met en évidence dans le domaine de l'art et de la science, à savoir que la société helvétique a horreur du risque plus encore que du vide, un autre le constate en soulevant le tissu économique du pays. « Le Suisse a certes le goût d'entreprendre, écrit Claude Monnier, et l'imagination qu'il faut pour cela, mais à condition de se trouver engagé dans une structure préexistante, qui lui serve de père, de mère, de conseiller, d'animateur et de protecteur. Les Suisses font d'excellents directeurs, des cadres brillants, mais l'on peut compter sur les doigts de quelques mains les pionniers individuels, solitaires, qui croient suffisamment à leur projet pour tout lui sacrifier[21]. »

Le plaisir de vivre : de l'humour à l'amour

« Vous savez, moi, je suis consciencieux, hein ! Ah oui, je suis consciencieux, j'étais toujours consciencieux, vraiment. Toujours. Je sais pas pourquoi, je peux pas le changer, non, ça va pas, hein ! C'est presque comme une maladie, je suis... Je suis tout simplement consciencieux, je sais pas pourquoi, c'est... Oh ! laissons comme ça. » Ses sketches ont fait d'Émil Steinberger le plus populaire des humoristes suisses. Les personnages que ce Lucernois met en scène, avec l'accent, aussi bien en schwytzerdütsch qu'en français fédéral, ce sont les Suisses eux-mêmes : méticuleux et appliqués jusqu'à l'absurde, prudents jusqu'à la couardise, curieux de ce qui se passe chez le voisin pour être mieux préparés à y intervenir, un peu limités sur le plan intellectuel, empêtrés en tout cas dans leur discours mais d'une extrême vivacité d'esprit dès qu'il est question d'argent. Ceux qui rigolent dans la salle sont-ils si différents ? Bien sûr, le trait est appuyé, on touche à la caricature. Mais comment ne pas reconnaître dans une de ces histoires, dans cette réunion de contemporains où chacun raconte sa vie et commente celle des autres à voix basse, tous les travers du Suisse depuis qu'il s'est fait homme ?

Lors d'un sondage réalisé en Suisse romande à l'occasion de la fête nationale de 1987, les personnes interrogées s'étaient vu présenter une liste de personnalités parmi lesquelles figuraient un militaire et Jean Ziegler. Elle servait de préambule à la question suivante : « Quel est à votre avis le meilleur patriote ? » Le skieur Pirmin Zurbriggen s'était classé premier, comme à son ordinaire, devant Émil. Les Suisses auraient-ils le sens de l'humour ? « Ils aiment bien rire, reconnaît le Lucernois, mais je pense qu'ils ne seraient pas du tout enchantés que l'on écrive sur le drapeau que les Suisses sont des rigolos... Ils se disent que je connais particulièrement bien le Suisse avec toutes ses forces et ses faiblesses. Et puis, il me semble que l'Helvète apprécie l'autocritique[22]. » Car Émil n'est pas seul, même s'il est unique. Il ne constitue pas une splendide exception, un îlot d'humour dans un univers constipé, ni un personnage alibi. D'autres talents que le sien l'ont prouvé depuis que le clown Grock a rendu célèbre à travers le monde l'ineffable manière de prononcer « Pourquouâââ ? » Bernard Haller, Zouc — une femme — et plus récemment François Silvant ont porté le sens de la dérision helvétique jusque sur les scènes parisiennes. D'où vient alors, qu'en France surtout, les Suisses passent pour manquer d'humour ? C'est qu'ils n'ont pas l'éloquence facile, que les jeux de mots et l'ironie vacharde ne les amusent guère, et souvent les agacent. Ils préfèrent plutôt l'esprit anglais, dont les flèches témoignent toujours d'une certaine affection pour les victimes qu'il se choisit pour cibles. Dans son livre *The Swiss and the British*, un ex-ambassadeur de Grande-Bretagne à Berne, John Wraigth, a bien voulu l'admettre : les Helvètes ont le sens de l'humour, c'est même l'une des qualités qu'il apprécie chez eux[23].

Depuis toujours, les Suisses se moquent entre eux de leurs défauts, de la crasse des Fribourgeois, de la lenteur des Bernois et des Vaudois, de la grande gueule des Zurichois, des doigts longs des Thurgoviens (formule élégante du dialecte alémanique pour les traiter de voleurs), ou de la petitesse des Appenzellois, ces derniers représentants, avec certains Auvergnats, de la vieille race alpine : tête ronde et petite taille. Mais attention, ils vous répliqueront volontiers : « Je ne suis pas petit, je suis court. » Le véritable humour suisse, celui que l'on pratique à « la table des menteurs » dans les auberges, passe pourtant au-dessus des frontières cantonales ; ce qui prouve qu'il lui arrive d'atteindre à l'universel. Un journaliste bernois en a fait un recueil, en anglais, destiné aux touristes américains et japonais[24]. Aucun cliché ne lui échappe. Le manque de goût des Suisses ? « Qu'y a-t-il à dîner aujourd'hui ? » demande Monsieur. « Je n'en sais rien, répond Madame, la boîte de conserve a perdu son étiquette. » Leur amour immodéré de la modération ? « Elles sont grosses vos patates », s'exclame un client au marché. Et le paysan de lui répondre : « Les petites, pas tant. » Le pays des coffres-forts ? « Un banquier suisse est un homme qui loue des parapluies quand il fait beau et qui les réclame quand il pleut. » La balourdise de ses habitants ? « J'ai commencé avec trois fois rien, je n'avais que ma tête. » Etc.

Celle-ci, qui ne court sans doute pas les dîners à Bruxelles, c'est précisément un loueur de parapluies, je veux dire un banquier, qui me l'a racontée. L'Europe serait un paradis si les policiers étaient anglais, les cuisiniers français, les mécaniciens allemands, les amants italiens et les banquiers suisses. Mais ce serait un enfer si les mécaniciens étaient français, les cuisiniers anglais, les policiers allemands, les banquiers italiens et les amants suisses. Je ne la raconte à mon tour que pour lui donner tort. Derrière ces stéréotypes nationaux, il est convenu comme par décret que les Suisses n'appartenant pas au monde latin ne sauraient apprécier en connaisseurs les plaisirs de la table ni les voluptés de la chair. Erreur. Sans doute les valeurs purement épicuriennes ont-elles moins d'importance en Suisse qu'en France. Mais quand on leur demande quelles sont les activités qui leur apportent le plus de satisfaction dans la vie, les Suisses n'en classent pas moins l'amour et la table en meilleure place que le travail, dont on fait pourtant leur vertu[25].

Le 11 août 1989, *l'Express* sacre un cuisinier suisse « majesté des palais » : le plus grand chef du monde officie à Crissier, près de Lausanne, et s'appelle Fredy Girardet. L'année précédente, son nom a fait son entrée dans *le Petit Larousse*, et le gouvernement français qui lui avait déjà décerné le Mérite agricole, familièrement appelé « le poireau », l'a fait chevalier de l'ordre des arts et des lettres. Semblable hommage n'avait jamais été rendu à un chef étranger. Grâce à Fredy Girardet, la Suisse n'est plus seulement le pays qui exporte un savoir-faire ; elle a aussi un savoir-vivre.

Tout a commencé presque par hasard. A 20 ans, Fredy Girardet rêvait d'être Pelé et s'entraînait à la gloire dans les clubs de la banlieue lausannoise. Aujourd'hui, sa réputation lui a permis d'approcher les plus grands footballeurs : Pelé, justement, qui n'a bu chez lui que de l'eau, Beckenbauer ou encore Platini, qui a préfacé l'édition italienne de son livre de recettes. Mais à l'époque, la disparition de son père, auprès de qui il a appris, l'expulse des seize mètres pour le mettre aux fourneaux de l'auberge familiale. L'étincelle ne jaillira que plus tard, d'une rencontre fortuite. Un client l'emmène un jour de 1968 en Bourgogne où Jacques Parent, qui cultive le pinot noir du côté de Pommard et soigne ses vins autant que ses amis, lui fait découvrir les grands chefs français : Bocuse, Troisgros. C'est la révélation. Mais il lui faudra plusieurs années de labeur, cette fois enthousiaste, et de recherche personnelle pour transformer un bon bistrot en temple de la cuisine et obtenir la consécration, locale d'abord, internationale ensuite. En 1975, Gault et Millau lui remettent leur Clé d'or. « L'élève » a dépassé les maîtres : « C'est le seul cuisinier, dit Bocuse, qui m'ait jamais étonné. » Destin singulier, personnalité attachante, Fredy Girardet a réveillé, malgré sa modestie, tout un peuple de bons vivants. Peut-être ce penchant s'était-il un peu endormi depuis que Brillat-Savarin, dans sa *Physiologie du goût*, avait signalé les menus à quinze batz d'une certaine auberge lausannoise, accompagnés (y compris le gibier) d'un petit vin blanc à faire boire un enragé. Mais aujourd'hui, aucune région au monde ne compte autant de missionnaires professionnels du bien-manger au kilomètre carré.

« La cuisine, c'est le prolongement de l'amitié », dit volontiers le sorcier de Crissier. Pour les Suisses, quasiment unanimes sur ce point, c'est d'abord un moyen de rester en bonne santé. Le souci qu'ils manifestent d'une nourriture équilibrée, parfois frugale, cette manière qu'ils ont de surveiller ce qu'ils mangent pour être bien dans leur assiette ne doivent pas occulter un autre élément essentiel à leurs yeux : la table représente l'une des principales sources de joie dans leur vie, comme un plaisir à partager[26]. N'en déplaise au dicton qui les fait boire en solitaire, ils préfèrent passer leur temps dans la chaleur de l'amitié. Et ne dédaignent pas l'amour.

Habituellement, les Suisses n'extériorisent pas facilement leurs états d'âme ; leurs sentiments amoureux n'échappent guère à cette règle. Ils disent rarement : « Je t'aime », ils l'avouent. Mais pour autant qu'on puisse la connaître, leur vie intime ne paraît pas très différente de celle de leurs voisins. Ils rencontrent le grand amour (jusqu'à plusieurs fois dans leur existence) dans des proportions proches de la « norme » française, et leur sexualité correspond aux standards établis depuis le fameux rapport du Dr Kinsey. Sans sexe, il n'y a pas d'amour heureux, plus de 80 % d'entre eux tombent d'accord là-dessus et s'estiment, du reste, satisfaits de leur vie affective et sexuelle. A la fin de l'histoire, les Suisses apparaissent même plus volages que les Français dont la réputation semble soudain sortie d'un vaudeville. En 1985, 35 % des Français déclaraient n'avoir eu qu'un seul partenaire sexuel dans leur existence. Les Suisses étaient beaucoup moins nombreux (24 % seulement) à se montrer aussi sages. Et à la même période, 13 % des Français contre 22 % des Suisses reconnaissaient avoir été infidèles à leur conjoint. Apparemment, le sexe et l'amour se vivent sur un mode plus « libéré » ou plus coquin, en Suisse, qu'on ne le dit[27]. La recherche du simple plaisir, les satisfactions purement hédonistes ne sont en tout cas pas absentes du système de valeurs helvétiques, même si cette réalité-là est systématiquement gommée de l'image de la Suisse, surtout à l'étranger.

La mutation des valeurs

« Au nom de Dieu. Amen. » C'est ainsi que commence le premier pacte connu dont les Suisses ont daté la naissance de la Confédération, en 1291. « Au nom de Dieu tout-puissant », c'est par ces mots que s'ouvre la Constitution en vigueur depuis 1874. La Suisse apparaît souvent en Europe comme la société de la transcendance, où le surmoi social, Dieu et la patrie, règle encore puissamment la vie des individus. Le Suisse, il est vrai, demeure plus attaché que ses voisins européens aux valeurs traditionnelles. Il croit plus que le Français ou l'Allemand à la vertu du travail, il croit davantage à la nécessité de maintenir la famille ou de défendre la patrie. Il croit aussi plus souvent à Dieu. C'est le premier constat.

Mais l'attachement à ces valeurs diminue. L'attitude à l'égard de la religion en fournit la preuve la plus frappante[28]. Tout le monde ou presque a été baptisé, et une forte majorité, autour de 70 %, croit à l'existence de Dieu. Au-delà, les choses se gâtent. Un Suisse sur deux ne lit jamais la Bible. La pratique régulière — le culte ou la messe de dimanche — en baisse constante ne concerne plus que 15 à 20 % de la population. Dans certaines grandes villes, à Genève par exemple, les églises ne rassemblent plus qu'une poignée de chrétiens, moins de 5 %. « L'Église n'a pas échappé à l'évolution récente de la société, explique le pasteur Michel de Montmollin, président du conseil synodal neuchâtelois. La mobilité des gens, la primauté des loisirs, les aspirations essentiellement matérielles ont provoqué une désaffection considérable du culte dominical[29]. » L'Église aussi a changé, elle est devenue plus progressiste sur le plan social, mais sa morale reste austère. Les « fidèles » la laisseraient volontiers s'occuper des âmes pourvu qu'ils soient libres de leur corps. La majorité — même chez les catholiques — trouve que le pape exagère quand il condamne les préservatifs, la pilule anticonceptionnelle ou l'avortement. Elle est en revanche favorable à l'accession des femmes à la prêtrise et ne considère plus comme indissoluble un mariage célébré devant Dieu. Pour tout dire, elle ne croit pas à l'infaillibilité du pape et, d'une manière générale, croire en Dieu ne signifie plus obéir à ses représentants, qu'on soit catholique ou protestant. La religion apparaît comme une affaire strictement privée (un self-service où chacun compose le menu qui lui convient) et qui n'a plus sa place dans la vie publique. En 1990, l'instance judiciaire suprême, le Tribunal fédéral, a rendu un arrêt promis à faire parler de lui dans l'histoire. Il a donné raison à un instituteur tessinois qui refusait la présence d'un crucifix dans sa classe. La croix se trouve donc interdite d'école primaire et laïque dans la mesure, explique le Tribunal, où l'État doit éviter de s'identifier à une religion, même majoritaire, aux yeux d'enfants mineurs et de confessions différentes[30].

La crise prend des allures de débâcle. Non seulement les pasteurs et les prêtres sont chaque année moins nombreux et plus âgés, et la tentative d'assurer une relève laïque ne résout rien sur le fond, mais l'argent vient également à manquer. En l'espace d'une année, de 1986 à 1987, en pleine croissance économique, les rentrées fiscales de l'Église protestante ont diminué de 37,5 % (celles de l'Église catholique de 47 % !) à Genève[31]. Si Dieu n'est pas mort, l'esprit de Calvin a un souffle au cœur.

La patrie souffre des mêmes symptômes. En 1971, 86 % des Suisses estimaient nécessaire d'entretenir une armée pour la défendre. Ils n'étaient plus que 75 % en 1985. « La tendance pourrait d'ailleurs s'aggraver à l'avenir, écrivions-nous à cette date, puisque les jeunes comptent parmi les bataillons les plus touchés par cette désaffection[32]. » C'est fait. En novembre 1989, non plus lors d'un sondage, mais dans le secret des urnes, 64 % seulement des votants ont jugé utile de maintenir une armée. Ce résultat doit sans doute être nuancé. Et la diminution indéniable de la menace à l'est, intervenue dans les mois qui ont précédé le scrutin, a certainement joué un rôle amplificateur. Partout en Europe, cependant, l'élévation générale des niveaux de vie et de formation semble porter atteinte à la fibre patriotique comme à la pratique religieuse.

Autre réserve, et de taille : le contenu de certaines valeurs évolue. Pour l'écrasante majorité des Suisses, par exemple, la famille doit rester la cellule de base de la société, et René Lebeau notait déjà cet attachement de principe, en 1975[33]. Mais comme ailleurs, la conception même de la famille s'est transformée. D'une part, elle s'est réduite au couple et à ses enfants dans plus de 90 % des cas. Les grands-parents, les frères et sœurs non mariés qui figuraient encore dans un quart des foyers en 1960 ont disparu de la cellule de base. D'autre part, les familles nombreuses sont devenues l'exception au profit du modèle largement dominant — à 80 % — d'un ou deux enfants par couple. Si l'on veut bien aller au-delà du discours, la notion de famille s'est vidée d'une bonne partie de sa substance. Elle a été remplacée, dans les faits, par la notion de couple qui s'est elle-même passablement modifiée : elle ne passe plus nécessairement par le mariage et trouve plus fréquemment un terme dans le divorce ou la rupture.

L'éthique générale de la société a d'ailleurs subi une mutation profonde dans la seconde moitié du siècle[34]. Un détail me permettra d'aller rapidement à l'essentiel. La loi genevoise de 1941 fixait deux buts précis à l'enseignement public : « préparer la jeunesse à exercer une activité utile et à servir le pays » et « développer chez elle l'amour de la patrie et le respect de ses institutions ». Point à la ligne. Aucun de ces objectifs ne se retrouve dans la loi de 1977 qui en fixe pourtant cinq, mais cinq autres, en mentionnant d'emblée que l'école devra les atteindre « dans le respect de la personnalité de chacun ». C'est du reste dans cette formule que réside la nouvelle conception centrale de l'enseignement : développer la personnalité de chaque élève, sa créativité, ses aptitudes. Il n'est plus question de « servir » mais de « participer » à la vie du pays. Et au lieu d'encourager l'amour de la patrie, on cherchera à rendre l'élève « conscient de son appartenance au monde qui l'entoure, en développant en lui le respect d'autrui, l'esprit de solidarité et de coopération ». D'un discours (et d'une réalité) à l'autre, le primat de l'individu a remplacé le primat de la société ; l'épanouissement personnel a pris la place des impératifs catégoriques, du devoir à accomplir à l'égard des siens et du pays ; l'activité tout court s'est substituée à « l'activité utile », c'est-à-dire au travail.

A l'issue de la Seconde Guerre mondiale, l'individu se définissait encore par l'effort, par le travail ; le temps libre, formule qu'on n'employait pas, était conçu comme le temps du repos, non comme un droit aux loisirs. Vingt à trente ans plus tard, la majorité des Suisses valorisent toujours leur travail, qu'ils jugent utile et important, mais ils lui attribuent une autre signification. Il n'est plus, pour l'essentiel, une raison de vivre ; c'est un moyen de se réaliser, d'extérioriser ses qualités, ses compétences, d'enrichir ses relations humaines. Il n'est plus qu'un des pôles — et non le centre — de l'existence. D'autres activités, celles du temps libre et des loisirs, donnent un sens différent à la vie. Les comparaisons internationales tendraient même à prouver que cette tendance est désormais plus forte en Suisse que dans d'autres pays modèles pour leur réussite économique ou sociale.

Le travail est	**Suisse**	**RFA**	**USA**	**Suède**
le plus important dans la vie	32 %	25 %	50 %	45 %
important mais ne doit pas empêcher d'autres activités	47 %	44 %	20 %	39 %

Enquêtes 1984 pour la RFA, les USA et la Suède, 1987 pour la Suisse[35].

Cette évolution a été rendue possible par l'augmentation des revenus réels de l'ensemble de la population, qui ont littéralement explosé de 1945 à 1975. Déduction faite de l'inflation, le salaire d'un ouvrier suisse a été multiplié par deux ou trois pendant les « Trente Glorieuses ». Résultat : la part des dépenses nécessaires à la couverture des besoins de base s'est effondrée. Un ménage standard consacrait encore près des deux tiers de son revenu à se nourrir, à se loger, à se vêtir en 1945. Il n'y alloue plus qu'un tiers de son budget en 1978. Une partie non négligeable des ressources ainsi dégagées a pu s'investir dans les loisirs et les vacances, l'éducation ou les transports, qui bouleversent de fond en comble les modes de vie. L'automobile se répand, la télévision apparaît, la pilule enfin, qui projettent le rêve dans la réalité, permettent d'explorer le temps, l'espace, son propre corps, de découvrir une nouvelle liberté.

« Entre 1965 et 1970, tous les indicateurs statistiques se mettent à bouger, souligne Emmanuel Todd, toute la structure sociale bascule » : le décollage de l'éducation supérieure, le déclin de l'industrie et l'essor du secteur tertiaire, la chute brutale de la fécondité, le recul de la pratique religieuse, la décomposition des idéologies. L'historien y voit une raison très simple. « C'est à ce moment que les générations nées au lendemain de la Seconde Guerre mondiale atteignent l'âge adulte... 1945 + 20 = 1965. Cette génération et celles qui suivent définissent une nouvelle société européenne : de haut niveau culturel, tertiaire, indifférente à la religion, détachée de l'idéologie [36]. »

1965 + 20 = 1985. Tout se passe comme si, en Suisse du moins, les choses s'accéléraient à nouveau depuis cette date : la baisse de l'épargne, sensible aussi dans tous les pays avancés, la désaffection à l'égard de l'Église et de l'armée, la percée de la pensée écologiste, la perte de confiance dans le gouvernement, pour ne citer que quelques exemples. Depuis 1985 aussi, tous ceux qui observent les jeunes générations des pays occidentaux décrivent une nouvelle modification de l'échelle des valeurs. Dans quel sens ? Le manque de distance fait surtout ressortir les contradictions à tous les niveaux, des attitudes aux comportements. Mais la société ne semble pas avoir trouvé un nouveau point d'équilibre.

NOTES ET RÉFÉRENCES

1. *Histoire économique de la Suisse, op. cit.*, p. 239.

2. Les taux de participation à ces quatre votations ne sont pas comparables : 44 % en 1976, 48 % en 1978, 34 % en 1985 et 42 % en 1988. En 1985, le projet prévoit quatre semaines de vacances pour tous et cinq semaines pour les moins de 20 ans et les plus de 40 ans.

3. *Nouvelle Géographie de la Suisse et des Suisses*, t. I, Lausanne, Payot, 1990, p. 128.

4. Fabien Dunand, *Dessine-moi un Suisse*, Lausanne, 24 Heures, p. 43-44 et *Bilan*, mars 1990, p. 90-99.

5. Outre les enquêtes citées note 4, voir aussi le sondage réalisé par la Société suisse pour le marketing (GfM), *Tribune de Genève*, 15 septembre 1989.

6. *La Suisse, démocratie témoin, op. cit.*, p. 136-137.

7. Pour les années 1983-1985, les Suisses ont déposé 289 brevets par an et par million d'habitants, les Allemands 204 et les Japonais 108. Cette étude réalisée par INPADOC (International Patent Documents Center, dont le siège est à Vienne) ne tient compte que des inventions déposées dans deux pays au moins. Il est possible que ce classement flatteur de la Suisse reflète autant ses capacités d'innovation que la prudence de ses habitants, plus systématiquement portés, peut-être, à protéger leurs idées.

8. Emmanuel Todd, *L'Invention de l'Europe, op. cit.*, p. 142.

9. William Martin, *Histoire de la Suisse*, Lausanne, Payot, 1980, p. 161-162.

10. Jean-François Bergier, *op. cit.*, p. 177.

11. *Ibid.*, p. 178.

12. Emmanuel Todd, *op. cit.*, p. 442-443.

13. Jean-Pierre Tabin, *la Formation professionnelle en Suisse*, Lausanne, Réalités sociales, 1989, p. 144-145. A titre de comparaison, seuls 4 à 5 % des jeunes Français de 15 à 19 ans étaient apprentis, au sens helvétique du terme, au début des années 80.

14. *Ibid.*, p. 17-30. Cette conception s'applique même à des professions qui recrutent surtout des « intellectuels ». On ne devient pas journaliste, par exemple, en sortant d'une haute école des médias, mais en accomplissant, généralement après des études universitaires, deux ans de stage qui englobent huit semaines de cours plus ou moins théoriques.

15. *Ibid.*, p. 185, et *Nouvelle Géographie de la Suisse et des Suisses*, t. I, p. 162-165.

16. Jean-Pierre Tabin, *op. cit.*, p. 174.

17. C'est Léo Moulin (« La nationalité des prix Nobel de sciences de

1901 à 1969 », in *Cahiers internationaux de sociologie*, 1961, vol. XXXI, p. 145-163) qui mit le premier en évidence cette particularité. La distribution des prix Nobel depuis lors n'a pas démenti ses principales conclusions.

18. Voir sur ces différents points, *Création et innovation en Suisse, op. cit.*, p. 199-200 et l'enquête réalisée en 1986, comme tous les trois ans, par le Vorort, l'Association faîtière du patronat.

19. André Siegfried l'avait déjà noté : « En développant un certain nombre de formules, en les appliquant ensuite à la nature, Jacques et Jean Bernoulli élaborèrent les lois fondamentales de la mécanique ; Léonard Euler, que la technique appliquée passionnait, conçut le premier l'exécution d'une turbine, en tenant compte de toutes les difficultés de la fabrication : aujourd'hui même, l'industrie travaille d'après les formules et les découvertes de ces mathématiciens, qui sont également à la base du régime des assurances, par l'utilisation rationnelle des méthodes statistiques. » *Op. cit.*, p. 84-85.

20. *Création et innovation de la Suisse, op. cit.*, p. 227-228.

21. *La Suisse*, 11 juin 1984.

22. *Tribune de Genève*, 1er-2 août 1987.

23. Salisbury, éd. Michael Russel, 1988. John Wraight a été ambassadeur à Berne de 1973 à 1976.

24. René Hildbrand, *Tell me a Swiss Joke*, Berne, Benteli Verlag, 1989.

25. Fabien Dunand, *op. cit.*, p. 162-163.

26. *Ibid.*, p. 111-112.

27. *Ibid.*, p. 73-88 et « Les Suisses et l'amour », in *L'Illustré*, 19 août 1987. Denis de Rougemont note que « les anciens Suisses, au temps des Ligues, n'étaient pas moins connus pour la licence de leurs mœurs que pour l'austérité patriarcale de leurs principes. les chroniques illustrées d'Urs Graf, les descriptions des bains de Bade, "jardin de volupté de l'Europe", les récits de Casanova, les lettres de Rousseau, et plus tard les indignations de Jeremias Gotthelf contre les mœurs des paysans bernois (qui loin d'exiger d'une jeune fille la preuve de sa virginité attendaient au contraire, pour l'épouser, la preuve qu'elle pouvait être mère), cent témoignages concordants décrivent une Suisse gaillarde, rustique et soldatesque, qui préfère la *virtu* à la vertu », *La Suisse ou l'histoire d'un peuple heureux, op. cit.*, p. 185.

28. Voir sur ce point *Dessine-moi un Suisse, op. cit.*, p. 52-58 ; « Où va le christianisme ? », *Choisir*, mars 1988 ; *l'Illustré*, 17 mai 1989 (enquête auprès de 540 personnes) ; et *l'Hebdo*, 12 avril 1990 (enquête auprès de 1 500 personnes).

29. *Journal de Genève*, 26 mai 1987.

30. *24 Heures*, 17-18 novembre 1990.

31. *Tribune de Genève*, 23 février 1988.
32. Fabien Dunand, *op. cit.*, p. 48-52.
33. René Lebeau, *La Suisse*, Paris, Masson, 1975, p. 86-87.
34. Comme le démontrent les travaux de Christian Lalive d'Epinay, le *Mythe du travail en Suisse*, Genève, Georg, 1988, et *les Suisses et le travail, des certitudes du passé aux interrogations de l'avenir*, Lausanne, Réalités sociales, 1990, dont s'inspire notre développement sur ce point.
35. *Les Suisses et le travail*, *op. cit.*, p. 94.
36. *Op. cit.*, p. 444.

CHAPITRE III

LE REVERS DE LA MÉDAILLE

Le bonheur, c'est ce qui fonctionne.

Fritz ZORN

Après avoir habité Paris, l'actrice française Magali Noël a découvert qu'en Suisse, à Fribourg où elle s'est installée, elle pouvait laisser sa fille se rendre seule à l'école[1]. En général, les étrangers n'en reviennent pas. Un jour, dans une station de ski bernoise, un couple de touristes allemands s'installe, sans le savoir, à la table de bistrot où le ministre suisse de la Justice et de la Police partage un casse-croûte avec un ami parlementaire. La conversation s'engage normalement, elle s'anime à propos de sport (le ministre s'appelle Kurt Furgler, et l'on peut difficilement trouver plus passionné que lui dans ce domaine), tant et si bien que le couple finit par demander l'identité de leurs interlocuteurs. Pensez donc, ces Allemands ne voulaient pas y croire : un ministre sans gardes du corps[2] ! La sécurité suisse, ce sentiment que rien ne peut venir troubler votre quiétude, se mesure à ce genre d'anecdotes. Elle se mesure aussi à la stabilité des institutions, à la solidité de la monnaie, à l'extrême rareté des grèves ou des manifestations. Elle s'apprécie, semble-t-il, également dans la rue. Les taux de criminalité helvétiques font rêver les Américains ou même les Allemands. Les atteintes à la propriété augmentent, mais les cambriolages et le brigandage demeurent moins fréquents qu'à l'étranger. Et la criminalité violente, celle qui s'en prend à la vie ou à l'intégrité corporelle, reste stable. Le nombre de meurtres ou d'assassinats est inférieur à une centaine de cas par an. Ce qui n'empêche pas les Suisses de se mettre, eux aussi, à avoir peur. Près d'un sur deux éprouve le sentiment que la violence augmente, que sa sécurité personnelle diminue[3]. Mais il y a plus grave. « La Suisse n'est plus la Suisse » titre *l'Express*, le 1er juin 1990. Des mots étranges ont fait leur apparition en Helvétie : inflation, pauvreté, scandales, drogue... Pire : on rencontre des banquiers moroses. Et le journal de conclure : « Fini le temps où la Confédération était un pays au-dessus de tout souci. » En deux mots, l'hebdomadaire français découvre le malaise suisse. Ce n'est pas tout à fait la Lune.

Drôle de santé

Physiquement, les Suisses se sentent bien dans leur peau : au fil des sondages, 80 % considèrent qu'ils se portent bien. Ils ne se trompent guère. Avec une espérance de vie moyenne à la naissance qui avoisine 76 ans, ils frôlent le record mondial. Seuls les Japonais et les Islandais se montrent encore plus endurants selon les estimations de l'OMS. Que la Suisse se retrouve au premier rang des nations pour la longévité de ses habitants, avec quelques autres pays comme la Hollande, la Suède et la Norvège, cela n'étonnera guère. On vit plus longtemps quand on est riche :

Dans certains pays du quart monde, en Afrique ou en Asie, l'espérance de vie à la naissance reste inférieure à celle que l'Europe connaissait en 1900.

Dans les sociétés développées, en France notamment, les manœuvres, les ouvriers, les salariés agricoles vivent en moyenne quelques années de moins que les cadres, les professions libérales ou les enseignants.

En Suisse même, les chances ne sont pas égales d'une région à l'autre, et l'espérance de vie suit assez bien la courbe du développement économique des cantons.

Cette belle santé collective se voit cependant diminuée par toute une série d'indices qui placent la Suisse dans le peloton de tête des pays les plus atteints par les maladies de société : la toxicomanie, le sida, le suicide. Là aussi, les Helvètes détiennent des records.

Le sida. — La Suisse est le pays d'Europe le plus touché, avec la France, par le sida. Certes, on est très loin des taux américains. A fin 1989, la Suisse enregistrait 175 cas de sida par million d'habitants, et la France 158, contre 473 aux États-Unis. Mais les autres pays européens présentent des taux nettement inférieurs : 118 en Espagne, 101 au Danemark[4]. Même si l'on admet que la qualité de la détection médicale, variable d'un pays à l'autre, puisse fausser ce type de comparaisons internationales, les écarts sont trop grands pour trouver là une explication suffisante. Quoi qu'il en soit, le virus est assez répandu — un Suisse sur cinq affirme connaître un malade du sida — pour provoquer des réactions de défense ou d'angoisse prononcées, malgré les campagnes d'information omniprésentes dans les médias :

70 % des Suisses hésiteraient désormais à entamer une nouvelle relation sexuelle ;

56 % n'embrasseraient pas un porteur du virus ;

25 % ne boiraient pas dans le même verre que lui ;

22 % ne se baigneraient pas dans une piscine fréquentée par un séropositif[5].

La drogue. — Les deux phénomènes ne sont sans doute pas étrangers, la Suisse se place également en tête des États européens pour le nombre des victimes de la drogue : 37 morts par million d'habitants en 1989, contre 29 au Luxembourg et 23 au Danemark. Les autres pays les plus atteints par le fléau le sont comparativement beaucoup moins : entre 18 et 15 morts par million d'habitants[6].

Le problème de la drogue, pratiquement inconnu en Suisse

en 1965, ne cesse de s'aggraver. En 1980, la Commission fédérale des stupéfiants évaluait à 7 000 le nombre des toxicomanes fortement dépendants dans l'ensemble du pays. Ils sont environ 25 000 dix ans plus tard, dont 4 000 dans la seule ville de Zurich[7]. Pour tenter d'enrayer l'épidémie — les drogués comptent un pourcentage élevé de séropositifs dans leurs rangs —, Zurich a tenté une expérience pour le moins originale. Suffisamment spectaculaire en tout cas pour attirer l'attention de la presse étrangère. *Libération* consacre deux pages, en mai 1989, au « parc helvétique où l'on se shoote proprement[8] ». Plan du quartier à l'appui, c'est à cent mètres à vol d'oiseau de la gare centrale, le quotidien parisien décrit l'ambiance : « Au Platzspitz, rebaptisé Platzspritz, le parc de la seringue (*spritz* en dialecte local), on vient se shooter à l'héro, à la coke ou aux deux à la fois, dans les meilleures conditions possibles. On y trouve la dose de toutes les poudres entre 50 et 100 francs suisses (200 à 400 francs français), les seringues clean sont disponibles gratuitement de 8 h à 22 h, et l'on peut se planter l'aiguille dans le cou, le mollet ou l'avant-bras au grand jour. En cas de pépin, on y dispose de surcroît d'une assistance médicale immédiate et spécialisée dans l'overdose. » L'idée est simple : puisque le sida se répand à grande vitesse chez les drogués par le biais des seringues infectées et que le risque qu'ils transmettent la maladie à des non-toxicomanes n'est pas négligeable, cassons cette chaîne de transmission, ou limitons-là, en distribuant gratuitement des seringues propres en échange des seringues usagées. Mais sa réalisation est forcément choquante. « Nous sommes au carrefour de deux lois, reconnaît son auteur, le professeur Peter Grob, l'une qui oblige à lutter sans relâche contre la drogue et l'autre qui nous ordonne de combattre l'épidémie. » Malgré les précautions prises et la présence de la police au Platzspitz, où rien ne lui échappe, l'expérience aboutit à libéraliser dans les faits le petit trafic et la consommation de drogues. Et chaque reportage, chaque émission télévisée ne peut montrer qu'un seul résultat — un simple passant pouvait s'en rendre compte — : le fond de la misère humaine.

Plusieurs cantons alémaniques, Bâle, Saint-Gall, ont plus ou moins suivi l'exemple zurichois ; Berne aussi, en installant un marché ouvert de la drogue dans le parc de la Kleine Schanze, à quelques pas du palais fédéral, siège du gouvernement. A Zurich, on distribuait de 6 000 à 10 000 seringues par jour, entre 1 200 et 2 000 à Berne. C'est précisément dans ces deux cantons-là et à Saint-Gall qu'on a enregistré la progression la plus forte de morts par surdose en 1989 [9]. Est-ce pour cette raison ? Un retour en arrière s'est produit. Dans la même semaine de novembre 1990, Berne et Zurich ont annoncé la fermeture de leur centre de rencontres pour toxicomanes, au Platzspitz et à la Kleine Schanze. Et le dimanche suivant, les citoyens de la ville de Zurich refusaient, par 62 % des voix, la création de locaux où les toxicomanes pourraient se retrouver, comme dans un parc, mais à l'écart des lieux publics [10].

Le tabac. — Le Suisse est le plus gros fumeur d'Europe occidentale. Selon une comparaison établie en 1987, seuls les Grecs, les Turcs, les Yougoslaves et les Hongrois fument davantage que lui. La consommation de cigarettes, qui n'avait cessé de progresser jusqu'au début des années 70, s'est pourtant stabilisée depuis (aux alentours de 3 000 cigarettes par an et par habitant de plus de 15 ans). Elle n'en demeure pas moins très élevée par rapport à la plupart des pays européens [11].

Fumeurs	**1975**	**1981**	**1987**
Hommes	50,8 %	45,8 %	39,9 %
Femmes	30,8 %	30,6 %	27,9 %
Ensemble	40 %	38 %	33 %

Si le nombre des fumeurs diminue, la proportion des gros fumeurs continue d'augmenter, surtout chez les femmes. Et le bilan reste lourd. Sur les 60 000 décès enregistrés par année, les spécialistes en attribuent plus de 10 % aux conséquences du tabagisme : cancer du poumon, infarctus et bronchite chronique [12] .

L'alcool. — On ne peut pas détenir tous les records, le Suisse boit moins d'alcool que ses principaux voisins. En 1985, il se classait au 7e rang mondial derrière la France, le Portugal, l'Espagne, l'Allemagne, l'Italie et la Hongrie. Il boit surtout moins qu'auparavant. La consommation d'alcool a régulièrement baissé depuis le début du siècle jusqu'en 1944-1945, sous l'effet des deux guerres mondiales et de la crise économique des années 30. Elle a ensuite régulièrement progressé pour se stabiliser au niveau actuel dans le courant des années 70 : autour de 11 litres d'alcool pur par an et par habitant de plus de 15 ans [13].

Boivent de l'alcool	**1975**	**1981**	**1987**
Au moins une fois par jour	28 %	27 %	17 %
Pratiquement jamais	?	13 %	20 %

Mais la moitié de cet alcool est consommée par 7 % seulement de la population, qui compte 150 000 alcooliques. Et l'ivresse tue un bon millier de fois par année (cirrhose du foie, accidents de la route et psychoses éthyliques).

Le suicide. — La Suisse, où le suicide fait davantage de victimes que la route depuis 1975, se range entre la Hongrie, l'Autriche, la Tchécoslovaquie, l'Allemagne et la Suède, parmi les pays d'Europe dont les habitants renoncent le plus facilement à la vie. Qui se tue ? Les plus de 65 ans : dans les années 80, ils représentent 22 à 27 % des suicidés alors qu'ils sont 14 à 15 % au sein de la population. Et les hommes : en 1900, on comptait un seul suicide féminin pour sept suicides masculins, le rapport tourne aujourd'hui autour de un pour deux et demi. Mais la progression la plus spectaculaire, constatée d'ailleurs des États-Unis au Japon, frappe les moins de trente ans : le nombre de jeunes qui se donnent la mort a doublé, en Suisse, de 1970 à 1985[14].

A y regarder de plus près, ce n'est plus le suicide en soi qui choque aujourd'hui. En mars 1988, à l'occasion d'une émission de la télévision suisse romande intitulée « Choisir sa mort », 64 % des personnes interrogées par sondage se révélaient favorables à l'assistance au suicide telle que la pratique l'association Exit[15]. Cette évolution des esprits s'inscrit à l'intérieur d'un débat plus particulier, celui de l'euthanasie passive et active, que la majorité des Suisses déclare approuver dans le cas de maladies incurables arrivées à leur stade ultime : 59 % d'entre eux demanderaient à leur médecin d'abréger leurs souffrances dans ces circonstances[16]. Le suicide du vieillard ou du malade parvenu au bout de la vie ne tombe plus sous le coup d'une condamnation de principe ; on le conçoit même comme une délivrance. Le geste désespéré des jeunes heurte, en revanche, de plein fouet une société où l'épanouissement personnel est devenu une valeur cardinale. Elle le ressent comme un échec et un reproche, d'autant plus fortement que ceux qui peuvent en parler, pour avoir raté leur tentative, expliquent souvent leur souhait d'en finir par le sentiment d'être isolé, solitaire, sans valeur aux yeux des autres, ou par la peur de l'échec dans un système qu'ils jugent impitoyable.

La place occupée par la Suisse dans le palmarès international du comportement suicidaire — du suicide proprement dit à la toxicomanie qui en prend le chemin — met-elle en cause le paradis helvétique ? Pour certains, c'est le lourd tribut payé à une société entièrement vouée, sous le prétexte du bonheur, à la compétition et à la réussite matérielle, où la volonté de consensus étouffe tous les conflits. Dans cette enceinte de valeurs, celui qui échoue ou qui regimbe se retrouve aussitôt à l'écart et ne peut s'en prendre qu'à lui-même. Pour d'autres, les variations du taux de suicide demeurent faibles sur le long terme et d'un pays à l'autre. Elles restent comprises entre 20 et 30 suicides pour 100 000 habitants dans la plupart des sociétés, proportion qui correspondrait en quelque sorte à un point d'équilibre. Le taux actuel de suicide est d'ailleurs comparable, en Suisse, à celui qu'on enregistrait en 1930.

La liste des pays européens où les morts volontaires sont proportionnellement les plus nombreuses montrent bien que le suicide n'est pas seulement un phénomène social, qu'il n'est pas déterminé par les structures économiques en place ou le niveau de prospérité. Dans leur état actuel, les connaissances scientifiques n'excluent pas le rôle d'événements traumatisants vécus dans la petite enfance et subitement réactivés. Ce qui expliquerait la surprise souvent ressentie par l'entourage du disparu. « Les suicides inexpliqués sont relativement nombreux dans ce pays, constate le père Bruckberger. Vous rencontrez chaque jour un paysan qui mène ses vaches au pâturage et qui les ramène, hier vous l'avez aperçu au bistrot du village, buvant tranquillement ses trois décis de Dézaley. Aujourd'hui, vous apprenez qu'il s'est pendu dans son écurie. Avait-il des dettes ? Non ! Une maîtresse ? Même pas ! Il avait femme et enfants, il faisait avec application et régularité son métier de paysan, il jouissait de l'estime de tous. Il s'est fait périr, nul ne peut rien dire de plus[17]. »

Suisses et pauvres

Un homme, noir de colère, s'en prend à une femme et à ses deux enfants : « Ou vous arrêtez d'être pauvres, ou vous cessez d'être Suisses ! » Ce dessin du caricaturiste français Pessin a fait fortune en Suisse, où l'on redécouvre la pauvreté. Avec les « Trente Glorieuses », l'amélioration constante du niveau de vie moyen l'avait totalement occultée. Plus personne n'en parlait, sauf à titre de morceau d'histoire juste utile à montrer le chemin parcouru, à souligner les mérites du modèle helvétique. Lors de la première enquête réalisée sur le sujet, en 1890, la Suisse compte officiellement 119 000 assistés[18]. Ils représentent alors 4 % de la population. Survient la Première Guerre mondiale. Le coût de la vie est multiplié par deux en quatre ans alors que les salaires sont pratiquement bloqués, la situation de nombreuses familles se trouve aggravée par la mobilisation des hommes aux frontières. En 1918, on enregistre près de 700 000 indigents sur 4 millions d'habitants : 17,5 % des Suisses touchent aux limites de la pauvreté [19]. La crise des années 30 prive de leur emploi plus de 100 000 travailleurs (en 1932-1933) dans une société qui ignore l'assurance chômage. Et si la misère, au fond, n'avait jamais cessé d'exister, dans certaines régions, pour certaines catégories de la population, sinon parce qu'on avait cessé de la voir ?

Comme par hasard, la pauvreté réapparaît dans le discours sur la Suisse au cours des années 80, avec la fin de la croissance euphorique. Au moment même où les revenus réels interrompent leur progression rapide, à partir de 1975, on commence à s'apercevoir qu'une partie de la population, des retraités, des femmes seules, des chômeurs arrivés au bout de leurs indemnités, naviguent à la limite du minimum vital. Le revenu dont disposent ces exclus de la prospérité leur permettrait sans doute de bien vivre ailleurs, mais en Suisse, il n'autorise aucune fantaisie et conduit parfois à s'adresser à l'Assistance publique ou aux œuvres d'entraide. En 1987, l'institut saint-gallois d'éthique sociale évalue à près de 3 % de la population, pratiquement comme un siècle plus tôt, le nombre d'habitants dont les moyens n'atteignent pas le seuil de subsistance. Ils sont ainsi 180 000 à vivre dans la pauvreté absolue. Mais beaucoup d'autres, environ 110 000, se débattent dans la pauvreté relative telle que l'OIT ou la Communauté européenne la définissent : dès que le revenu est inférieur de moitié au revenu moyen des ménages [20]. Selon ce critère, l'Europe de Bruxelles compterait 14 % de pauvres, la Suisse 8 %. C'est du moins ce qu'affirment les participants au colloque « Pauvreté et sécurité sociale » réuni à Lausanne en septembre 1990 [21]. Deux ans plus tôt, les institutions d'assistance publique avaient donné des chiffres plus inquiétants pour la Suisse : 10 à 15 % de pauvres « relatifs [22] ». De toute évidence, les estimations de ce genre doivent être manipulées avec prudence. La situation qu'elles évoquent n'en est pas moins réelle.

Qui sont ces nouveaux pauvres ? Des femmes pour la plupart, qui doivent subvenir seules à leurs besoins, voire à ceux de leurs enfants, et des retraités pour un bon tiers. Mais les cercles de « pauvreté » s'élargissent. Jusqu'à la fin de 1989, en effet, 7 à 10 % des Suisses déclaraient ne pas s'en sortir financièrement. D'un seul coup, au printemps 1990, cette proportion passe à 18 % ! Elle a doublé en l'espace de six mois[23]. C'est qu'une frange importante de la population évoluait à la limite de ses moyens, à la merci de dépenses imprévues dont les années 1989-1990 l'ont amplement gratifiée. A une forte inflation, supérieure à 5 %, est venue s'ajouter une rafale de hausses du taux hypothécaire brutalement répercutées sur les loyers, déjà très élevés. Il n'en fallait pas davantage pour rappeler une vérité oubliée : le peuple suisse n'est pas aussi riche qu'il y paraît.

Un bon tiers des contribuables déclarent ne posséder aucune fortune. En revanche, 1,2 % d'entre eux détiennent 35 à 36 % de la fortune recensée.

Seuls un tiers des Suisses possèdent leur logement, et leur endettement hypothécaire est en moyenne très élevé. En comparaison, plus d'un Français sur deux, deux Américains sur trois sont propriétaires[24].

Certes, les salaires suisses figurent parmi les plus élevés du monde. Mais les prix aussi. Tout compte fait, le niveau de vie des pays voisins, exprimé en pouvoir d'achat, est souvent comparable aujourd'hui aux standards helvétiques[25].

Le malaise ou le bonheur suisse ?

En France, on parle du mal français ; en Suisse, on parle de malaise. Mais on en parle depuis longtemps sans que le diagnostic fasse naître les remèdes. A l'issue de la Seconde Guerre mondiale, le mot désigne surtout un sentiment de culpabilité diffus dans le pays : une partie de la population éprouve mauvaise conscience à se retrouver indemne dans une Europe dévastée. « Un homme de cœur a besoin qu'on lui pardonne de jouir de son bien-être pendant que d'autres souffrent », disait déjà Carl Spitteler en 1914. C'est dans ce sentiment que s'enracinent les réactions de tout un mouvement intellectuel à l'égard du pays. Pour définir le drapeau suisse, cette croix blanche sur fond rouge, Jean-Luc Godard utilisait cette formule : « Le sang des autres, on fait une croix dessus[26]. » Le gouvernement lui-même y est sensible. Son ministre des Affaires étrangères ajoute la solidarité à la neutralité. Insensiblement, l'affaire débouche sur un débat de société. Un jour de 1954, le président de la Confédération, Rodolphe Rubattel s'interroge sur les origines profondes de ce malaise dont on parle tant : « Nous sommes en cette période de transition où les esprits, si je puis dire, n'ont pas fini d'échapper aux formes extérieures et aux impératifs d'il y a cinquante ans, alors même qu'ils vivent déjà dans un état d'esprit très différent, à l'enseigne de puissances bouleversantes. En d'autres termes, des oppositions violentes sont nées, qui ne sont traduites encore que superficiellement dans les institutions et dans les croyances, extérieurement stables, mais ébranlées dans leur fond. C'est un problème de civilisation[27]. »

L'Exposition nationale de 1964 nourrit de nouvelles réflexions sur le thème, y compris à l'étranger. Cette année-là, le journal français *Combat*, disparu aujourd'hui, décrit une situation sombre : non seulement le moteur miracle de l'économie lui semble atteint d'un « dérèglement sérieux », mais les vertus helvétiques elles-mêmes lui paraissent en crise, comme en témoignent à ses yeux un régionalisme exacerbé et la question linguistique dans le Jura[28]. Toute une littérature politique n'a jamais cessé depuis de mettre en contradiction la société suisse avec les valeurs qu'elle prétend incarner. Précisément engagé dans la lutte pour l'autonomie du Jura, Roland Béguelin accuse la Suisse de faux témoignage, d'être centralisée et dominée par la majorité alémanique sous le couvert du fédéralisme, d'invoquer toujours la démocratie en s'opposant au droit le plus élémentaire d'un peuple à disposer de lui-même [29]. François Masnata reproche à la société helvétique de pratiquer la séduction démocratique pour mieux camoufler une répression suave. « Le goût de la liberté se perd, écrit-il, la gauche se réveillera-t-elle à temps pour arrêter la marche du capitalisme vers un totalitarisme à la suisse [30] ? » Dans *Une Suisse au-dessus de tout soupçon*, Jean Ziegler raconte son entrevue avec le ministre des Finances Nello Celio, en novembre 1969. Le député socialiste vient expliquer le postulat qu'il s'apprête à présenter au Parlement pour lutter contre les capitaux en fuite déposés dans les banques helvétiques : « Celio est d'accord avec moi. Le ministre admet que les capitaux en fuite sont cause de la misère, de la faim, de la mort de nombreux habitants des pays pauvres. Je lui demande :

— Vous acceptez donc mon postulat ?

— Non, si je l'acceptais conformément à mes convictions, ce même argent irait à Monaco ou aux îles Bahamas [31] ! »

Parallèlement, de nombreux essais tentent, non plus de dénoncer, mais de comprendre ce malaise [32]. Il s'en dégage quelques lignes de force qui en font à la fois un problème typiquement suisse et une affaire de civilisation :

L'inquiétude matérielle du nanti, d'un homme trop riche et trop heureux, resté depuis longtemps à l'écart de l'histoire, qui se demande si cela va durer. Le pressentiment aussi que cette réussite matérielle, toujours vantée, peut devenir une source de faiblesse, qu'elle installe le pays dans le confort et le conservatisme, qu'elle rend difficiles ou trop lentes les adaptations nécessaires dans un monde qui change très vite.

L'inquiétude morale d'un homme conscient de vivre au nom de certaines valeurs (la démocratie, le christianisme, le travail) et qui s'interroge sur l'origine réelle de ses richesses : « Cet îlot de prospérité n'a-t-il pas été gagné à la suite d'un naufrage des vrais principes ? Cette fortune n'est-elle pas assise, au moins en partie, sur les revenus blanchis de la fraude et du crime, ou sur l'égoïsme au lieu de la solidarité ? » D'une autre manière, perce le sentiment qu'il manque à ce petit pays le simple courage de s'affirmer, habitué qu'il est à cacher la défense de ses intérêts derrière le rideau d'une politique neutre et humanitaire.

L'angoisse existentielle d'une société attachée à son passé et à ses traditions, qui se voit comme une île menacée d'un cyclone, qui redoute d'être emportée par le vent du large, l'appétit des empires voisins ou le grand ensemble européen en formation. La Suisse, obligée de faire face au plus fort, en conserve-t-elle au fond les moyens à l'ère de l'armement nucléaire ou du marché unique ?

Le sentiment d'impuissance de larges couches de la population, convaincues qu'elles ne peuvent rien changer à la marche des affaires, ni dans le monde, ni même en Suisse, que la politique n'amène rien de bon, qu'elle est au mieux ennuyeuse ou compliquée. « De toute façon, n'est-ce pas ? ils font ce qu'ils veulent. » Cette conviction conduit nombre de citoyens à se replier sur eux-mêmes tant que leur propre sort ne se trouve pas remis en cause.

Mais ce malaise proprement helvétique dans son expression n'est qu'une des formes du débat qui domine toute une époque tiraillée entre la fascination du bien-être et la peur d'avoir perdu son âme. A l'image de ces étudiants contestataires de 1968 qui voulaient casser une société de consommation qualifiée de pourrie, mais dont ils étaient les privilégiés, alors que les ouvriers ne rêvaient encore que d'y accéder pour disposer, eux aussi, au volant d'une voiture ou devant la télévision, des moyens de découvrir le monde. Ce malaise apparaît également comme une variante du doute fondateur de la civilisation occidentale, jamais certaine de rien, sauf peut-être, aujourd'hui, de sa propre mort.

Le Suisse souffrirait ainsi du malheur d'être heureux. « Bien logé, bien nourri et bien assuré, écrit un écologiste, il s'ennuie. Le bonheur qu'on lui prête de l'extérieur, à cause de son PNB, de son organisation et de sa propreté, n'est plus guère éprouvé que par les témoins, déjà âgés, du temps où il fallait travailler dur pour assurer sa survie [33]. » Dans les années 60, une caricature montrait un bonhomme dans sa prairie : « Je vis dans le plus beau pays du monde, disait-il, j'ai un bon travail stable, je suis assuré contre la maladie et j'ai une caisse de pension, je possède une voiture neuve, un appareil de radio et de télévision, ma propre maison, une femme qui fait bien la cuisine, ma santé est excellente, hélas, si je pouvais encore être heureux [34]. » Autrement dit, la prospérité de la Suisse assure le bien-être de ses habitants en même temps qu'elle les fait crever d'apathie et de dégoût. Fritz Zorn a transformé ce cliché assez répandu dans les milieux intellectuels en best-seller autobiographique [35]. Le jeune homme issu d'une riche famille zurichoise qui se cache derrière ce pseudonyme est mort d'un cancer, une maladie qui a rongé son corps, explique-t-il, parce que son milieu, sa famille avaient rongé son âme. Tout au long du livre, il se déclare assassiné par la société, dévoré par ses parents, victimes eux aussi d'un monde dégénéré par les valeurs bourgeoises, d'un « univers hostile à la vie » où « le masque de sérénité du spectateur s'obtient au prix de la castration de l'âme ».

Les Suisses partagent-ils cette révolte, ou tout au moins ce mal de vivre ? Absolument pas. Ils sont heureux, ils le répètent à longueur de sondages, avec une persévérance déconcertante [36].

	1963	**1985**	**1988-89**
Assez heureux	51 %	48,2 %	57,9 %
Très heureux	42 %	47,2 %	35,4 %
Ensemble	93 %	95,4 %	93,3 %

Cet indice du bonheur subjectif semble pâlir un peu, la proportion des « très heureux » diminue, mais plus de 80 %

des Suisses se déclarent satisfaits des conditions matérielles de leur existence (de leur travail, de leur logement) comme de leur épanouissement affectif ou de leur vie sexuelle[37]. Certes aussi, une très forte majorité souhaite des améliorations qui vont toutes dans le sens d'une existence plus simple, plus naturelle, davantage axée sur l'accomplissement personnel et moins sur l'argent. Mais un fait demeure : le sentiment du bonheur tend à augmenter avec l'amélioration des conditions de vie matérielles, et non l'inverse.

Où se cache le peuple ?

Pour les Suisses, l'essentiel n'est plus de participer. Le droit de vote pour lequel on se battait encore au XIXe siècle s'embourbe de scrutin en scrutin dans l'indifférence ou la résignation. En 1947, 70 % des Helvètes prenaient la peine d'élire leurs députés. Quarante ans plus tard, c'est la débandade : moins de 45 % de participation aux élections législatives de 1987. En moyenne, moins d'un Suisse sur deux s'intéresse encore suffisamment à la vie publique pour distraire quelques minutes de loisir à l'exercice de ses droits politiques. Il arrive ainsi que les autorités et la loi ne soient l'émanation que d'une majorité très minoritaire par rapport à l'ensemble du corps électoral. Les abstentionnistes sont devenus le premier parti en Helvétie.

Le phénomène s'aggrave mais il n'est pas vraiment nouveau. A la fin du XIXe, le taux de participation aux différentes consultations oscillait entre 50 % et 60 % et descendait parfois au-dessous de ce seuil. L'introduction, en 1891, d'un nouveau mécanisme de démocratie directe — le droit d'initiative populaire — n'est parvenu à déplacer aux urnes que 46 % des citoyens. A l'inverse, certains sujets de votations qui soulèvent les passions ou représentent un réel enjeu de société réussissent aujourd'hui encore à mobiliser les deux tiers, voire les trois quarts du corps électoral. En fait, la Suisse semble avoir amorcé plus tôt une évolution que l'on constate désormais partout, aux États-unis ou en Europe, y compris dans les pays de l'Est qui redécouvrent la liberté et la démocratie après quarante ans de sevrage.

D'après les enquêtes faites à la sortie des isoloirs, ceux qui votent en Suisse appartiennent au monde des actifs. On participe davantage entre 30 et 60 ans. Les autres classes d'âge, surtout les jeunes, sont nettement sous-représentées dans les urnes par rapport à leurs forces respectives au sein de la population [38]. Sous l'angle du comportement, la structure du corps électoral est donc assez bien connue. Sans trop simplifier, on peut dire qu'un Suisse sur quatre vote toujours, un sur trois régulièrement, un sur deux occasionnellement, et qu'un Suisse sur quatre ne vote jamais [39]. Reste à comprendre pourquoi.

Dans un système où règne un gouvernement de large coalition (où cohabitent les grandes tendances de l'éventail politique, de la droite libérale à la gauche sociale-démocrate), les élections ne représentent pas un enjeu véritable, et l'intérêt des citoyens s'en ressent. Ce qui explique sans doute que dans ce pays de vieille démocratie directe, où le peuple est consulté souvent et sur tout, deux tiers des Suisses estiment n'avoir qu'une emprise limitée ou très limitée sur le jeu politique. Seule une minorité est convaincue de détenir un pouvoir réel d'influence par le biais des institutions [40]. Mais l'abstentionnisme ne découle pas uniquement du sentiment d'impuissance à l'égard de la classe politique. A l'exception des écologistes, tous les partis se réclament des grands systèmes d'idées issus du XIXe siècle. Le déclin ou la faillite des idéologies leur a porté un coup sensible, les électeurs s'en détournent : 60 % d'entre eux se sentaient encore proches d'un parti au début des années 80, ils ne sont plus que 40 % à la fin de la décennie [41]. Aujourd'hui, les Suisses cherchent à voter pour des personnalités qui représentent quelque chose de précis, en composant eux-mêmes la liste de leurs élus, ou pour des partis qui se donnent un objectif unique (la lutte contre la pollution ou la surpopulation étrangère, voire la seule défense des automobilistes).

Un autre phénomène récent ne trompe pas. La participation est aujourd'hui légèrement moins importante aux élections, pourtant moins fréquentes, qu'aux votations, lorsqu'il s'agit de prendre une décision concrète, de trancher dans un domaine déterminé. N'en transformons pas pour autant tous les abstentionnistes en adversaires des institutions puisque la majorité d'entre eux s'estiment satisfaits du fonctionnement de la démocratie. En revanche, l'image des dirigeants s'est considérablement dégradée. Au début des années 70, deux tiers des Suisses faisaient confiance aux gouvernants « pour agir comme il faut ». En 1986, un Suisse sur deux exprime des réserves à cet égard, et la confiance est tombée bien bas chez les jeunes de 25 à 34 ans[42]. Toutes les enquêtes réalisées depuis confirment cette tendance et l'accélération du phénomène. En automne 1990, seuls 6 % des personnes interrogées jugent que le gouvernement fédéral maîtrise les problèmes de l'heure : l'environnement, l'augmentation des taux d'intérêt, la drogue, les réfugiés, le sida, etc. Tous les autres estiment qu'il a pas mal de difficultés à les maîtriser (52 %) ou qu'il est débordé (36,5 %). « Le gouvernement fédéral semble incapable, écrit l'hebdomadaire qui publie le sondage, de reconnaître et de corriger des évolutions nuisibles, même les plus évidentes depuis longtemps[43]. »

Dans ce genre d'exercice, évidemment, le parti des mécontents regroupe ceux qui pensent que le pouvoir en fait trop, qu'il est trop autoritaire ou trop répressif, et ceux qui pensent tout au contraire qu'il n'en fait pas assez, qu'il est trop accommodant ou trop laxiste. Mais un résultat aussi catastrophique sur des sujets qui relèvent malgré tout de l'intendance aurait été impensable avant les « affaires ». Car la Suisse s'est offert trois psychodrames en l'espace de trois ans : l'affaire Kopp en 1988, l'affaire des fiches en 1989 et l'affaire de l'armée secrète en 1990. Pour un pays réputé sans histoire, ça fait beaucoup.

La démission d'Élisabeth Kopp de son poste de ministre de la Justice (que nous analysons plus loin) avait suscité beaucoup d'émotion et de passion dans le pays ; elle n'avait pas ébranlé profondément la confiance de l'opinion. Ce n'était qu'un ministre jusque-là choyé du public, qui payait une faute personnelle et conservait ses partisans. Le système sortait indemne du scandale, du moins en apparence. Quelques mois plus tard, il fallut déchanter. Les enquêtes parlementaires déclenchées par l'orage ne mettaient plus seulement en cause le comportement d'une ou de plusieurs personnes, fussent-elles bien placées, mais le fonctionnement même de la démocratie.

Un jour de novembre 1989, la Suisse découvre ainsi que la police fédérale met en fiche depuis des années tout individu qui lui paraît suspect. Vous avez dit : découvre ? Vraiment ? « Le fichage, écrit *Libération*, étant considéré dans tout État comme un mal nécessaire, il ne devrait pas choquer outre mesure les citoyens helvétiques, naturellement épris d'ordre et parfois enclins à pousser le civisme jusqu'à la dénonciation spontanée[44]. » Et pourtant il choque. Mieux : il scandalise un pays peut-être trop habitué à croire que les dieux de la démocratie ont établi leur olympe dans le massif du Gothard. Plus sérieusement, trois choses au moins offusquent l'opinion.

— Premier élément de stupeur : l'ampleur du phénomène. Près de 850 000 personnes sont épinglées dans le seul fichier central de la police fédérale : 161 500 Suisses, 569 000 étrangers et 119 000 personnes morales, organisations, institutions ou entreprises. Mais d'autres catalogues de la subversion existent à Berne. Un fichier des « extrémistes » a été créé, toujours par la police, au début des années 70 ; il a peu à peu remplacé le fichier des « suspects » dont les listes, apparemment détruites en 1976, contenait les noms d'environ 2 000 citoyens appartenant aux milieux de gauche. L'opération avait pour objectif d'en interner plusieurs centaines en cas de guerre, les mandats d'arrêt à leur nom étant déjà établis et déposés auprès de l'autorité compétente. De son côté, l'armée fichait les militaires pour des motifs aussi divers que leurs opinions politiques ou leur homosexualité (environ 8 000 fiches). Enfin, les polices et les administrations cantonales disposaient de leurs propres cartothèques plus ou moins bien approvisionnées selon la mentalité du lieu[45].

— Deuxième facteur de consternation : la bêtise des critères appliqués. La fiche d'un ministre, par exemple, porte la trace de l'un de ses voyages officiels dans un pays de l'Est mais ignore les autres, ou recueille précieusement le contenu de l'interview la plus banale. Un fonctionnaire bernois se retrouve fiché pour le seul motif qu'il est délégué cantonal à la protection des données ! Le dossier d'un syndicat contient pêle-mêle la convocation à une assemblée annuelle, une édition dépassée des statuts et la liste des participants à une réunion, nomenclature établie sur la base des plaques minéralogiques des voitures stationnées dans les environs. Le comble est arrivé à de parfaits homonymes — même nom, même prénom — dont le signalement a fini par se confondre avec le temps pour donner naissance à des individus doublement dangereux. L'un d'entre eux, Alain Pichard, journaliste de son état, excellent chroniqueur de son pays, a fait ainsi fiche commune pendant plusieurs années avec un autre Alain Pichard, de douze ans plus jeune que lui, habitant à des kilomètres de là, et militant communiste : un mélange détonant.

— Troisième motif d'étonnement — ou de colère : la vingtaine de fonctionnaires préposés à la collecte des renseignements travaillaient en effet sans directive et sans aucun contrôle politique. Dans un système où le droit de signer une demande de référendum ou une initiative populaire est aussi important que le droit de voter, l'opinion s'aperçoit qu'un acte qui appartient aux mécanismes de la démocratie directe — l'appui apporté par une simple signature à tel ou tel projet — peut valoir une mauvaise note dans le carnet civique.

Face au tohu-bohu que ces révélations provoquent, le gouvernement autorise chaque citoyen à consulter sa fiche, proprement caviardée cependant, afin d'en protéger les sources.

C'est la ruée. En quelques mois, plus de 300 000 demandes affluent à Berne. Toute une structure est mise en place pour leur donner satisfaction le plus rapidement possible. Mais à 80 personnes employées à plein temps, il faudra plus d'un an pour y parvenir et le coût de l'opération est estimé de 40 à 50 millions de francs suisses. Ne pouvait-on faire plus sobre ? A ceux qui demandent pourquoi l'État ne se borne pas à envoyer à chacun une photocopie des documents le concernant, le gouvernement se voit contraint d'avouer l'amateurisme génial de cette vaste opération de surveillance : l'adresse du « suspect » ne figure pas sur sa fiche, elle ne fait pas partie des renseignements disponibles...

L'affaire des fiches s'apaise à peine, qu'un nouveau scandale explose en novembre 1990. Une commission d'enquête parlementaire divulgue l'existence d'une armée secrète dite P-26 (Projet 26) et d'un service de renseignements extraordinaire appelé P-27. Forte de près de 400 hommes disposant d'armes légères et d'explosifs, la P-26 devait servir de noyau de résistance organisée en cas d'invasion ou de subversion intérieure. Il est plus difficile d'évaluer le rôle de la P-27 sur la base du rapport parlementaire : elle ne dispose apparemment d'aucun agent de type James Bond, ni à l'étranger ni en Suisse, et son organisation « dotée d'un effectif en personnel réduit » ne semble pas dépasser la collecte d'informations par les moyens les plus classiques, jusqu'à l'écoute des télécommunications. Sur le principe, toute cette armée de l'ombre ne présente rien de bien original ni de vraiment scandaleux, à moins de rayer la sécurité intérieure et extérieure d'un pays des missions traditionnelles de l'État. Le choc vient de la découverte que de telles choses existent en Suisse dans le secret le plus absolu, quasiment sans base légale et sans contrôle politique. Tout le monde connaît, par exemple, l'existence du KGB, de la CIA, de la DGSE française, du MI-6 britannique, et peut connaître le nom de leur chef suprême. Lorsqu'ils accèdent au sommet du pouvoir à Moscou ou à Washington, les médias du monde entier rappellent qu'Andropov est l'ancien responsable du KGB et George Bush l'ancien directeur de la CIA. Le fait que le nom du Mossad apparaisse régulièrement dans les journaux n'a pas empêché les services secrets israéliens d'acquérir une réputation de redoutable efficacité.

En Suisse, il suffit que soit révélée l'identité du chef de la P-27 pour que l'organisation soit déclarée dissoute. Comme si l'évidente nécessité du secret en matière de renseignements et de circonstances exceptionnelles ne pouvait avoir un minimum de base démocratique. C'est d'ailleurs sur ce point que se concentrent les critiques de la commission parlementaire. Elle reproche en termes clairs aux fondateurs de la P-26 et de la P-27 d'avoir manqué de mesure : « Ils ont soumis l'ensemble de l'organisation, son existence même, au secret le plus rigoureux. Ils ont de la sorte négligé de créer les bases légales indispensables à l'accomplissement des tâches de l'organisation et empêché le Parlement d'exercer les obligations de surveillance que lui imposent la Constitution et la loi sur le contrôle des finances[46]. » Mais l'absence de feu vert budgétaire et parlementaire n'est pas seul en cause. « L'enquête a montré, poursuit la commission, que les autorités politiques n'ont de leur côté effectué aucune surveillance et que les instances militaires, quant à elles, n'ont exercé qu'un contrôle très réservé qui de toute façon ne saurait à lui seul suffire[47]. »

A la suite de ces deux affaires, les mesures pleuvent. La P-26, puis la P-27 sont dissoutes par le gouvernement. Dans le cas des fiches, le chef de la police fédérale et de la division sécurité de l'armée, Peter Huber, est mis en congé avec effet immédiat. Le chef de la division renseignement, Hans Schlup, est muté. Et le fichier central de la police est réorganisé[48]. Les réactions ne sont pas moins vives. D'un côté, les responsables mis en cause font valoir les circonstances de l'époque, celles de la guerre froide et des menaces constantes qu'elle représentait sur le continent européen jusque vers le milieu des années 80. C'est en songeant aux coups de Prague de 1948 ou de Budapest en 1956 qu'ont été préparés les instruments de résistance aujourd'hui décriés. Chef du Département militaire de 1979 à 1983, Georges-André Chevallaz affirme que le degré d'information du gouvernement et du Parlement sur le principe d'une organisation secrète était suffisant pour considérer qu'à défaut d'une base légale évidente la légitimité démocratique se trouvait assurée et garantie[49]. Et s'il admet la « sottise » du système des fiches, il accuse comme d'autres certains milieux et les médias d'en faire une exploitation sensationnelle au détriment des intérêts du pays. « On dénonce l'État fouineur, déclare un autre ancien ministre, Pierre Graber, mais le journalisme fouineur fait recette. Mon jugement n'est pas plus tendre à l'égard des hommes politiques et des partis qui utilisent les affaires pour en tirer un profit électoral[50]. »

De l'autre côté, l'opinion accuse le coup. Les sondages enregistrent un changement de climat très net après l'affaire des fiches. En février 1990, 52 % des personnes interrogées ressentent une perte sensible de confiance à l'égard de la classe dirigeante, même si une majorité confortable, de l'ordre de 70 %, ne réclame aucune démission au sein du gouvernement[51]. En août, 44 % des Suisses parlent d'une démocratie de façade, et cette proportion s'élève à 52 % chez les jeunes de 25 à 34 ans. Pour 40 % des Alémaniques et 50 % des Romands, la Suisse traverse une crise d'État[52]. Cette réaction confirme la dégradation déjà constatée de l'image des dirigeants. Grave en lui-même, le phénomène s'accompagne de comportements qui tendent à enlever à la « démocratie des urnes » une part de sa légitimité. Les membres du gouvernement ressentent fortement cette « identification décroissante » depuis le début des années 70. « De larges couches de la population, reconnaît l'un d'entre eux, n'acceptent les décisions prises dans le cadre de cette démocratie que si elles correspondent à leur propre avis. Si on est parmi les vaincus, on imagine immédiatement toutes sortes de moyens pour renverser cette décision. Or la démocratie ne peut fonctionner que si elle est respectée non seulement en droit mais aussi dans son esprit[53]. » Ce n'est pas qu'une image. Dans les domaines les plus divers (de l'occupation d'un chantier de centrale nucléaire aux squatters des grandes villes, de la consommation de drogue à la vitesse sur les routes), la société se « déshelvétise », elle se dérèglemente d'elle-même, sans permission, un État de fait plus ou moins contrôlé se substitue à l'État de droit.

NOTES ET RÉFÉRENCES

1. *L'Illustré*, 12 septembre 1990.
2. José Ribeaud, *Kurt Furgler à cœur ouvert*, Lausanne, l'Aire, 1986, p. 55.
3. Faut-il y voir un signe supplémentaire de quiétude ? Les statistiques sont particulièrement défaillantes dans le domaine de la criminalité sur le plan fédéral. La situation est mieux connue sur le plan cantonal, et les grandes tendances indiquées ici paraissent incontestables. Une enquête internationale menée au début de 1989 dans 14 États et fondée sur quelque 2 000 interviews téléphoniques par pays montre que la Suisse se classe parmi les sociétés les plus sûres. Environ 28 % des Américains, des Canadiens, des Australiens avaient au moins une fois été victimes d'une infraction au code pénal en 1988. En Europe de l'Ouest, les taux étaient de 26,8 % aux Pays-Bas, 24,6 % en Espagne, 21,9 % en Allemagne, 19,4 % en Grande-Bretagne, 17,7 % en Belgique. Les taux les plus bas ont été enregistrés en Norvège, en Finlande, en Suisse et en Irlande du Nord : entre 15 et 16 % (*Journal de Genève*, 30 mars 1990). Voir aussi *Dessine-moi un Suisse*, Lausanne, 24 heures, 1987, p. 199-203 et *le Matin*, 21 et 22 août 1988.
4. *Médecine-Sciences*, juin-juillet 1990, p. 582. La France arrive en tête pour le nombre absolu de cas de sida en Europe (environ 15 000 à fin 1990, dont 4 600 enregistrés au cours de la dernière année).
5. Enquête réalisée auprès de 1 420 personnes de 20 à 70 ans, *Corriere del Ticino*, 30 novembre 1990.
6. *Le Matin*, 10 octobre 1990.
7. Selon l'Office fédéral de la santé publique, 65 000 personnes ont déjà fait l'expérience de drogues dures (héroïne et cocaïne), 150 000 consomment

au moins occasionnellement du haschisch, et le nombre de ceux qui en ont pris dans leur vie atteint au moins 300 000 (*Tribune de Genève*, 28 février 1990).

8. 23 mai 1989.

9. *Tribune de Genève*, 30 mai 1990.

10. *Journal de Genève*, 30 novembre 1990 et *24 Heures*, 1er-2, 3, et 5 décembre 1990.

11. Enquêtes de l'ISPA (l'Institut suisse de prophylaxie de l'alcoolisme qui lutte en fait contre toutes les formes de toxicomanie) auprès d'échantillons représentatifs de la population de plus de 15 ans (*Données sur l'alcool et les drogues en Suisse*, Lausanne, 1989, p. 31.38).

12. *Bulletin des médecins suisses*, 28 mars 1990, p. 517-520.

13. Enquêtes de l'ISPA auprès d'échantillons représentatifs de la population de plus de 15 ans (*Données sur l'alcool et les drogues en Suisse*, *op. cit.*, p. 4-10).

14. *24 Heures*, 28 février 1984 et 9 janvier 1986.

15. La majorité des personnes interrogées juge cependant dangereuse la diffusion par cette association d'un *Guide d'autodélivrance* qui donne des recettes pour mettre fin à ses jours.

16. Sondage effectué auprès de 600 personnes, *l'Illustré*, 20 janvier 1988.

17. *A l'heure où les ombres s'allongent*, *op. cit.*, p. 357.

18. *Nouvelle Histoire de la Suisse et des Suisses* (ouvrage collectif), Lausanne, Payot, 1986, 2e éd., p. 669.

19. Lalive d'Epinay, *Les Suisses et le travail*, *op. cit.*, p. 21.

20. *CH-87, Journal suisse de l'année*, Lausanne, Prilly, 1988, p. 21-22. Ce journal suisse de l'année a vu le jour en 1975. Depuis qu'il existe, le mot pauvreté apparaît pour la première fois en 1986 dans l'index des matières et il y figure toutes les années suivantes.

21. *Gazette de Lausanne*, 29-30 septembre 1990.

22. *Tribune de Genève*, 14 juillet 1988.

23. Enquête réalisée tous les six mois par la Schweizerische Gesellschaft für Marketing auprès d'un échantillon représentatif de 1 000 personnes (*24 Heures*, 6 juillet 1990, et *l'Hebdo*, 12 juillet 1990).

24. Hans Tschäni, *A qui appartient la Suisse ?*, Genève, Zoé, 1988, p. 141-180.

25. *L'Hebdo*, 1er février 1990.

26. André Reszler, *Mythes et identités de la Suisse*, *op. cit.*, p. 15.

27. Discours à la journée officielle du Comptoir suisse, Chronique CH, 1954-1956, Prilly, Eiselé, 1985, p. 79-80.

28. 30 avril 1964.

29. *Un Faux-Témoin la Suisse*, Paris, Lausanne, Montréal, éd. du Monde, 1973.

30. *Le Pouvoir suisse, séduction démocratique et répression suave*, Paris, Christian Bourgois, 1978.

31. Paris, Seuil, 1976, p. 102-103.

32. Karl Schmid, *Unbehagen im Kleinstaat*, Zurich, Artemis, 1963 ; Max Imboden, *Helvetisches Malaise*, Zurich, EVZ Verlag, 1964 ; et d'autres ouvrages déjà cités, ceux de Denis de Rougemont, de René Lebeau, d'André Reszler et de Pierre Béguin (dans le prolongement qu'il apporte à *l'Histoire de la Suisse* de William Martin).

33. Laurent Rebeaud, *La Suisse, une démocratie en panne*, Lausanne, L'Age d'Homme, 1978, p. 186.

34. Luc Boltanski, *Le Bonheur suisse*, Paris, Minuit, 1966, p. 156-157.

35. *Mars*, Paris, Gallimard, 1979.

36. Source pour 1963 : Denis de Rougemont, *La Suisse ou l'histoire d'un peuple heureux*, p. 182. Pour 1985 : Fabien Dunand, *op. cit.*, p. 62-67. Pour 1988-1989 : enquête Isopublic réalisée pour le Département de science politique de l'université de Genève auprès de 1 400 personnes (*Tribune de Genève* et *Journal de Genève*, 24 mai 1989).

37. Voir aussi sur ce sujet, Dusan Sidjanski, *Les Suisses et la politique*, Berne et Francfort, Herbert et Peter Lang, 1975, p. 23.

38. L'activité professionnelle et sociale apparaît ainsi comme la motivation déterminante de l'électeur (René Knüsel, *Les Secrets de l'isoloir*, Lausanne, Réalités sociales, 1990, p. 19-37).

39. Matthias Finger et Pascal Sciarini, *L'*Homo politicus *à la dérive ?*, Lausanne, L.E.P, 1990, p. 66.

40. *Ibid.*, p. 86.

41. *Ibid.*, p. 111.

42. Fabien Dunand, *op. cit.*, p. 194.

43. *L'Illustré*, 31 octobre 1990.

44. 26 février 1990.

45. *24 Heures*, 2 août 1990, 22 septembre 1990, 24 novembre 1990.

46. Rapport de la commission d'enquête parlementaire sur les événements de grave portée survenus au Département militaire fédéral, Berne, 23 novembre 1990, p. 236.

47. *Ibid.*, p. 204-205.

48. En novembre 1990, le procureur de la Confédération, Willy Padrutt, explique au cours d'une conférence de presse que le nouveau fichier contient à cette date 13 000 fiches (dont 5 100 entièrement nouvelles) qui touchent à des domaines précis : délits à l'explosif, extrémisme violent, trafic de matériel de guerre, terrorisme et espionnage (*Journal de Genève*, 20 novembre 1990).

49. *L'Hebdo*, 29 novembre 1990 et *24 Heures*, 3 décembre 1990.

50. *Le Matin*, 2 juin 1990.

51. *SonntagsBlick*, 18 février 1990.

52. *Das Magazin*, supplément hebdomadaire du *Tages Anzeiger* et de la *Berner Zeitung*, 11 août 1990.

53. Léon Schlumpf à *24 Heures*, 31 décembre 1984.

DEUXIÈME PARTIE

La Suisse

CHAPITRE IV

UNE RÉSERVE NATURELLE

> Sans démagogie aucune, je suis très attaché à la Suisse. Je m'y sens comme des racines.
>
> Maurice BÉJART

Charles Aznavour, Alain Prost, Jean-Claude Killy, Nana Mouskouri, Frédéric Dard, Petula Clark, Tibor Varga, Alain Delon, Audrey Hepburn, David Bowie, Barbara Hendricks... Toutes ces célébrités ont un point commun : elles vivent en Suisse. D'autres, à l'image de Charlie Chaplin ou de Richard Burton, y ont établi leur dernière demeure. A vrai dire, les stars réalisent ce dont le public rêve souvent : s'installer au « paradis ». Chaque fois qu'un sondage international pose la question classique : « Si vous deviez vivre dans un autre pays que le vôtre, quel est celui que vous choisiriez ? », le modèle suisse se retrouve en vedette. En 1980, il arrive largement en tête d'une enquête effectuée sur la qualité de la vie dans treize pays d'Europe occidentale[1]. Cinq ans plus tard, les Français, les Allemands, les Italiens, les Autrichiens confirment dans un bel ensemble leur préférence : ils prendraient d'abord la direction de la Suisse s'il leur fallait absolument quitter leur pays[2]. Ce choix répété contredit l'image volontiers méprisante de la Suisse véhiculée par les médias étrangers, malgré tous les signes de sa réussite matérielle. Chez les intellectuels, la représentation dominante prendrait plutôt les allures d'un ghetto petit-bourgeois où l'on étouffe : on y mourrait d'ennui à défaut d'y mourir de faim. Cette distorsion se mesure en Suisse même, entre les couches populaires et certains milieux de gauche qui prétendent les représenter. Pour ces tenants de l'intégrisme idéologique, la Suisse ne serait qu'un enfer déguisé en modèle, un prodige d'hypocrisie se nourrissant de la misère du tiers-monde et des profits du crime international. « Beaucoup de gens simples et modestes, note Uli Windisch, sont ulcérés en entendant de tels propos. Ce discours est, en effet, mensonger. Il n'est pas vrai que notre bien-être est dû au fait que nous affamons les autres. Les travailleurs suisses savent que leur situation est d'abord due à leur travail, à des décennies de travail de gens honnêtes et modestes[3]. » Et la majorité d'entre eux partagent l'image que leurs voisins se font de la Suisse : ils s'y sentent heureux. Mais cela peut-il faire recette dans les officines du parisianisme où l'on éprouve quelque peine à virer sa perestroïka ?

L'image d'un jardin extraordinaire

« On peut discuter notre caractère national, ou même nos institutions politiques, un fait au-dessus de toute discussion, c'est l'incomparable beauté naturelle de notre patrie. » De nombreux étrangers partagent ce point de vue exprimé sans détour, au début du XXe siècle, par l'un des fondateurs du Heimatschutz, la Ligue pour la protection d'une Suisse pittoresque[4]. Dans les années 70, Swissair avait placé l'une de ses campagnes de publicité à l'étranger sous le slogan : « Les mille et une raisons de faire escale en Suisse. » Sur une double page insérée dans les principaux magazines d'information d'Europe occidentale, 57 symboles étaient censés représenter les plus beaux attraits du pays. Laissons le symbole de Swissair qui terminait la liste — réclame oblige — il en restait 56 pour caractériser le produit « Suisse » aux yeux des touristes européens. Treize emblèmes présentaient toute la panoplie des sports praticables à travers le pays, des 4 000 ascensions possibles dans le massif alpin aux 71 terrains de golf. Treize autres faisaient le tour des moyens de transport à disposition, grands axes autoroutiers ou ferroviaires comme partout ailleurs, mais aussi téléphériques, petits trains à crémaillère, bateaux à vapeur sur les lacs, et 48 500 km de chemins pédestres et de pistes cyclables qui faisaient rêver à d'agrestes balades. Dix symboles évoquaient directement le paysage et ses richesses, ses sommets impressionnants, ses 973 600 ha de bois et de forêts, les 1484 lacs de plaine et de montagne, les grottes et les cavernes, les jardins alpins, les parcs nationaux, etc. Tous les fastes de la nature occupaient la première place dans cet inventaire à la Prévert. En comparaison, sept figurines seulement suggéraient l'intérêt culturel d'un éventuel séjour, en mentionnant l'existence de mille chapelles, églises ou cathédrales, de trois fois plus de châteaux et vestiges, d'une foule de musées, de théâtres, d'orchestres et même d'une centaine de fêtes populaires[5]. Cette publicité avait raison. Le touriste vient voir le Cervin, le lac des Quatre-Cantons, les vieilles pierres de Berne et de Lucerne, il arpente les chemins d'alpage en été et les pistes de ski en hiver plus souvent qu'il ne flâne dans les salles du Kunstmuseum de Zurich ou de la bibliothèque de l'ancienne abbaye de Saint-Gall, pourtant l'une des plus riches d'Europe en incunables.

L'hôte de passage s'attend davantage à découvrir en Suisse les splendeurs de la nature que celles de la culture. Encore la situation a-t-elle évolué au cours du XIXe siècle sous l'influence de la période romantique. Auparavant, la « civilisation » helvétique et jusqu'à son architecture inspiraient plutôt le mépris aux élites européennes. Dans ses récits de voyage, le baron d'Haussez, ministre français sous la Restauration, reproche à la ville de Berne « de faire une large part au ridicule en laissant subsister, dans ses rues, sur ses places publiques, sur tous ses monuments, des figures grotesques que désavouerait le mauvais goût lui-même[6] ». Aujourd'hui, les statues polychromes qui ornent les fontaines de la ville fédérale prennent leur revanche : les touristes les moins avertis les honorent au moins d'un clic-clac pressé. Et la cité tout entière conservée dans son aspect médiéval, avec ses maisons à pignon et ses arcades commerçantes, assure aux visiteurs le dépaysement d'une « capitale » moderne et pourtant conviviale.

Le charme tranquille de nombreuses villes suisses ne s'explique pas seulement par le caractère de leurs habitants. Sauf de rares exceptions, elles n'ont connu ni les ravages des guerres, ni le choc de la révolution industrielle, ni les effets insidieux des crises économiques. Leur état de préservation est dû, en profondeur, à une urbanisation à la fois précoce et lente du territoire. Dans un pays qui connaît une densité démographique supérieure à 200 habitants au km^2 sur le plateau, où plus de 60 % de la population sont des citadins, le paysage s'apparente encore souvent à un immense jardin. Peu d'étendues ont échappé à la main de l'homme mais rien non plus, sauf à Zurich, ne ressemble vraiment à une métropole de béton. C'est que la population se répartit dans un tissu relativement serré de petites et moyennes agglomérations, mais où les excroissances sont exceptionnelles. Au fond, les Suisses ont presque réalisé la boutade qui voulait qu'on déplace les villes à la campagne. Comme l'écrivait Jean-Jacques Rousseau, en 1777, dans la septième promenade de ses *Rêveries* : « La Suisse entière n'est pour ainsi dire qu'une grande ville dont les rues larges et longues (...) sont semées de forêts, coupées de montagnes, et dont les maisons éparses et isolées ne communiquent entre elles que par un jardin anglais[7]. » Toutes proportions gardées, c'est cette impression que le touriste conserve fréquemment aujourd'hui.

L'image d'un sanctuaire de la liberté

Toute une image de la Suisse repose sur l'idée qu'une vertu originelle l'a sauvée des pires malheurs du monde et lui a permis de reconstruire, au cœur des Alpes, un morceau de paradis. Cette vertu a une réalité. En plein Moyen Age, alors que la géographie l'a mise partiellement à l'abri de l'histoire, la Suisse devient le berceau de la démocratie et le symbole de la résistance aux tyrans. Elle possède aussi sa légende. Avec le temps, le pays se découvre — ou s'invente — un héros : Guillaume Tell. Et les deux courants se rejoignent au milieu du XXe siècle, quand la Suisse centrale se transforme en réduit alpin, retrouve sa vocation de forteresse de la liberté aux heures les plus graves de la Seconde Guerre mondiale.

L'image du sanctuaire imprenable comme la volonté de se défendre ont fortement pâli chez les jeunes générations, mais le mythe de Guillaume Tell demeure important dans la conscience collective et dans la perception de la Suisse à l'étranger. Le cinéma et la télévision ont pris le relais du théâtre de Schiller et de l'opéra de Rossini. En 1987, une série télévisée de 72 épisodes — qui en prenait d'ailleurs à son aise avec la légende — a passionné les Américains et les Français à des heures de forte audience. Tout le monde connaît l'histoire. Représentant des Habsbourg, le bailli Gessler impose à la population d'Uri de saluer son chapeau installé bien en vue sur la place publique d'Altdorf. Un habitant du pays, Guillaume Tell, seulement connu de ses compatriotes pour ses talents de tireur à l'arbalète, « oublie » un jour, en passant, de rendre hommage au couvre-chef. Le bailli le met alors au défi, sous peine de mort pour lui et son enfant, de percer d'une flèche une pomme placée sur la tête de son fils. Tell réussit cet exploit qui lui sauve la vie, mais le bailli le fait arrêter : il avait caché dans son gilet de peau une deuxième flèche qu'il réservait au tyran. Tell parvient cependant à s'évader du bateau qui le mène en prison à la faveur d'une tempête sur le lac. Il attend le bailli en embuscade dans le chemin creux de Küssnacht et le tue. Son acte donne le signal de la révolte populaire...

La pomme d'Adam et Ève a chassé l'homme du paradis

terrestre, celle de Guillaume Tell a permis à la Suisse d'échapper à l'enfer. La tradition des jeux de Tell demeure bien vivante dans sa région natale. Chaque été, à Altdorf comme à Interlaken, des troupes d'acteurs amateurs recrutés parmi la population locale interprètent le drame de Schiller, créé en 1804. Mais l'homme à l'arbalète s'est aussi adapté au monde moderne. Il figure partout en Suisse, sur les affiches de propagande, les placards publicitaires, les caricatures de presse. Il vend aussi bien les slogans politiques les plus contradictoires que des jeans ou des cigarettes. Quand une chaîne de fast-food s'avise de faire concurrence au géant américain de la branche, elle s'intitule McTell. Lorsqu'une entreprise de communication essaie de lancer l'équivalent du Minitel français, elle le baptise SwissTell. Même les beaux esprits qui cherchaient à répandre une *Nouvelle Histoire de la Suisse et des Suisses* n'ont pu échapper à la silhouette de Guillaume Tell sur la couverture de leur volumineuse bible, bien qu'elle ne lui consacre que « quelques lignes incrédules[8] ». Et dans l'industrie, l'arbalète s'est imposée comme le symbole naturel de la qualité, de la précision helvétiques ; sa seule apparition sur un produit en situe l'origine : « *made in Switzerland* ».

Croit-on que les publicitaires continueraient à recourir au mythe si le procédé se révélait inefficace ? L'omniprésence de Guillaume Tell dans la vie de tous les jours donne raison à ceux qui jugent purement académique le débat sur l'existence réelle du héros[9]. S'il est reconnaissable au premier coup d'œil sur une affiche, s'il suffit d'un signe, d'une pomme percée d'une flèche, pour évoquer son nom, n'est-ce pas que son visage et son aventure sont familières au grand public, qu'il appartient sans réserve au patrimoine national ? Bien sûr, le premier récit de la révolte de Tell n'apparaît que tardivement — en 1472, dans *le Livre blanc*, de Sarnen — près de deux siècles après les événements auxquels il est censé avoir participé. Sans doute aussi, une autre saga, celle de Toko le Danois, écrite autour de l'an 1200 déjà, présente de curieuses analogies avec la chronique de Tell. Sur ordre de son roi, le Scandinave doit, comme par hasard, percer d'une flèche une pomme placée sur la tête de son fils[10]... Admettons que Guillaume Tell ne soit qu'un héros venu du froid. Il n'a pourtant rien d'un imposteur. Comme l'a fort bien observé Denis de Rougemont, c'est en Suisse, et en Suisse seulement, que Tell a trouvé une patrie, qu'il est devenu le symbole de tout un peuple, un véritable archétype national : « Guillaume Tell n'a pas fait les hommes de ce pays comme l'écrivait Victor Hugo, mais ce sont les Suisses qui l'ont fait. Il est moins leur père que leur fils, moins leur ancêtre que leur œuvre collective, mais c'est par là qu'il est le plus réel[11]. » Car si Tell est issu d'une vieille légende commune à d'autres peuples européens, c'est à Altdorf, dans le canton d'Uri, qu'il est vraiment né, en entrant dans l'histoire des mentalités, qu'il s'est transfiguré en héros suisse, mais universel — universellement connu en tout cas — de la liberté.

L'image d'un paradis économique

« Point de souliers ni de sabots pendant une grande partie de l'été ; parfois une soif tellement insupportable que, pour l'apaiser, je buvais mon urine dans ma main ; en fait de nourriture, le matin avant le jour une bouillie de farine de seigle, puis du fromage et du pain de seigle que j'emportais sur mon dos dans un bissac ; le soir du fromage de lait cuit ; tout cela, il est vrai, en quantité suffisante ; coucher sur le foin en été, en hiver sur une paillasse pleine de punaises et même de poux : voilà quel est le sort ordinaire des pauvres petits pâtres » dont faisait partie Thomas Platter, l'auteur de ces lignes, quand il gardait les chèvres de son village haut-valaisan, dans les années 1500[12]. Trois siècles plus tard, l'invasion française, les guerres de la Révolution et de l'Empire plongent le pays dans une misère noire. Les journaux publient des recettes pour apprêter les pelures de pommes de terre et, dans certaines régions, les enfants de pasteurs eux-mêmes se mettent à mendier [13].

Au XIXe siècle, plusieurs disettes dues à des conditions atmosphériques catastrophiques frappent encore la Suisse, en 1816-1817 surtout, mais la pauvreté atteint sans doute sa phase la plus aiguë dans la seconde moitié du siècle. Un pays sans ressources suffisantes pour faire vivre sa population, c'est l'image laissée par une double vague d'émigration : celle du service mercenaire qui a touché à peu près un million d'hommes de 1474 à 1792 ; et celle de la révolution industrielle qui a conduit une masse d'environ 400 000 Suisses sur les routes d'Europe et du Nouveau Monde, de 1850 au déclenchement de la Première Guerre mondiale.

Dans le même temps, les exemples ne manquent pas qui soulignent la prospérité, au moins relative, de la Suisse. Au début du Ier siècle avant Jésus-Christ, un géographe grec, Posidonios d'Apamée, décrit les Helvètes comme un peuple regorgeant d'or [14]. A la fin de la guerre de Trente Ans qui a anéanti l'Allemagne et ruiné l'Europe, la Confédération prend figure — déjà — d'Eldorado. « Les écrivains de ce temps, remarque William Martin, s'accordent à décrire, en des termes idylliques, la prospérité de notre pays. Les ressources du service mercenaire, jointes à celles que l'agriculture et l'industrie avaient tirées, pendant ces années terribles, de leurs fournitures aux belligérants, avaient donné au peuple suisse une aisance qui contrastait avec la misère générale [15]. » Et en 1798, l'existence du trésor de Berne constitue l'un des motifs qui poussent le Directoire, toujours à la recherche d'expédients financiers, à envahir la Confédération. Un pays préservé qui ressemble à un immense supermarché resté debout comme une cathédrale dans une Europe en cendres, c'est l'image laissée par la succession des guerres qui ont épargné la Suisse et qui lui ont donné cette « atmosphère de normalité complètement anormale désormais dans notre triste continent [16] ».

Ce tableau contrasté, fait de misère et de prospérité alternées, met en évidence les circonstances — mais aussi les conditions — de la réussite helvétique qui s'est amorcée à la fin du XIXᵉ, autour des années 1880-1890. Du côté des circonstances, l'absence de destructions sur une très longue période, le fait d'avoir échappé surtout aux deux conflits mondiaux a certainement servi de levier. En 1945, la Suisse se retrouve avec un appareil de production intact, une main-d'œuvre qualifiée, des réserves de capitaux prêts à l'emploi, seule capable parmi tous ses voisins de relancer immédiatement sa machine industrielle. Non sans inconvénients d'ailleurs. Comme il suffit d'importer de la main-d'œuvre étrangère bon marché pour satisfaire sans délai les besoins de la reconstruction européenne et du boom intérieur, bon nombre d'entreprises négligent de se rationaliser ou de se moderniser. Elles le paieront plus tard. Dans le courant des années 60, le moteur finit par s'emballer jusqu'à la surchauffe et le nombre sans cesse croissant de travailleurs immigrés déclenche une crise d'identité au sein de l'opinion. Mais le niveau de vie helvétique a été propulsé au sommet. Le palmarès du produit national brut par tête d'habitant, qui permet de mesurer la prospérité d'un pays et sa capacité concurrentielle, classe les Suisses au premier rang des nations industrialisées depuis des décennies, juste derrière quelques mini-États du golfe Persique[17]. Si la Suisse était encore obligée, au XIXᵉ, de construire ses chemins de fer avec l'aide massive des capitaux étrangers, elle est aujourd'hui l'un des plus grands créanciers du monde.

Ce résultat n'est pourtant pas le simple dividende des conflits auxquels la neutralité lui a permis d'échapper puisqu'en 1913, la Suisse se plaçait déjà au premier rang, devant le Royaume-Uni et l'Allemagne, pour les exportations de machines par tête d'habitant[18]. On touche là aux conditions mêmes du succès helvétique qui s'apparentent à celles du « miracle » allemand ou nippon. Comme les Japonais et leurs voisins du nord, les Suisses ont su compenser un sérieux handicap par un cocktail particulièrement efficace d'attitudes et de comportements. Sur le plan économique général, ardeur au travail et sens de l'épargne améliorent la productivité et accélèrent la formation de capital. Sur le plan industriel, l'adaptation rapide de l'appareil de production à la technologie de pointe permet de réduire les coûts, à tout le moins d'en freiner l'augmentation. Sur le plan commercial enfin, leur capacité remarquable à s'implanter sur les marchés étrangers fait souvent la différence quand les produits sont pour le reste comparables.

Si le Japon, l'Allemagne et la Suisse restent, avec les États-Unis, les champions de la compétitivité internationale, les performances des uns et des autres ne se mesurent pas à la même aune. Les Allemands et les Japonais avaient à reconstruire leur pays à l'issue de la Seconde Guerre mondiale. La Suisse disposait, à ce moment-là, d'un avantage considérable qui a largement disparu depuis, mais le handicap de toujours demeure : l'économie helvétique dépend de l'étranger quasiment pour tout, pour se nourrir (25 % du sol n'est pas exploitable par l'agriculture contre 8 % par exemple en Autriche), pour son approvisionnement énergétique et ses matières premières, pour l'écoulement de ses produits, et même aujourd'hui pour sa main-d'œuvre. On a certes tendance à exagérer l'absence de ressources naturelles dans la mesure où l'électricité d'origine hydraulique a très rapidement pris une place importante dans le développement du pays. En 1925, alors que le charbon fournissait encore 75 % de l'énergie consommée à travers le monde, il ne représentait plus que 6 % à peine des besoins helvétiques[19] ; la houille blanche, propre et renouvelable, l'avait remplacé. Au demeurant, le Japon n'est pas mieux loti en sources d'énergie, mais il dispose au moins d'un marché de plus de cent millions d'habitants, qui peut absorber une part non négligeable de sa production industrielle. Privée de ce recours comme du reste, la Suisse a dû renoncer à toute industrie de masse et se spécialiser dans les activités de transformation et de services où la valeur ajoutée par son labeur et son savoir-faire lui permettent de conserver un avantage. Vue sous cet angle, l'image d'un

Eldorado — où régneraient comme dans la Bible l'abondance naturelle et les plaisirs innocents du farniente, où la providence offrirait à chacun selon ses besoins — paraît bien excessive. La Suisse, c'est plutôt le paradis du travail tranquillement mais toujours accompli : l'aisance certes, mais à chacun selon ses mérites.

L'image d'un niveau de vie mirobolant est également surfaite. Sans doute les salaires suisses figurent-ils parmi les meilleurs du monde. Ils deviennent même impressionnants si on les « traduit » en monnaies étrangères. On en oublie trop souvent que les pays où les habitants gagnent le mieux leur vie, en Scandinavie aussi, sont précisément ceux où le coût de la vie est le plus élevé, du logement aux produits de première nécessité. En termes de pouvoir d'achat, l'écart est beaucoup moins grand qu'il n'y paraît et il aurait plutôt tendance à se réduire. Mais il demeure visible aux signes extérieurs de richesse et au maintien du plein emploi. Alors que les chômeurs se comptent par millions en Europe, leur proportion reste inférieure à 1 % de la population active en Suisse. Aux yeux de leurs propres voisins, les Suisses donnent ainsi l'impression d'une minorité de privilégiés qui vit dans la vitrine d'un grand magasin, en ne laissant aux autres que le droit de lécher la devanture. « Les étrangers n'y sont pas rois, écrivait *le Nouvel Économiste* en 1980. Une autorisation pour travailler, pour résider, pour déménager, une autre le plus souvent pour devenir propriétaire (toute personne qui est susceptible d'apporter à la collectivité plus qu'elle ne lui coûtera est bienvenue, mais seulement celle-là), le passeport rouge à croix blanche est un peu le passeport pour la xénophobie[20]. »

L'image d'une terre d'accueil

A de nombreuses reprises dans son histoire, la Suisse a pourtant servi de refuge aux opprimés. Au moment de la

Contre-Réforme en Europe, au lendemain du massacre de la Saint-Barthélemy en France, les cantons protestants ont accueilli des milliers de réfugiés huguenots. Genève en a reçu, à elle seule, environ 5 000 en dix ans, de 1549 à 1560, soit l'équivalent de la population de la ville à cette époque. Après la révocation de l'édit de Nantes par Louis XIV et le retour des persécutions religieuses, l'exode des protestants français fut plus massif encore. En l'espace d'une génération, près de 150 000 d'entre eux trouvèrent un asile au moins provisoire en Suisse, ce qui représentait à peu près un réfugié pour huit habitants. Pendant la Révolution française et jusqu'à l'invasion par les troupes du Directoire en 1798, la Confédération servit d'abri à de nombreux émigrés (6 000 à 9 000 selon les estimations) qui échappèrent ainsi à la Terreur et souvent à la guillotine[21]. Avec la Restauration, et tout au long du XIXe siècle, ce sont les libéraux, les républicains, les premiers socialistes qui fuient la répression de Metternich, de Bismarck, de Napoléon III et même de la IIIe République française après l'épisode de la Commune. A partir de 1830, les proscrits qui arrivent en Suisse de toute l'Europe, mais surtout d'Allemagne, appartiennent aux courants progressistes et répandront dans leur pays d'accueil les idées du mouvement ouvrier. Dès 1933, avec la prise du pouvoir d'Adolf Hitler, l'asile s'ouvre aux juifs persécutés partout où les SS étendent leur pouvoir, puis aux résistants des pays bafoués par l'occupation allemande. Ils sont environ 10 000 réfugiés en été 1942, au moment où Berne prend des mesures sévères pour fermer ses frontières à tout nouvel arrivant. « La barque est pleine », explique le gouvernement. En fait, le IIIe Reich se trouve au faîte de sa puissance, et la Suisse encerclée par ce voisin devenu fou ne reprendra le chemin de l'honneur et de sa tradition que quelques mois plus tard, lorsque l'armée allemande aura subi les premiers revers annonciateurs de sa défaite, à Stalingrad et en Méditerranée. A la fin de 1943, plus de 70 000 réfugiés — dont 20 000 juifs — sont recensés sans que l'embarcation menace de sombrer[22]. Bien au contraire, c'est sa réputation de radeau de sauvetage, de havre de tolérance, qui échappe *in extremis* au naufrage.

Demandez aux Suisses d'aujourd'hui s'ils considèrent que leur pays reste fidèle à sa vocation de terre d'asile, la plupart vous répondront oui. Mais en ajoutant souvent : beaucoup trop. Ce qui change tout. Cette réaction touche toutes les catégories d'âge, toutes les classes sociales, tous les partis politiques. Elle touche même les Suisses de fraîche date. Une femme naturalisée par mariage confiait, par exemple, lors d'un sondage en 1985 : « Oui, je pense qu'il y a encore de la place pour un certain nombre de réfugiés, mais pas trop quand même, vous savez[23]. » Depuis la fin de la Seconde Guerre mondiale, le pays recevait, au rythme d'environ un millier par an, les réfugiés qui fuyaient les régimes totalitaires, à commencer par les démocraties populaires d'Europe de l'Est. Parfois, la vague était plus forte, à l'image des 10 000 Hongrois accueillis en 1956-1957, mais ni leur nombre ni leur comportement ne posaient de problème à la population. L'arrivée subite, dès 1984, de plusieurs milliers de Turcs, de Zaïrois, de Tamouls par an a manifestement crispé de larges couches de la population. Les Suisses sont plus enclins désormais à réclamer une politique d'asile restrictive. Le 5 avril 1987, le peuple a approuvé, par 67,4 % des votants, une nouvelle loi visant à rendre plus sélective la procédure d'accueil et qui prévoit expressément la possibilité de fermer les frontières en cas d'afflux extraordinaire de réfugiés. Mais aux yeux de nombreux Suisses, le seuil de tolérance est déjà dépassé : « Il y en a trop », disent-ils. L'argument n'est pas d'ordre économique. Au pays du plein emploi, on voit mal comment un agitateur politique pourrait prétendre qu'un million d'immigrés, cela fait un million de chômeurs.

L'irritation, la colère, s'alimentent à d'autres sources, le seuil est de nature psychologique. Non seulement les « nouveaux » réfugiés viennent d'horizons plus lointains, ils se fondent moins facilement dans le décor et dans le moule des habitudes locales, mais l'opinion ne sait plus pourquoi ils viennent.

Beaucoup sont simplement attirés par le paradis helvétique et cherchent à fuir la misère, l'injustice ou la violence de leur pays d'origine, sans être plus que leurs compatriotes menacés dans leurs biens ou dans leur existence. Derrière le dossier de l'asile se profilent les réactions qui apparaissent dans toute société qui se trouve confrontée à une vague importante d'immigration. Aucun pays européen n'y échappe aujourd'hui, la France moins que les autres avec le Front national et les abominations de langage de Jean-Marie Le Pen. Sur tout le continent africain, le sort des réfugiés n'a vraiment rien d'enviable et, en 1988, la Thaïlande, lasse de leur afflux incessant depuis des années, a fermé ses frontières aux réfugiés indochinois, aux *boat people*, dont aucun Thaïlandais n'aimerait sans doute partager le destin. On a même oublié que les protestants chassés de leur pays par l'intolérance des rois n'ont pas toujours été bien reçus en Suisse. A côté d'indéniables gestes de générosité — les dons privés et l'aide publique furent considérables pour l'époque — on a enregistré de violentes réactions xénophobes dans les régions où les réfugiés huguenots cherchèrent à s'établir en nombre, à Genève comme à Zurich. A Bâle même, un édit de 1546 indiquait sans fioritures les conditions d'accueil d'un réfugié. Il fallait qu'« il soit homme riche ou habile », que la ville puisse tirer profit, honneur et réputation de sa personne ou que son métier soit indispensable à la vie de la cité[24]. C'était l'asile soumis à la clause du besoin ; c'est désormais l'asile soumis aux quotas d'immigration.

En avril 1989, un rapport d'experts fédéraux mandatés par le gouvernement expliquait en termes moins abrupts ce constat essentiel : face aux mouvements de population du tiers monde, on perd son temps à vouloir distinguer les « vrais » et les « faux » réfugiés (ceux qui sont tout bonnement à la recherche d'un emploi). Il vaudrait mieux, à leur avis, fixer chaque année le nombre tolérable de nouveaux migrants, toutes catégories confondues, requérants d'asile ou non, et s'en tenir là.

Un autre élément a contribué à renforcer l'image de cette Suisse humanitaire qui s'effrite aujourd'hui sous les coups de butoir des migrations sud-nord. A l'origine, l'action d'un homme, celle d'Henri Dunant, bouleversé par le sort des blessés de la bataille de Solferino, et dont les efforts aboutissent, en 1863, à la fondation du Comité international de la Croix-Rouge. Mais son œuvre — ou son héritage — ne se limite pas, comme on le croit trop souvent, à la protection des victimes des conflits, aux conventions de Genève ou de La Haye sur le droit de la guerre. Henri Dunant voyait plus loin. S'il a commencé par vouloir atténuer les effets des combats, il a très vite cherché à en supprimer les causes. Pour pacifier les relations entre États, il rêvait de rendre obligatoire l'arbitrage international des différends (une idée chère à la Suisse et déjà répandue à l'époque) et d'en confier la charge, ce qui était nouveau, à une assemblée des nations. Au fond, c'est le système que la Suisse a voulu appliquer à son propre développement dès les origines de la Confédération, en attribuant aux plus sages de ses citoyens d'abord, puis à l'assemblée des cantons ou à certains d'entre eux, un rôle d'arbitre. Henri Dunant n'avait apparemment pas conscience de cette filiation. Mais en devenant l'esprit de Genève, la conception bien helvétique de la primauté du droit et de la conciliation s'est transformée en symbole de la paix dans le monde. A l'étranger, voir apparaître Genève et son jet d'eau sur son écran de télévision signifie le plus souvent qu'une négociation est en cours, et parfois pour déposer les armes. Lorsqu'il fallut trouver un siège à la Société des Nations, le président américain Woodrow Wilson voulut que son idée s'installe sur les bords du Léman, où l'ont suivi depuis les institutions et les conférences internationales les plus diverses. Certaines de ces rencontres ont marqué — diversement — l'histoire, mais c'est là qu'aux pires moments de la guerre froide les contacts furent maintenus entre les deux blocs. Pour le chef du gouvernement français de l'époque, l'esprit de Genève — où se déroula le sommet des quatre « Grands » en juillet 1955 — a même constitué « la principale force détonante » dans l'évolution qui conduisit Khrouchtchev à lancer la déstalinisation dans son pays[25]. Trente ans plus tard, en novembre 1985, c'est à nouveau la maison suisse qui accueillait Ronald Reagan et Mikhaïl Gorbatchev pour leur première rencontre. Elle devait donner le coup d'envoi d'un réel rapprochement américano-soviétique, d'une détente qui ne se paie plus de mots.

La contre-image d'un monstre immoral

Toutes les représentations de la Suisse que nous avons abordées jusqu'ici, même si elles ne sont pas intactes ou dépourvues de défauts, composent un tableau plutôt séduisant. Elles ont cependant leur contrepartie au travers d'une image où s'expriment le rejet moral et l'inavouable envie. Pour tout un courant d'opinion, la Suisse n'est qu'une société à double fond, un palace cinq étoiles dont les issues secrètes donnent sur un réseau d'égouts nauséabonds : paradis, certes, mais des trafics en tout genre ; terre d'accueil, sans doute, mais des profits les plus mal acquis. L'argent n'aurait-il pas d'odeur dans ce pays d'altitude ? Vous n'y êtes pas. Les Suisses ont seulement le sens de l'odorat endormi par les potions soporifiques que leur administrent les multinationales, les banques et leurs valets. Heureusement, la race des Helvètes renifleurs n'est pas encore éteinte et s'il n'en reste qu'un, Jean Ziegler sera celui-là. Ce Suisse qui se veut différent, dont les relations personnelles s'étendent de l'entourage de Fidel Castro à celui du colonel Kadhafi, s'est spécialisé dans les réquisitoires contre son pays. Le premier acte d'accusation paraît en 1976. « Je suis né dans le cerveau du monstre », écrit Jean Ziegler dans *Une Suisse au-dessus de tout soupçon*[26]. Sans lui, le crime serait presque parfait. Sous le couvert du secret bancaire et des comptes à numéros, les banquiers suisses recèlent les capitaux en fuite de toute la planète, l'argent qui a mauvaise conscience. Aussi malhonnêtes qu'intelligents, ils réinvestissent leur « butin » dans l'expansion des multinationales installées entre Genève et Zurich, mais dont la prospérité se nourrit directement de l'appauvrissement du tiers-monde. Habiles manœuvriers (ils en ont les moyens), ils manipulent les élites dirigeantes du pays qui se retrouvent à leur solde et trompent l'opinion à longueur de discours neutre et humanitaire, la Croix-Rouge sur le cœur. A la sortie du livre, cette vision a fait fureur dans la presse française. « L'image officielle de la Suisse est terrifiante, constate tranquillement *le Nouvel Observateur*. Un pays de bourgeois féroces barricadés derrière leurs coffres-forts et leurs policiers. La Suisse, pour des tas de gens, c'est à ça que ça ressemble. L'ouvrier suisse, le prolo suisse, il existe pas. Les pépères à cigare et costume croisé, les mémères à perlouses et chapeau à fleurs occupent le devant de la scène et ils s'étalent tellement qu'on n'imagine même pas qu'il puisse y avoir d'autres gens derrière. Des gens différents. Des gens humains, pas des machines à calculer entourées de graisse et prêtes à tout pour ne rien lâcher de leur confort [27]. »

En 1990, Jean Ziegler récidive. Avec *la Suisse lave plus blanc* [28], il tente de récupérer à son profit les retombées de l'affaire Kopp, effectivement exceptionnelle. Au départ, un coup de filet minutieusement préparé par les policiers tessinois, avec l'aide des Américains, aboutit au démantèlement d'un vaste trafic de drogue. A la fin, un scandale politique contraint madame le Ministre de la Justice, Élisabeth Kopp, à démissionner. Entre-temps, une cascade de malchances se sont révélées fâcheuses pour les intéressés. Premier hasard : deux des trafiquants arrêtés, les frères Magharian, avaient pris l'habitude, comme beaucoup de gens bien, de déposer leur argent dans des banques suisses et d'entretenir des relations d'affaires avec une société zurichoise, la Shakarchi Trading SA. Deuxième coïncidence : le vice-président de cette société s'appelle Hans Kopp, et sa femme Élisabeth est membre du gouvernement fédéral depuis quelques années. Troisième coup du sort : croyant s'appuyer sur de simples rumeurs, madame le Ministre s'empresse d'informer son mari qu'une enquête judiciaire risque d'être ouverte sur la Shakarchi et lui conseille d'en démissionner immédiatement. Quatrième fatalité : tout cela finit par se savoir et par figurer en gras à la une des journaux. On apprendra même plus tard qu'une malchance supplémentaire s'est abattue sur les services de la police fédérale qui ont passé beaucoup plus de temps à ficher 900 000 citoyens sur leurs activités politiques qu'à s'intéresser aux suspects de trafic de drogue. Bref, il y a des choses à dire (la presse ne s'en prive pas), des défaillances à sanctionner (le gouvernement s'y emploie), des réformes à mettre en œuvre (le Parlement s'y applique), et l'émotion est grande dans le pays. Preuve que la mafia ne règne ni sur le pouvoir ni sur l'opinion, mais rien n'y fait. Avec le sens de la mesure qui le caractérise, Jean Ziegler récite son catéchisme. « Dans l'empire suisse comme dans celui de Charles Quint, écrit-il, le soleil ne se couche jamais. Sa puissance se nourrit du recel des capitaux en fuite, mais aussi et surtout du blanchiment de l'argent de la drogue [29]. » Foyer du crime, l'émirat helvétique lui apparaît comme le comble de la bonne conscience : « Je ne connais pas au monde, ajoute-t-il, une formation sociale plus ignorante d'elle-même, plus figée, plus secrète, plus ennemie de l'autocritique, plus farouchement décidée à organiser sa propre opacité que la Confédération suisse [30]. »

Là encore, une partie de la presse française lui emboîte le pas. *Le Canard enchaîné* consacre subitement à la Suisse un dossier assassin, où la recherche du bon mot, surtout s'il est vachard, tue la moindre tentation d'objectivité. Le pays ? Il « regorge de capitaux, et pas seulement mal blanchis ou étrangers ». Le fédéralisme ? « Régime politique destiné à faire vivre ensemble des gens qui n'ont rien à voir, rattachés qu'ils sont à des cultures différentes ». La démocratie directe ? « Sert surtout à exprimer le conservatisme foncier d'un peuple inquiet des quelques velléités d'ouverture manifestées ici et là par ses autorités ». Et tout y passe. Sous les photos qui montrent un Helvète plutôt rondelet fumant son cigare par le nez et le Bacchus bien en chair de la fête des Vignerons de Vevey, la légende s'interroge : « Qui a dit que la Suisse était un pays où les arts ne font aucune espèce de sensation ? » Sous une autre illustration reproduisant une peinture naïve, le commentaire se surpasse : « Quand on me parle de culture, je sors mon folklore. »

L'image positive de la Suisse se résume à un inventaire du meilleur kitsch : les vaches (celles d'Hérens), les coucous et les montres, le couteau suisse, la raclette et le chocolat, l'arbalète et la chaîne de magasins Migros. Comme si l'on pouvait réduire les agréments de la France au camembert, au champagne, à ses couturiers (mais en précisant qu'ils sont moins bons que les Italiens), à la tour Eiffel (construite sur la base des plans établis par un Suisse), à sa baguette de pain et au béret basque, en oubliant consciencieusement le TGV, la fusée Ariane, l'Airbus et le dernier surgénérateur envoyé à l'Elysée. Faut-il cesser de se faire une certaine idée de la France ? Tout est-il pourri au royaume de la République sous prétexte que l'Hexagone est régulièrement secoué par des scandales où surgissent des cadavres encombrants, de l'affaire Ben Barka à l'affaire Greenpeace ?

Les excès de langage et d'idéologie de Jean Ziegler repris par la presse internationale sont même parvenus à faire oublier qu'il n'a, au fond, rien inventé. En 1974, deux ans avant le premier brûlot du sociologue genevois, le gouvernement publie le rapport d'une commission d'experts sur la présence de la Suisse à l'étranger. Au total, 389 institutions suisses (ambassades, offices du tourisme, chambres de commerce, entreprises, etc.) ont été interrogées sur l'image du pays à travers le monde. Les personnes consultées n'ont aucun intérêt à charger la Suisse. Aux côtés des aspects positifs traditionnels, plus de 80 % d'entre elles mentionnent pourtant le secret bancaire et le matérialisme comme une cause essentielle des réactions négatives. « Le secret bancaire et les comptes numérotés sont appréciés de certaines classes dirigeantes, dit le rapport, ce qui trouve parfois sa contrepartie, notamment en Amérique du Nord et en Europe occidentale, dans les critiques acerbes des médias et d'une partie de l'opinion publique. Les gnomes de Zurich sont alors accusés de couvrir des transactions financières douteuses, d'offrir un refuge aux capitaux qui désirent échapper au fisc et même de spéculer à outrance sur certaines monnaies étrangères[31]. » André Siegfried lui-même, peu suspect de malveillance, notait déjà : « Ce pays, si scrupuleux quant au respect de ses lois fédérales, si fier de son honnêteté fiscale, s'est fait en l'espèce le protecteur des fraudeurs internationaux les plus authentiques[32]. »

Cette image remonte en fait au début du XIXe siècle, lorsque les grands États européens ont mis en place de nouvelles méthodes de contrôle fiscal, et repose aujourd'hui sur deux faits incontestables : le volume exceptionnel des capitaux étrangers placés en Suisse — dont beaucoup sont effectivement fâchés avec l'impôt — et l'ampleur tout aussi exceptionnelle, pour un si petit pays, de ses investissements à l'étranger. Malgré sa taille, cette Suisse qui ne compte que six millions et demi d'habitants joue un rôle mondial sur le plan économique et, surtout, financier. Le doit-elle à la face cachée de ses banques ? Les banquiers le contestent. « Sous sa forme actuelle, disent-ils, le secret bancaire a été introduit, non pour couvrir des malversations, mais pour protéger les biens de juifs allemands poursuivis par les nazis. Et ce fameux secret dont on veut faire la clé de notre réussite, et la honte du pays, n'est pas l'apanage des instituts helvétiques ; d'autres que nous le pratiquent, parfois plus rigoureusement, y compris en Europe. Pourquoi ce qui est bon — et moral — pour l'Autriche, par exemple, serait-il interdit à Zurich ? De toute façon, le secret à lui seul n'assure pas le succès. Sans la stabilité politique du pays, qui manque à tant d'États à travers le monde, les banquiers suisses n'auraient pas pu faire la preuve de leurs capacités[33]. » Certes, magouilleurs et mafieux, simples particuliers ou chefs d'État, profitent parfois de ce rideau de discrétion pour couvrir leurs combines. Mais les banquiers en ont assez de servir de cible unique dans ce genre d'affaires, quand les hommes politiques peuvent impunément commercer avec tous les dictateurs du tiers monde et fréquenter leurs milieux, de l'empereur Bokassa à l'Irakien Saddam Hussein, sans même rechigner sur les ventes d'armes.

Les sondages réalisés après l'affaire Kopp montrent d'ailleurs l'impact et les limites de cette image négative auprès des Suisses eux-mêmes. En 1990, 61,6 % des personnes interrogées pensent que le blanchissage de l'argent de la drogue est une pratique fréquente dans les banques suisses, mais 59 % leur accordent la même confiance qu'auparavant. Surtout, 71,7 % des Suisses donneraient sans hésiter la préférence à un établissement helvétique plutôt qu'à une banque étrangère[34]. Comme le soulignait un grand banquier, certains protestent contre le secret bancaire depuis des années, mais personne ne lance une initiative populaire pour réclamer sa suppression...

NOTES ET RÉFÉRENCES

1. « Qualité de la vie : Ah ! si j'étais Suisse... » in *Le Nouvel Économiste*, 4 août 1980.

2. *Sofres, Opinion publique 1985*, Paris, Gallimard, 1985, p. 311.

3. Comme Jean Ziegler, Uli Windisch est professeur de sociologie à l'université de Genève. Il est notamment l'auteur de plusieurs ouvrages sur la xénophobie en Suisse.

4. François Walther, *Les Suisses et l'environnement*, Genève, Zoé, 1990, p. 125.

5. Pour être complet, trois symboles soulignaient la taille humaine du paysage urbain (9 villes importantes, 160 petites villes, 4 100 villages et hameaux pittoresques) ; 6 vantaient les mérites de l'hôtellerie et de la restauration, des palaces de premier ordre aux 22 000 auberges ; 4 illustraient la vie économique, les centres de congrès, les banques, les bijouteries, les marchés de toutes sortes ; et le dernier mentionnait les 19 stations thermales du pays.

6. Pierre Grellet, *La Suisse des diligences, op. cit.*, p. 138.

7. Au XVIIIe, le paysage suisse, explique François Walter, est apprécié ou rejeté comme un grand jardin anglais. C'est aussi à cette époque qu'apparaît le mythe du peuple des bergers et de ses vertus (*Les Suisses et l'environnement, op. cit.*, p. 39 et p. 43-45).

8. *Op. cit.*, p. 161-162. « N'est-ce pas un paradoxe, écrit Jean-François Bergier, que les jeunes savants porteurs d'une histoire qu'ils veulent nouvelle, ouverte aux mentalités, reproduisent pourtant le positivisme hypercritique du XIXe siècle ? Ce qui est intéressant, c'est que ces refus de Guillaume Tell ont suscité étonnement navré et indignation dans l'opinion ; en témoignent assez la presse suisse et étrangère et les lettres de lecteurs qu'elles recueillent. » (*Guillaume Tell*, Paris, Fayard, 1988, p. 415).

9. Uli Windisch et Florence Cornu ont consacré un livre très richement illustré à l'utilisation dans tous les domaines du mythe de Guillaume Tell : *Tell au quotidien*, Zurich, éd. M, 1988.

10. Jean-François Bergier, *Guillaume Tell, op. cit.*, p. 84-89.

11. Denis de Rougemont, *La Suisse ou l'histoire d'un peuple heureux*, Lausanne, l'Age d'Homme, réédition 1989, p. 318-319.

12. *Ma vie*, Lausanne, L'Age d'homme, 1982 (réédition), p. 25.

13. Pierre Grellet, *op. cit.*, p. 13.

14. *Nouvelle Histoire de la Suisse et des Suisses, op. cit.*, p. 38.

15. William Martin, *Histoire de la Suisse*, Lausanne, Payot, 1980, p. 127.

16. André Siegfried, *op. cit.*, p. 13.

17. Auxquels le Koweït appartenait jusqu'au 2 août 1990.

18. *Nouvelle Histoire de la Suisse et des Suisses, op. cit.*, p. 664.

19. Jean-François Bergier, *Histoire économique de la Suisse, op. cit.*, p. 245.

20. 4 août 1980.

21. Jean-François Bergier, *Histoire économique de la Suisse, op. cit.*, p. 54-55.

22. *Ibid.*, p. 59.

23. *Notre Politique d'asile et les nouveaux réfugiés*, Lausanne, 24 Heures, 1985, p. 16. Sondages et reportages à l'appui, cette brochure fait le point sur le changement d'attitude des Suisses à l'égard des réfugiés, qui date de cette période.

24. Jean-François Bergier, *Histoire économique de la Suisse, op. cit.*, p. 54.

25. Edgar Faure, *Mémoires II, Si tel doit être mon destin ce soir...*, Paris, Plon, 1984, p. 364.

26. *Op. cit.*, p. 12.

27. 21 juin 1976.

28. Paris, Seuil, 1990.

29. *Ibid.*, p. 19.

30. *Ibid.*, p. 13.
31. Rapport de la commission de coordination pour la présence de la Suisse à l'étranger, Berne, 11 décembre 1974, p. 18-19.
32. *La Suisse, démocratie témoin, op. cit.*, p. 130-131.
33. On trouve un bon exemple de la défense du secret bancaire par Philippe de Weck, ancien patron de l'UBS, in *Laurent Rebeaud, la Suisse qu'ils veulent*, Lausanne, L'Age d'homme, 1975, p. 97-103.
34. Sondage réalisé par l'institut MIS Trend auprès de 850 personnes des trois régions linguistiques, *l'Hebdo*, 5 avril 1990.

CHAPITRE V

LA DÉMOCRATIE LA PLUS DIRECTE

> Chez nous, le bon sens prime, et le bon sens, c'est être conservateur. C'est-à-dire n'accepter que les innovations qui sont incontestablement les meilleures.
>
> Landammann Raymond BROGER

Une antiquité suisse

« Nous nous vantons d'avoir tout inventé avec la Révolution de 1789 ; or, au XIIIe siècle, les Suisses avaient déjà abouti à des résultats [1]... » J'ai pu vérifier cette observation de l'historien français Emmanuel Le Roy Ladurie de manière assez distrayante, en 1989, en assistant, à quelques jours d'intervalle, à deux événements pourtant séparés par des siècles d'histoire. Comme si j'avais disposé d'une machine à remonter le temps.

Ce printemps-là, le 30 avril, dernier dimanche du mois, Appenzell tient, comme le veut la Constitution de ce demi-canton de Suisse orientale, sa *Landsgemeinde* annuelle. Réunis sur la place principale de la cité, quelques milliers d'hommes, entourés d'un large ruban de curieux, règlent en plein air les affaires de l'État. Le 4 mai suivant, jeudi de l'Ascension, Versailles accueille plus de cent mille personnes massées tout autour de la place d'armes du château. Cette foule immense assiste deux cents ans après, jour pour jour, à la reconstitution d'une cérémonie unique : l'ouverture des états généraux qui furent à l'origine de la Révolution française.

A Appenzell, perché à 775 m d'altitude, à l'ombre toute proche des sommets enneigés, la température est encore hivernale, mais de nombreux autochtones sont en complet-veston, certains même en manches de chemise. A Versailles, c'est déjà l'été, et le public se protège des coups de soleil dans un foisonnement hétéroclite de couvre-chefs plus ou moins improvisés. Dans la bourgade alpine, pavoisée aux multiples couleurs de la Suisse, des cantons, des sociétés locales, la fête prend l'allure d'une grande noce villageoise. Dans la demeure des rois Louis, qui flamboie de tous les fastes de l'Ancien Régime, l'atmosphère sent la grandeur et la foire. Dans les deux localités, on peut s'imaginer, ce jour-là, vivre à la fin du XXe siècle ou au temps de Necker. Aux fenêtres, sur les balcons, un peu partout, les caméras des équipes de télévision qui se sont déplacées, parfois de très loin, filment un défilé où dominent le même tricorne de velours noir, les uniformes du XVIIIe. Mais dans les deux cas, avec la procession, c'est la démocratie qui est en marche.

Midi pile, le 30 avril 1989, à Appenzell. Tranche de vie. Dans la capitale des Rhodes-Intérieures, le cortège officiel s'ébranle. Il va parcourir les quelques centaines de mètres qui séparent l'hôtel de ville de la place principale. Le matin même, l'église Saint-Maurice débordait de fidèles à l'heure de la grand-messe. Dieu a été prié d'éclairer la *Landsgemeinde.* Derrière la fanfare et les oriflammes, le *landammann*, les membres de la commission d'État, les juges cantonaux s'avancent en redingote noire. Tout le monde marche au pas cadencé, d'un pas très lent et chaloupé qui donne à cette petite troupe un air de force tranquille. Les hommes en âge de voter, munis de l'épée, du sabre ou de la baïonnette militaire qui leur sert de carte d'électeur, se sont déjà rassemblés sur la place, à l'intérieur d'un périmètre marqué d'une simple corde qu'on enjambe facilement. Ils sont debout, sauf les anciens auxquels on a réservé quelques banquettes juste devant l'estrade où les autorités vont s'installer dans un instant. Un arbre séculaire, symbole de la Justice, émerge de cette marée d'hommes. C'est simple : les femmes n'ont pas le droit de vote dans cette enceinte[2]. Quelques-unes jouent dans la fanfare, d'autres, habillées en costume local, vendent aux passants des petits biscuits à l'anis, les *Landsgemeinde-Chröm*, certaines suivent les débats en spectatrices au milieu des touristes, beaucoup patientent gaiement dans les cafés-restaurants des alentours.

Le *landammann* vient d'ouvrir l'assemblée. Il présente, en allemand, le rapport sur l'état de la communauté : finances, chômage, démographie, écoles, développement économique. En dix minutes, il en a fait le tour et le soumet au vote. Les citoyens qui l'approuvent lèvent la main. Ceux qui le désapprouvent ? Aucune main n'apparaît. Le *landammann* déclare le rapport adopté et procède aux élections : celle de la commission d'État qu'il préside et dont les neuf membres constituent le pouvoir exécutif, puis celle des juges. Chaque magistrat est élu ou réélu pour une année, mais le mandat du landammann ne peut durer plus de deux ans. Les choses se déroulent maintenant au pas de charge. Généralement, le nom du candidat officiel est suivi des mêmes phrases qui s'enchaînent sans véritable pause et reviennent comme une rengaine : « Y a-t-il d'autres propositions ? Ce n'est pas le cas. Est élu. » Au suivant. Quand leur tour est venu, les candidats tournent le dos à l'assemblée pour ne pas l'influencer, mais tous obtiennent, au pire, une écrasante majorité.

Les nouveaux pouvoirs ayant prêté serment à la Constitution, la Lansgemeinde passe à l'ordre du jour législatif dont les électeurs ont pu prendre connaissance au préalable. Les préoccupations du moment reflètent le caractère rural de la région : modification de la loi sur la chasse, réforme agraire, adaptation de la loi cantonale sur la concurrence à la réglementation fédérale. La plupart des projets du gouvernement sont acceptés sans opposition. Sur un seul point : la création d'un sentier touristique, une réelle contestation se manifeste. Le landammann indique le coût du projet, expose assez objectivement ses avantages et ses inconvénients, et recommande à l'assemblée de l'approuver. Mais des opposants réclament la parole et montent à la tribune. Les débats ont lieu désormais en dialecte local, en *schwytzerdutsch*. Le ton est vif, direct, éloquent, mais familier, personne ne lance de petites phrases assassines. Les orateurs critiquent le coût, à leurs yeux excessif, du sentier, l'insuffisance des études d'impact. Ils demandent son rejet ou son ajournement. Le landammann leur répond, puis fait passer au vote. Successivement, partisans et adversaires du projet lèvent la main : les deux camps sont sensiblement égaux. On procède à un second vote dont le résultat reste incertain. Il faudrait décompter les voix, mais la procédure est longue. Il sera bientôt 13 h 30. Si j'en juge par moi-même, tous ces gens doivent avoir froid et faim. Au jugé, le landammann déclare le projet gouvernemental accepté par la majorité de l'assemblée. Murmures dans la foule, rien de plus. La tradition veut qu'un berger, même s'il ne sait pas compter, repère immédiatement l'absence d'une seule bête dans un troupeau d'une centaine de têtes.

La Landsgemeinde s'achève. Encore quelques naturalisations, un Autrichien et trois Laotiens qui obtiennent le droit de bourgeoisie, et la foule s'engouffre, en fanfare, dans les restaurants de la place. Une chaude ambiance les y attend, très souvent un orchestre. Au milieu des violons, violoncelles, contrebasses, le hackbrett, cousin de la cithare, est l'instrument du lieu. C'est lui qui donne sa patte légère à la musique appenzelloise. Il fait partie de la civilisation comme le gilet rouge des musiciens ou la boucle d'oreille que portent beaucoup d'hommes. Ailleurs, les jeunes et les marginaux utilisent cet ornement pour marquer leur différence ou narguer le bourgeois ; ici, la boucle d'oreille appartient aux habitudes ancestrales. Ce jeune contrebassiste de 14 ans à qui je demande ce qu'elle représente pour lui me répond avec humour qu'elle sert de contrepoids à son porte-monnaie. La blague, le *witz*, encore une coutume locale. Ce qui n'exclut pas les emprunts. A l'hôtel d'Appenzell, le menu du jour annonce un potage au tofu !

Dans l'après-midi, la place de la Landsgemeinde est rendue à son office ordinaire : le parking. La foule sort par grappes des restaurants. Certains groupes ne parviennent pas à cacher qu'ils ont largement étanché leur soif au cidre et à la bière, parfois au vin. Dans cette région qui ne connaît ni les autoroutes ni les chemins de fer, à l'exception de quelques petits trains privés, de nombreux vieux rentrent à pied à la maison, l'épée à la main. A quelques kilomètres de là, dans le demi-canton des Rhodes-Extérieures, c'est l'heure où les autorités regagnent leur logis en calèche. Mais chez ces voisins, dont on s'est séparé en 1597 parce qu'ils étaient devenus protestants, le monde a basculé aujourd'hui. Leur Landsgemeinde, qui s'est tenue à Hundwil comme toutes les années impaires (elle se déroule à Trogen les autres années), a pris une décision historique. Là aussi, la majorité n'était pas évidente, et le landammann a tranché d'un coup d'œil en faveur du projet gouvernemental : la participation des femmes à la Landsgemeinde. C'est oui. Elles auront le droit de vote dont elles bénéficiaient déjà sur le plan communal et fédéral, mais qui leur manquait encore sur le plan cantonal. Le lendemain, l'information figure, avec applaudissements, à la une des journaux suisses[3].

Seize heures et dix minutes (de retard), le 4 mai 1989, à Versailles. Moment d'histoire. La procession générale du Saint-Sacrement voulue par Louis XVI à la veille de l'ouverture des états généraux du royaume quitte lentement les abords de l'église Notre-Dame. Elle va parcourir les quelques centaines de mètres qui la séparent de la cathédrale Saint-Louis, où la messe sera dite. En 1789, la moitié des Parisiens avaient envahi Versailles la veille déjà, couchant souvent à même les carrosses ou les voitures de louage. Aujourd'hui comme il y a deux cents ans, les rues, les fenêtres sont noires de monde.

Quelle procession ! Les derniers états généraux remontent à 1614, et le protocole s'en ressent. En tête, les députés du tiers état. Ils sont plus de cinq cents à défiler un cierge à la main, tous vêtus de noir : petit manteau, bas et tricorne de velours. C'est la tenue de cérémonie qui leur a été imposée, et beaucoup d'entre eux, riches bourgeois, la ressentent comme une brimade. Leur amour-propre, pourtant, est sauf. Le public les ovationne. Sont-ils si connus ? Pas vraiment. L'astronome Bailly, futur maire de Paris, figure bien dans leurs rangs tout comme Barnave ou Robespierre — c'est lui cet homme apparemment si timide au huitième rang — mais leurs noms ne disent encore rien à l'opinion. Un seul fait exception : Mirabeau, le vicomte Honoré Gabriel Riqueti Mirabeau, homme à scandale et qui se pousse en avant. Mme de Staël le reconnaît au passage : « Son immense chevelure le distinguait entre tous ; on eût dit que sa force en dépendait comme celle de Samson ; toute sa personne donnait l'idée d'une puissance irrégulière, mais enfin une puissance telle qu'on se la représentait dans un tribun du peuple[4]. » Et pour la foule, ce jour-là, le peuple, ce sont « les noirs ». Car derrière eux, viennent les députés de la noblesse, La Fayette au premier rang, dans des habits noirs aussi, mais rehaussés d'or et de plumes blanches sur les chapeaux. Puis, l'ordre du clergé, le bas clergé séparé des évêques, comme pour mieux marquer la distance, par la musique de la chapelle du roi. Au deuxième rang des prélats, on distingue Charles Maurice de Talleyrand-Périgord, évêque d'Autun : il boite. Enfin, c'est lui, Louis XVI, qui suit à pied le Saint-Sacrement. La foule crie : « Vive le roi ! » Elle ne dit rien quand vient Marie-Antoinette, pourtant la première femme à paraître après tant d'hommes. Pire, on salue au passage le duc d'Orléans qu'il a d'ailleurs fallu convaincre de quitter les rangs du tiers état (où il avait pris place sous les acclamations) pour rejoindre ceux de la famille royale et des princes du sang. Les proches de la reine ont le sentiment qu'elle va s'évanouir mais elle se reprend. Le cortège poursuit sa marche. Tous les derniers rois de France sont présents. Les deux frères de Louis XVI suivent la procession, le comte de Provence qui sera Louis XVIII, le comte d'Artois qui prendra le nom de Charles X. Et le fils du duc d'Orléans, qui n'a que 16 ans, deviendra Louis-Philippe.

Tous les députés, en revanche, ne sont pas là. Ceux de Paris ne sont pas encore élus, ils rejoindront leurs collègues quelques semaines plus tard. Parmi eux, l'abbé Sieyès, celui dont les formules ont déjà fait le tour de la capitale. « Qu'est-ce que le tiers ? — Tout. Qu'a-t-il été jusqu'à présent ? — Rien. Que demande-t-il ? — Devenir quelque chose. » La journée se déroule apparemment sans incident. « Je suis satisfait », dit Louis XVI. Marie-Antoinette, elle, est furieuse. A la fin de la messe, monseigneur de La Fare prononce le sermon de circonstance. C'est le roi lui-même qui a désigné l'archevêque de Nancy pour cette tâche. Il le tient pour un fidèle de la monarchie et un modèle de vertu. Mais le saint homme glisse quelques phrases empoisonnées dans son épître. Il dénonce la misère du royaume et critique les « exacteurs » qui jouissent d'un luxe cruel aux yeux du peuple. L'allusion à l'entourage du roi est évidente.

Voilà, c'est fini. Le haut-parleur qui reproduisait le sermon de monseigneur de La Fare s'est tu. La famille royale monte dans les carrosses. Le ministre de la Culture, Jack Lang, le comte de Paris, la femme du Premier ministre, Mme Michèle Rocard, toutes les personnalités qui ont assisté au spectacle des sièges de la tribune officielle, prennent congé. La mer humaine qui vient de participer, en saucissonnant derrière les barrières métalliques, à cette reconstitution grandiose a bien joué son rôle. Comme en 1789, elle a acclamé « les noirs » et crié : « Vive le roi ! » mais jamais « Vive la reine ! ». Parfois aussi « Vive la République ! » (ce qui était prématuré) ou « Les journalistes à la lanterne » quand la nuée des cameramen et des photographes en prenaient un peu trop à son aise et gâchait le spectacle. Ici ou là, un geste de reconnaissance à l'égard du président Mitterrand. Mais les rares « Vive Tonton ! » amenaient généralement un voisin à répliquer : « Ah ! non, merde, vive le roi, on est à Versailles tout de même. » Le maire de la ville, André Damien, avait du reste annoncé la couleur : « Il s'agit, avait-il expliqué à la presse, d'une commémoration des événements du 4 mai 1789 et non d'une célébration de la Révolution française. » En fait, l'histoire vraie côtoyait l'atmosphère des arrivées du Tour de France. Avec leurs kiosques ambulants, les organisateurs vendaient au bon peuple des boissons, des glaces, des sandwiches et des bonnets phrygiens. Et le soir, pendant le feu d'artifice tiré de la cour d'honneur du château, le bruit des boîtes de bière et de Coca-Cola abandonnées sur la chaussée se mêle aux splendeurs du spectacle son et lumière. Le lendemain, les journaux parisiens ricanent en chœur. Ils se moquent du caractère factice de la manifestation, du laisser-aller assez général de son organisation.

Il est vrai qu'à Versailles, on n'a fait que jouer, sans grande conviction, à 1789. Les carrosses, les costumes, la procession, c'était du théâtre, de la mise en scène, et, malheureusement, cela sautait aux yeux. Rien de semblable à Appenzell. La fanfare dans son uniforme d'époque Directoire, la marche chaloupée des magistrats, le cortège, c'est du réel, une fête annuelle restée vivante malgré les siècles. Au jeu des comparaisons, les différences l'emportent d'ailleurs sur les similitudes. Au XVIIIe, quel que soit le régime, la présence de Dieu et l'absence des femmes faisaient partie des rites du pouvoir. Les 1 139 députés aux états généraux de 1789 sont tous des hommes et ils entendent la messe avant d'ouvrir leurs travaux. Mais l'évolution des deux sociétés s'est déroulée à un rythme inégal et sur des chemins qui se croisent sans jamais se rencontrer. Par rapport à la Révolution, la France a mis 156 ans à accorder le droit de vote aux femmes, la Suisse 182. Cela fait vingt-six ans d'écart, le temps d'une génération, sans compter le comportement d'une communauté minuscule, de ces 13 000 irréductibles Appenzellois qui ont résisté jusqu'en 1990 aux conquêtes de la modernité, moins par mépris des autres que par amour de leur identité. En France, le passage déjà lointain des seigneurs à la lanterne, les principes républicains et le suffrage universel n'empêchent pas le régime actuel de ressembler à une monarchie élective, ni les Français d'appeler « Dieu » leur Président. En Suisse, où les coutumes ancestrales se sont maintenues, y compris celle du citoyen-guerrier, le système a donné naissance à une démocratie, imparfaite sans doute, mais la plus directe de toutes.

Sans prêtre ni maître

Cette comparaison volontairement poussée dans ses moindres détails montre assez que, contrairement à ce qui s'est passé chez ses grands voisins, la démocratie helvétique ne doit aux idéaux de la Révolution française ni son essence ni son existence. A la célèbre formule qui ouvre les *Mémoires de guerre* du général de Gaulle : « Toute ma vie, je me suis fait une certaine idée de la France », répond celle de Gonzague de Reynold : « La Suisse est demeurée pour moi une vision, elle n'a jamais été une idée[5]. » Et le mot vision est à prendre ici dans son sens le plus concret, il ne s'agit pas d'une vue de l'esprit, d'un rêve, mais d'un paysage, d'une image réelle, comme on dit : « Je vois ma terre et ma maison. » De la même manière, la démocratie suisse n'est pas un concept né des Droits de l'homme et du citoyen, elle ne résulte pas d'une application locale de grands principes à vocation universelle. Elle est le résultat de l'histoire. Dans ce long processus, l'apport de la Révolution française n'a pas été nul ou négligeable. En introduisant l'idée du suffrage universel et d'un Parlement représentatif de l'ensemble de la population, Paris a bousculé l'oligarchie qui s'était patiemment installée partout en Suisse. En supprimant les pays sujets de l'ancienne Confédération et en leur accordant l'indépendance, la France a imposé un mouvement de décolonisation intérieure dont sont issus d'un coup plusieurs cantons. Mais ces bouleversements étaient en gestation. Tout au long du XVIIIe siècle, troubles et révoltes annoncent en Suisse, toutes proportions gardées, la chute de la Bastille. La République de Robespierre et les armées de Bonaparte n'ont fait qu'accélérer le changement démocratique.

Dans un livre qu'il a justement intitulé *l'Invention de l'Europe*, Emmanuel Todd a bien montré ce que les principes d'égalité et de liberté devaient, pour leur part, aux idées de la Réforme[6]. Car ce n'est pas seulement l'autorité du pape qui est en cause avec le protestantisme. « Nous sommes tous des prêtres », écrit le rebelle Luther. « Nous sommes tous des juifs allemands », lancent les étudiants contestataires de mai 1968 (par allusion aux origines de Daniel Cohn-Bendit, principal leader de leur mouvement). Dans les deux cas, apparemment si dissemblables, il s'agit d'opposer l'égalité des hommes aux prétentions des puissants. Dans les années 1500, simplement, le pouvoir c'est l'Église, beaucoup plus que l'État, et toute l'Europe se réclame de la même foi. En rejetant la primauté des prêtres, la Réforme aboutit à démocratiser la religion, autant dire la société. Les principales « revendications » de Luther et de ses disciples : l'accès de tous aux Écritures, l'usage de la langue vulgaire au lieu du latin réservé à l'élite, la fin du célibat des prêtres, la suppression des ordres monastiques, reposent sur un principe unique : l'égalité des chrétiens, c'est-à-dire des hommes. Mais là encore, contrairement à ce qui s'est passé dans les pays anglo-saxons, la Réforme n'a pas été le ferment nécessaire de la démocratie en Suisse. Les cantons fondateurs de la Confédération, qui sont restés farouchement attachés à la religion catholique, pratiquaient le gouvernement du peuple par le peuple bien avant la naissance de Luther. Dans de nombreuses régions du pays, à Zurich et à Berne notamment, la Réforme a d'ailleurs été introduite à la suite de consultations populaires, parfois même, comme en Thurgovie, par la Lansgemeinde elle-même.

Le plus frappant réside plutôt dans le fait que les protestants helvétiques ont épousé l'esprit déjà moderne des institutions, alors qu'en Allemagne, l'église luthérienne s'adaptait au principe monarchique. Dans toute la Suisse, Zwingli à partir de Zurich et Calvin à partir de Genève n'ont fait que consolider la tradition républicaine.

Deux dates témoignent clairement de cette antériorité de la démocratie suisse. En 1323, le servage est aboli dans l'ensemble des *Waldstaetten*[7]. Désormais, tous les hommes sont libres dans les trois cantons qui ont créé la Confédération une trentaine d'années plus tôt. Et le 11 mars 1387, une Landsgemeinde, celle de Glaris, s'institue pour la première fois consciemment en assemblée souveraine où la majorité fait, littéralement, la loi. Comme on le dit savoureusement en ce siècle, quand le « plus » a tranché, le « moins » doit se soumettre. Ce phénomène particulier en Europe n'a pas échappé aux politologues de la Renaissance. Le plus connu d'entre eux, Nicolas Machiavel, relève que les Suisses détestent les princes et la noblesse, « eux-mêmes jouissant tous de la plus libre liberté » et sans « la moindre distinction entre eux hormis lorsqu'ils siègent dans les magistratures[8] ». Cette situation était d'ailleurs vécue par les Suisses de l'époque comme un élément de supériorité (eh oui ! déjà). Dans un édit de 1539, le gouvernement de Berne souligne que les communautés humaines dont les institutions se fondent sur les lois « ont gagné en grandeur, en magnificence et en liberté » alors que celles « qui doivent se soumettre à l'arbitraire et au bon plaisir de certains hommes connaissent la ruine et la perdition[9] ». Pourtant, cette mentalité, plus surprenante encore au Moyen Age qu'aujourd'hui, n'est qu'une survivance, ou une résurgence, des coutumes de peuplades guerrières.

Nos ancêtres les Celtes

« Sous sa forme originelle, ce type de démocratie est au fond d'origine barbare... C'est avec le Germain que la Suisse se forme ; l'esprit n'est ni grec, ni latin, ni méditerranéen. La landsgemeinde... n'est pas une assemblée du peuple, réunie sur l'agora, mais plutôt un branle-bas de guerriers qui viennent en armes, estimant que le droit de porter les armes est le vrai signe de la liberté[10]. » On est moins affirmatif aujourd'hui qu'André Siegfried sur les racines profondes de ce comportement helvétique. Qu'il soit d'origine barbare, c'est-à-dire étranger au monde gréco-romain, tout le monde l'admet. Mais qu'il nous vienne des Alamans qui ont peu à peu occupé le pays, à partir du Ve siècle, la question reste controversée. Une hypothèse séduisante voit au contraire dans la civilisation celte la source réelle des rites démocratiques apparus très tôt en Suisse centrale. Personne ne peut fournir la preuve de cette filiation, mais les indices sont trop nombreux pour être simplement écartés.

L'hypothèse de l'origine celtique de la démocratie suisse s'appuie sur une première certitude : l'isolement dans lequel la Suisse centrale a vécu pendant plus d'un millénaire, presque à l'abri des intempéries politiques. L'absence de voies de communication normalement praticables a protégé le cœur du massif alpin de l'emprise de Rome ou de Charlemagne. De tout temps, jusqu'à l'époque moderne, le peuplement, les coutumes de cette région ont subi beaucoup moins vite qu'ailleurs le rouleau compresseur de l'histoire. Au XIIIe siècle, le couvent de Muri, en Argovie, utilise toujours des vocables de l'époque romane dans l'inventaire de ses biens[11]. Au XIXe siècle encore, avant l'arrivée des chemins de fer et de la révolution industrielle, les voyageurs s'étonnent de l'immobilité des mœurs en Suisse centrale, malgré les vingt ans de guerre de l'ère napoléonienne[12].

Deuxième certitude : la longue persistance des langues et des cultes celtes qui est attestée un peu partout en Europe. Dans certaines régions de France ou d'Allemagne, en Auvergne ou à Trèves, une partie de la population parle encore « gaulois » au Ve siècle, au moment où s'effondre l'Empire romain. Ce n'est qu'au VIIe siècle que s'éteint, en Suisse alémanique, l'habitude de déposer des offrandes dans les tombes, et Charlemagne prend encore des édits contre les pratiques liées à l'adoration des pierres ou des arbres sacrés. On pourrait multiplier les exemples. Mais il est établi que la religion celte a survécu sous les divinités romaines et que le christianisme lui-même a judicieusement substitué certaines fêtes aux cérémonies païennes [13]. « Dans cette hypothèse, écrit Pierre Maugué, la culture populaire alémanique aurait donc eu la possibilité d'assimiler directement des éléments de la culture des Helvètes, particulièrement dans les régions où l'implantation des Alémanes fut lente et numériquement moins importante, comme en Suisse centrale [14]. »

A cela s'ajoute une similitude frappante entre certaines coutumes de la Suisse primitive et celles en usage dans les communautés celtes. Analogie, d'abord, des symboles. L'ours et le taureau, auxquels les Celtes rendaient un hommage proche de la zoolâtrie, se retrouvent sur de nombreuses armoiries et ont donné leur nom à une multitude de lieux en Suisse, surtout dans les vallées alpines. L'exemple du canton d'Uri est particulièrement significatif. Le taureau est son emblème, il figure sur son drapeau, et César mentionne que le mot *uri* désigne en gaulois un cousin du taureau, vraisemblablement l'aurochs [15]. Analogie, aussi, du comportement guerrier. Tout apparaît comme si les Suisses de la première Confédération avaient emprunté à leurs lointains ancêtres l'ensemble de leurs traditions militaires. Comme les Celtes, ils pratiquent le mercenariat. Comme eux, ils ne pensent guère qu'à l'attaque dans la bataille : leurs armes, leur tactique, leurs cuirasses légères sont conçues pour l'offensive. Comme eux, ils ont une manière typique de passer à l'assaut, au son discordant de trompes et de cors qu'on ne rencontre nulle part ailleurs. Et après la victoire, comme à Sempach contre les Habsbourg ou à Grandson contre Charles le Téméraire, ils restent trois jours sur le champ de bataille, incapables, en déduisent les historiens, d'exploiter leur avantage [16]. Analogie, enfin, du comportement politique et du fonctionnement de la société. Contrairement à leurs compatriotes du plateau suisse où se sont développées les États-cités, les paysans des vallées alpines n'ont jamais perdu ni le droit ni l'usage de porter des armes. Ce droit qui désigne l'homme libre au Moyen Age n'est pas le seul élément que les communautés de la Suisse primitive ont pu hériter des Helvètes. Dans le monde celte, le chef de la tribu, le *vergobret*, est élu par l'assemblée des guerriers qui prêtent serment, l'épée au côté, discutent et votent les lois. Mais il n'est pas élu à vie, et gare à ceux qui cherchent à l'oublier. Ces « barbares » n'apprécient guère le pouvoir personnel. César lui-même raconte comment l'un des chefs helvètes, Orgetorix, se suicida après avoir vainement tenté, comme nous dirions aujourd'hui, d'imposer sa dictature par un coup d'État [17].

Cette interprétation de l'histoire a le mérite de rappeler que sous le manteau des mentalités germanique et latine qui se sont imposées avec le temps, un fonds celte pourrait bien expliquer les réflexes communs qui ont fait la Suisse, et que Romands, Tessinois et Alémaniques, malgré leurs nombreuses différences de comportement, partagent encore aujourd'hui. Elle expliquerait aussi pourquoi d'autres communautés paysannes semblables à celles de la première Confédération existaient un peu partout en Europe aux XIIIe-XVe siècles : dans d'autres régions alpines, au Tyrol, dans le sud de l'Allemagne, dans le Briançonnais, mais aussi dans les vallées pyrénéennes, et même en plaine, aux Pays-Bas ou dans la forêt domaniale de Roumare, près de Rouen, dans un de ces sites naturels que les Celtes appréciaient particulièrement [18]. Elles se sont maintenues plus longtemps à l'abri des montagnes, et pratiquement jusqu'à la fin de l'Ancien Régime dans certaines régions des Pyrénées, où l'on retrouve de nombreuses caractéristiques « suisses » : propriété collective des pâturages, forme d'autonomie politique, refus de la féodalité et du servage, expéditions guerrières dans les vallées pour s'assurer d'un minimum de débouchés. Mais seule la souche des Waldstaetten s'est transformée en État suffisamment riche et puissant pour subsister jusqu'à l'époque moderne, en puisant l'élan nécessaire dans les revenus assurés par le passage du Gothard. Il n'est donc pas impossible que les Alamans aient rencontré au cœur des Alpes une sorte de république paysanne et que ce sang nouveau lui ait rendu la vie. Les Celtes, ou plus précisément les Helvètes, seraient ainsi les inventeurs de la plus vieille démocratie d'Europe.

Un mouvement d'horlogerie

A première vue, la Suisse n'a pas le monopole de la démocratie directe. D'autres pays, dont plusieurs de ses voisins, connaissent le référendum. La France l'a utilisé vingt fois depuis 1793. Mais rien n'est plus étranger à la manière suisse que le référendum à la française. Dans l'Hexagone, tout concourt à faire de cette institution une procédure d'exception, comme si le drame se révélait indispensable à son usage. Il lui faut des tempêtes sociales et des hommes providentiels pour s'épanouir vraiment. Ce cocktail historique se trouve au rendez-vous chaque fois que la France recourt intensément à la démocratie référendaire. De 1793 à 1815, puis de 1851 à 1870, quand une révolution s'achève par l'arrivée d'un Bonaparte. En 1945-1946, puis de 1958 à 1969, quand le conflit mondial ou la guerre d'Algérie porte de Gaulle au pouvoir. Dans ces circonstances, le référendum prend souvent les allures d'un plébiscite. « Si je suis désavoué par une majorité d'entre vous, déclare de Gaulle à la veille du scrutin sur la régionalisation, ma tâche actuelle de chef de l'État deviendra évidemment impossible, et je cesserai aussitôt d'exercer mes fonctions. » Ce qu'il fait le soir du 27 avril 1969, dès que les résultats du vote démontrent que les Français lui ont répondu non « sur ce sujet capital[19] ». Le général de Gaulle disposait pourtant d'une majorité confortable à l'Assemblée nationale, qui lui aurait permis de gouverner jusqu'à la fin normale de son mandat. Mais au-delà des réformes proposées, si importantes soient-elles, le président de la République cherchait à restaurer un prestige personnel sérieusement entamé par la crise de Mai 1968.

Dans le système français, le recours au référendum dépend exclusivement du pouvoir en place, qui en choisit le thème et le moment. Rien de semblable en Suisse où, loin d'être une exception, le référendum est une pratique courante dont les effets se limitent à la question posée. Le refus d'un projet n'est pas interprété comme un vote sanction par le gouvernement. Le peuple cède trop souvent à la tentation de dire non. Si le Conseil fédéral devait démissionner à chaque rebuffade de l'opinion, on ne compterait plus les crises ministérielles [20]. Mais l'originalité essentielle tient dans les mécanismes déclencheurs de la démocratie directe. En Suisse, c'est une « arme » du peuple, un instrument à sa disposition pour faire valoir sa volonté dans le processus politique. Le pouvoir est réellement dans la main du citoyen : il lui suffit de signer pour avoir le dernier mot. Le droit d'initiative donne aux électeurs la possibilité de proposer une réforme totale ou partielle de la Constitution. Cent mille signatures (ce qui représente moins de 2,5 % du corps électoral) doivent simplement en approuver le principe dans un délai de dix-huit mois [21]. Le droit de référendum permet aux citoyens de se prononcer sur un projet de loi ou sur certains traités internationaux, à condition que cinquante mille d'entre eux en fassent la demande dans les trois mois qui suivent la décision du Parlement. Ces deux procédures sont complétées par l'institution du référendum obligatoire pour toute modification de la Constitution [22].

Cet arsenal de la démocratie directe n'a pas été constitué en un jour. Le système s'est étendu et perfectionné par touches successives, dans le sillage des grands débats politiques des deux derniers siècles. Le référendum obligatoire en matière constitutionnelle date de la création de l'État fédéral, il existe depuis 1848. Le référendum facultatif en matière législative fait son apparition avec la Constitution de 1874. Le droit d'initiative constitutionnelle est introduit en 1891 sous la pression des conservateurs et des socialistes unis pour la circonstance face au pouvoir radical. Tous les fondements sont en place. Sur cet édifice à trois piliers, la souveraineté populaire va patiemment construire un royaume. En 1921, le référendum facultatif s'étend aux traités internationaux conclus pour plus de quinze ans. En 1949, les arrêtés fédéraux urgents tombent eux aussi sous le coup du référendum, rendu obligatoire s'ils dérogent à la Constitution. Le peuple condamne ainsi le « déviationnisme » des autorités qui n'avaient que trop tendance à utiliser la voie détournée des lois d'exception pour échapper aux aléas du suffrage universel. En 1977, il fait passer l'essentiel de la politique étrangère sous son contrôle en introduisant d'un seul coup le référendum obligatoire pour l'adhésion à des organisations de sécurité collective comme l'ONU ou à des communautés supranationales comme l'Europe de Bruxelles, et le référendum facultatif pour l'adhésion à d'autres conventions internationales.

Pourtant, le peuple lui-même a régulièrement freiné l'ardeur de ses partisans, en fixant des limites à ses compétences, comme s'il recherchait plus ou moins consciemment l'équilibre entre les pouvoirs, un *modus vivendi* entre la démocratie représentative et la démocratie directe. Par deux fois, en 1900 et en 1942, il rejette le droit qu'on voulait lui octroyer d'élire les membres du gouvernement. Cette prérogative reste dans les mains du Parlement. En 1961, il refuse d'introduire une nouvelle procédure : l'initiative législative. Il est vrai qu'en pratique elle existe déjà, que l'initiative dite constitutionnelle en tient lieu très souvent. De nombreuses dispositions qui relèvent de la loi, voire d'un simple règlement, ont fait leur entrée par cette voie dans la Charte fondamentale. Ce qui donne d'ailleurs à la Constitution fédérale l'apparence d'un curieux bric-à-brac, d'une foire à la brocante, où le montant des mises autorisées dans les casinos et les limitations de vitesse sur la route — qui n'auraient normalement rien à faire dans cette galère — côtoient les grands principes du fonctionnement de l'Etat. Mais d'autres tentatives faites pour étendre réellement le domaine de la démocratie directe échouent devant le peuple : il a refusé le droit de décider de l'emplacement d'une centrale nucléaire (en 1979) ou des dépenses militaires (en 1987).

Faut-il voir dans ces réactions l'effet du réflexe bien helvétique de ne pas pousser trop loin la clôture ? L'échec de questions mal posées ou au mauvais moment ? La crainte d'une saturation du système ? Au total, le rituel de la démocratie directe occupe trois à quatre dimanches par année. Il fait presque partie du cycle des saisons. Un jour de votations populaires, comme ils disent, les Suisses s'expriment sur plusieurs problèmes d'importance nationale plutôt que sur un seul. Il leur arrive d'avoir à donner leur avis simultanément sur des sujets aussi divers que la protection de la maternité, le statut de la radiotélévision et l'aide aux victimes d'actes criminels. Mais à cela s'ajoutent les consultations organisées par les communes et les cantons, où les droits populaires sont souvent plus développés qu'au niveau fédéral. Bref, le chômage n'existe pas, même pour l'électeur.

Le stade ultime de la démocratie ?

L'institution du « peuple-roi » séduit souvent les étrangers par son côté unique au monde. André Siegfried était convaincu pour sa part que le produit était inexportable : « La démocratie suisse est suisse, écrivait-il, son incontestable succès dépend d'une psychologie qui ne saurait se transplanter[23]. » La classe politique française semble persuadée du contraire dans le courant des années 1980. « Le référendum à la Suisse ? je suis pour », déclare François Mitterrand au début de son premier septennat. Provocation socialiste ? Pas du tout. Dans un livre où il encourage le Président à faire encore un effort dans la bonne direction, l'ancien ministre gaulliste Alain Peyrefitte réclame l'application du système helvétique à la

France : « Cette extension de la démocratie directe est conforme à un état évolué de civilisation, où les citoyens sont devenus capables d'exercer leur bon sens politique sur des sujets concrets, et y aspirent. Elle les entraînerait à la réflexion collective, à l'éducation civique, à la démocratie quotidienne. Elle permettrait de faire reculer les féodalités abusives, partis ou syndicats, qui s'arrogent un monopole de représentation du "peuple" ou des "travailleurs", sans en assumer toujours les responsabilités. Ce serait la garantie la plus sûre de nos libertés[24]. » On ne saurait être plus élogieux. Mais cette manière de considérer leur régime comme le stade avancé de la démocratie, que beaucoup de Suisses savourent en silence, n'empêche pas ces drôles de citoyens de s'interroger régulièrement sur les bienfaits et les défauts de leur comportement.

A force de voter sur tout et sur n'importe quoi, entend-on, les électeurs finissent par se désintéresser de la chose publique. Avec le temps, le parti des abstentionnistes devient la première force du pays. Mal informés et sans vision d'ensemble, ceux qui continuent de se rendre aux urnes multiplient les décisions ponctuelles, sans véritable lien entre elles, et l'addition de leurs humeurs ne fait pas une politique. La réalité n'est pas aussi simple. Si l'abstention atteint fréquemment 50 à 60 % du corps électoral en Suisse, ce n'est pas une situation réservée à la démocratie directe. Des taux comparables existent aux États-Unis ou apparaissent dans d'autres pays, notamment pour les élections européennes. Et dès que la question posée touche un vrai débat, ou réveille les passions, la participation revit : 75 % des Suisses ont voté, en 1970, lors de la première initiative contre la surpopulation étrangère et 69 % se sont prononcés, en 1989, sur le sort de l'armée en même temps que sur les limitations de vitesse. Le risque d'improvisation politique n'est pas davantage lié à l'existence du référendum ou de l'initiative. Les motivations contradictoires de l'électeur, les volte-face possibles de l'opinion ne sont pas des spécialités locales, apparues avec le système helvétique ; elles présenteraient plutôt tous les caractères d'un phénomène universel.

L'évolution de la France est exemplaire à cet égard. En 1986, les Français votent à droite aux élections législatives, Jacques Chirac devient Premier ministre. Deux ans plus tard, ils lui préfèrent François Mitterrand aux élections présidentielles et renouvellent le bail de sept ans qu'ils avaient accordé au candidat socialiste en 1981. Mais entre-temps, le Président a modifié des pans entiers de son programme : sa politique économique et sociale sous la contrainte des événements, sa politique scolaire sous la pression de la rue. La démocratie représentative ne garantit pas à elle seule la continuité ni la cohérence de l'action gouvernementale. On oublie trop souvent que d'autres soupapes que des votations populaires peuvent venir perturber, parfois de manière incessante, les grands desseins réputés sages des ministères. Les grèves, les manifestations font partie de cet exutoire, jusqu'à l'inertie de toute une population dans les régimes où tout finit par être planifié, sauf la réussite. Nulle part la société n'est vraiment cartésienne et, tant qu'à faire, l'expression institutionnalisée des désirs populaires vaut mieux que leur génération spontanée.

On reproche aussi souvent à la démocratie directe de favoriser le *statu quo* dans tous les domaines, de ralentir ou de bloquer la solution de problèmes urgents, d'engendrer le compromis systématique. Dans cette perspective, le peuple est conçu comme un ensemble de résistances au changement, comme un obstacle aux projets d'une élite nécessairement mieux éclairée, qu'elle s'exprime au Parlement ou dans les médias. Le suffrage universel n'est plus cette fois un juge indifférent ou versatile, mais une masse inconsciente de *neinsager* — ceux qui disent non — dont le poids maintient le centre de gravité de la société dans le passé au lieu de la projeter dans le futur. Dans les faits, le peuple n'est peut-être pas aussi frondeur qu'on le croit à l'égard de ses élus. Sur la durée, il a accepté 70 % de toutes les innovations constitutionnelles proposées par le Parlement et 45 % des textes législatifs contre lesquels un référendum a été réclamé. Encore faut-il savoir que le nombre des projets de loi renvoyés devant le peuple représente une faible proportion de ceux qui pourraient l'être : entre 5 et 10 %. En comparaison, les initiatives venues de la base passent beaucoup moins bien la rampe. Neuf sur dix ont échoué [25].

Les coups de frein donnés aux réformes n'en sont pas moins indiscutables. Le peuple n'a certes pas empêché la centralisation, mais il a ralenti le mouvement dans un pays où les particularismes étaient ancrés depuis des siècles dans les institutions cantonales. Il a souvent contraint le gouvernement à suivre la politique des petits pas ou à revenir plusieurs fois devant les citoyens avec le même projet. Les mutations indispensables finissent sans doute par se faire, mais lentement, voire avec retard. Le droit de vote des femmes, par exemple, n'a été introduit qu'en 1971, après un premier échec en 1959. Il a fallu attendre que la majorité des hommes, toutes générations et tous milieux confondus, en acceptent l'idée. Ailleurs, la réforme ne dépendait que du Parlement et elle ne se heurtait pas à une longue tradition du citoyen-guerrier, où le droit de participer à la vie publique et celui de porter les armes sont intimement mêlés. Là où cette coutume était encore vivante, dans les cinq cantons à Landsgemeinde, on a d'ailleurs dit non, en 1971, au vote des femmes.

Le coup de pouce donné au consensus politique et social ne fait pas davantage de doute. La crainte de voir un projet échouer en référendum a conduit le gouvernement à consulter des milieux de plus en plus larges avant de fixer ses intentions et le Parlement à rechercher un terrain d'entente avec les minorités. Parfois, le compromis imaginé se voit malgré tout balayé en votation populaire, par une coalition hétérogène de conservateurs qui le trouvent excessif et de progressistes qui le trouvent insuffisant, et tout est à refaire. L'avortement, l'objection de conscience ont buté contre cet obstacle. Mais l'association régulière des principales forces de l'opposition à l'élaboration des grandes lignes de la politique a facilité le pas suivant : leur entrée au gouvernement — et la formation d'un consensus durable.

L'apparition de la démocratie de concordance n'a cependant pas raréfié l'usage de la démocratie directe. Bien au contraire, le nombre des initiatives a augmenté après 1945, sous l'impulsion surtout de mouvements marginaux. Comme ne comptent guère aux élections les minorités législatives dans les rouages de la démocratie parlementaire, elles utilisent ce levier pour faire valoir leurs idées. Champions de la politique sociale et des assauts contre l'armée à l'extrême gauche, de la lutte contre l'immigration à l'extrême droite, et de la protection de l'environnement (à l'extrême centre ?), ils n'obtiennent qu'exceptionnellement un succès direct ou décisif. Mais les effets de l'initiative populaire ne se limitent pas au verdict des urnes. C'est d'abord un instrument de mobilisation. La récolte de signatures, les semaines qui précèdent le scrutin permettent de motiver les sympathisants, de les transformer en acteurs, d'unir sur un objectif précis des groupes autrement dispersés à travers le pays, dans des régions linguistiques différentes, et de leur donner une existence nationale. C'est aussi un moyen d'information. Une fois les 100 000 signatures recueillies, le projet est présenté, discuté dans les médias. Tout ce qui compte en fait de pouvoirs : les partis, les syndicats, le Parlement, le gouvernement prennent position sur le sujet. Il alimente pendant des mois le débat politique. C'est enfin un argument de négociation. Si l'idée proposée n'emporte pas la majorité mais qu'elle recueille un score non négligeable au soir du vote, les gouvernants se voient souvent contraints d'en tenir compte. Il leur arrive même de précéder l'événement en prenant des mesures qui répondent aux attentes du comité d'initiative. De nombreux projets ont ainsi été retirés avant d'être soumis au suffrage universel, leurs auteurs s'estimant satisfaits des résultats obtenus par d'autres voies.

En donnant au peuple la possibilité de secouer la tutelle de ses élus, de bousculer le menu des idées reçues de la classe dirigeante, en imposant parfois des sujets tabous jusque-là, la démocratie directe assure une plus grande ouverture du système politique. Elle ne détermine pas le sens de l'histoire.

« On confond souvent la démocratie avec le progrès, rappelait déjà William Martin. En réalité, la démocratie n'est autre chose que le gouvernement selon la volonté du peuple. Si le peuple est conservateur, la démocratie est conservatrice[26]. » A défaut de la voir fonctionner dans d'autres pays, on prête sans doute à la démocratie directe des effets qui tiennent aux conditions de vie ou au caractère du seul peuple qui l'exerce. Mais la tentation est grande aussi d'exagérer le trait, d'assimiler tous les refus des Suisses à de l'obscurantisme. D'autres peuples accepteraient-ils plus volontiers les dépenses supplémentaires et les réformes de l'impôt ? Faut-il considérer tout projet de l'Etat ou du pouvoir central comme un progrès en soi ? Doit-on applaudir à toute initiative qui vise à réduire l'effort ? Ce n'est pas si sûr. On a parfois l'impression que les adversaires de la démocratie directe, en Suisse, regrettent surtout de voir la société évoluer sans heurts ni ruptures, de n'avoir jamais pu, au moins une fois, casser la baraque. Cinquante mille, cent mille manifestants dans les rues d'une ville, c'est beaucoup, souvent impressionnant. La même foule, transformée en listes de signatures, passe plus discrètement. Comme il lui faut en outre convaincre le plus grand nombre dans le secret des urnes, elle progresse lentement. Pour être moins spectaculaire, ce n'est pas nécessairement moins efficace. Les institutions mêmes de la démocratie directe ne se sont jamais sclérosées. Des idées sont toujours en chantier pour l'adapter aux circonstances, délimiter son domaine, corriger ses défauts. Les Suisses seraient sans doute prêts à considérer que c'est le pire des régimes, comme aurait dit Churchill, si les autres n'étaient pas pires encore.

Notes et références

1. *Écrire, lire et en parler*, Paris, Robert Laffont, 1985, p. 283.
2. Toutes les Suissesses ont le droit de vote sur le plan fédéral depuis

1971. Mais l'article constitutionnel adopté à cette date prévoyait une réserve : le nouveau droit ne valait pas sur le plan cantonal et communal. On voulait accorder aux cantons qui n'avaient pas encore introduit le suffrage féminin le temps de s'adapter. Près de vingt ans plus tard, seul le demi-canton d'Appenzell Rhodes-Intérieures refuse toujours de franchir le pas afin de préserver les traditions de sa Landsgemeinde. C'est finalement le 27 novembre 1990 qu'une décision du Tribunal fédéral impose le droit de vote féminin dans ce canton d'irréductibles (*24 Heures*, 28 novembre 1990).

3. Un constitutionnaliste français, Paul Gaudemet, qui assistait à la même Landsgemeinde d'Appenzell, en a fait un tableau intéressant : « Les Landsgemeinde, survivance de la démocratie directe », in *Pouvoirs*, n° 51, p. 127-132. André Siegfried a lui-même décrit la Landsgemeinde de Glaris du 5 mai 1947 (*La Suisse, démocratie témoin*, p. 153-156). De toute évidence, l'institution ne laisse pas indifférent.

4. Ce récit repose sur le déroulement de la manifestation et le contenu de la documentation remise par les organisateurs que nous avons confrontés à l'excellent *Versailles, passions et politique* (Paris, Seuil, 1987) dans lequel Joseph Barry raconte l'ambiance de ces journées (chapitre 24 : « Les noirs entrent en scène »).

5. Cette formule de Gonzague de Reynold déjà citée par André Siegfried trouve toute sa signification dans un chapitre de *Grandeur de la Suisse*, Neuchâtel, La Baconnière, 1940, p. 29-39.

6. *L'Invention de l'Europe*, *op. cit.*, p. 95-130.

7. William Martin, *Histoire de la Suisse*, *op. cit.*, p. 40. Il fallut attendre le 4 août 1789 pour que le servage soit définitivement aboli en France.

8. *Œuvres complètes*, *op. cit.*, p. 130.

9. Richard Feller, *Geschichte Berns*, Berne, 1946, t. III, p. 464.

10. André Siegfried, *La Suisse, démocratie témoin*, *op. cit.*, p. 146. On trouve également cette idée chez Gonzague de Reynold : « L'homme libre du Moyen Age a seul le droit de porter et de posséder des armes. L'homme libre, c'est le reste du guerrier. *Volk* qui veut dire peuple aujourd'hui signifiait armée en allemand barbare. » (*op. cit.*, p. 143).

11. *Nouvelle Histoire de la Suisse et des Suisses*, *op. cit.*, p. 99, 118-119 et 144.

12. Pierre Grellet, *La Suisse des diligences*, Lausanne, L'Age d'Homme, réédition 1984, p. 187-188.

13. Voir *Nouvelle Histoire de la Suisse et des Suisses*, *op. cit.*, p. 87-88, 110-111 et 113 et Pierre Maugué, *Guillaume Tell et la tradition celtique, Le mythe et l'histoire*, Paris, Guy Trédaniel, La Maisnie, 1985, p. 75 et 88.

14. Pierre Maugué, *op. cit.*, p. 26.

15. *Ibid.*, p. 79-84 et 140, et *Nouvelle Histoire de la Suisse et des Suisses, op. cit.*, p. 87.

16. Jean-Pierre Vouga, *Les Helvètes au Grütli*, Lausanne, L'Aire, p. 77-81.

17. *Nouvelle histoire de la Suisse et des Suisses, op. cit.*, p. 45 et 144, et Jean-Pierre Vouga, *op. cit.*, p. 42. Pierre Maugué va plus loin en soulignant que la signature du pacte de 1291 au début du mois d'août coïncide avec la fête d'une divinité celte, le dieu Lug. Au temps d'Auguste, la *Lugnasad* était toujours célébrée à Lyon, le 1er août : « Elle donnait lieu chaque année à un grand rassemblement de délégués des peuples gaulois, et c'est grâce à elle que les Helvètes purent, durant toute l'époque romaine, garder un contact avec l'ensemble du peuple gaulois. » La Lugnasad qui avait tous les caractères d'une fête communautaire (marché, mariages, courses de chevaux, jeux et manifestations culturelles) servait aussi à débattre des questions politiques. De même, la prairie du Rütli correspondrait au nemeton des Celtes, à l'une de ces clairières où ils adoraient leurs dieux (*op. cit.*, p. 7, 51-52 et 108-116).

18. Voir la carte de ces communautés dans *Nouvelle Histoire de la Suisse et des Suisses, op. cit.*, p. 141. La forêt de Roumare est située dans une presqu'île formée par un méandre de la Seine entre Rouen et Duclair, à une altitude de 30 à 130 m.

19. *Discours et messages, vers le terme*, Paris, Plon, 1970, p. 405-406.

20. Dans toute l'histoire de la Confédération, trois conseillers fédéraux seulement ont démissionné à la suite du rejet par le peuple d'un projet qui leur tenait à cœur. Le dernier exemple remonte à 1953. Le lendemain de l'échec de sa réforme des finances fédérales, le ministre socialiste Max Weber se retira du gouvernement. C'est d'autant plus contraire aux traditions helvétiques que le Conseil fédéral assume ses responsabilités collégialement.

21. Le Parlement peut déclarer une initiative irrecevable si elle ne respecte pas l'unité de forme ou de matière, ce qui n'est arrivé que deux fois depuis 1891. Dans tous les autres cas, il ne peut tenter de contrecarrer une initiative qu'en élaborant un contre-projet qui sera soumis simultanément au suffrage universel.

22. En matière législative, c'est la majorité simple des votants qui décide du sort d'un projet. En matière constitutionnelle, la double majorité du peuple et des cantons est requise. Dans les faits, ces deux majorités sont rarement en désaccord. Cela ne s'est produit que huit fois depuis 1848, la dernière fois le 27 février 1983. Ce jour-là, 50,9 % des votants acceptent un article constitutionnel donnant de nouvelles compétences à la Confédération dans le domaine de la politique énergétique. Mais 12 cantons sur 23 le refusent. L'article n'entre pas en vigueur.

23. *Op. cit.*, p. 11.

24. *Encore un effort, monsieur le Président*, Paris, Jean-Claude Lattès, 1985, p. 167.

25. Jean-Daniel Delley, « La démocratie directe, un système politique aux portes ouvertes », in *Pouvoirs*, n° 43, p. 104, et Recueil des prises de position de dix-sept partis politiques et sept groupes d'intérêts lors des votations populaires fédérales 1970-1989, Département de sciences politiques de l'université de Genève, mars 1990.

26. *Op. cit.*, p. 271.

Annexe

État de la démocratie directe au 31.12.89

Nombre total de questions posées au peuple : 356

I. Référendum facultatif : 100
(en matière législative)

	Nombre de oui	Nombre de non	% de oui
	44	56	44 %

II. Référendum obligatoire : 256
(en matière constitutionnelle)

	Nombre de oui	Nombre de non	% de oui
1. Révision totale de la Constitution			
Projets du Parlement	1	1	50 %
Initiatives populaires	—	2	0 %
2. Révision partielle de la Constitution			
Projets du Parlement	92	38	70 %
Initiatives populaires	9	87	10 %
Contre-projets du Parlement	17	9	65 %

Sources : Jean-Daniel Delley, « La démocratie directe, un système politique aux portes ouvertes », in *Pouvoirs*, n° 43, *op. cit.*, p. 104, et Recueil des prises de position lors des votations populaires fédérales 1970-1989, *op. cit.*

CHAPITRE VI

L'ARMÉE DE MILICE

La Suisse est indomptable parce qu'il n'y a pas un homme en Suisse qui ne soit armé et ne sache manier les armes.

MONTESQUIEU

A l'arrière-fond, le portrait du Genevois Henri Dunant, premier prix Nobel de la paix en 1901, et tout s'enchaîne : les blessés de la bataille de Solferino dont les souffrances et l'abandon émeuvent ce « touriste » de passage, la création de la Croix-Rouge internationale qui prolonge dans l'esprit même de son fondateur la tradition helvétique de l'arbitrage pacifique des différends, l'état sans guerre, ni civile ni étrangère, qui s'installe dans le pays dès 1848. La Suisse, c'est la paix.

Au premier plan, une compagnie de cyclistes en tenue de combat, de préférence en déplacement sur un chemin de campagne, à l'orée d'une forêt, et le reste s'ensuit : le peuple des citoyens en armes qui conservent fusil et munitions à la maison, l'entraînement régulier de ce corps de bataille dont les soldats restent actifs pendant plus de vingt ans, la forteresse enfouie sous les montagnes qui témoigne qu'on ira, si nécessaire, jusqu'au bout de la résistance. La Suisse, c'est une armée. La réalité veut pourtant qu'aucun de ces clichés ne soit plus vrai que l'autre.

Le métier de guerrier

Au XVe siècle, les Suisses n'avaient pas encore la réputation d'organiser les secours aux victimes de la guerre. L'Europe des chevaliers jugeait plutôt barbare leur coutume de ne pas faire de prisonnier sur le champ de bataille[1]. Ce qui explique sans doute pas mal d'hécatombes chez leurs adversaires. A Sempach (1386), on relève neuf morts chez les partisans des Habsbourg pour chaque Suisse tué au combat. A Morat (1476), l'écart paraît énorme. Les pertes de Charles le Téméraire, évaluées à 12 000 hommes, s'élèvent à 30 contre 1. On a peine à imaginer l'effroi et l'admiration que l'ardeur belliqueuse des confédérés suscitait à l'époque. Les Suisses sont « acharnés à combattre », écrit Machiavel en connaisseur. Généralement inférieurs en nombre, parfois de beaucoup, ils n'hésitent pas engager le combat où leurs bataillons de piquiers font des ravages, dans la victoire comme dans la défaite. Carnage garanti. Manifestement enthousiaste — et un peu jaloux — l'auteur de *l'Art de la guerre* rend hommage à leur tactique qu'il apparente à celle de la phalange grecque ou macédonienne[2]. Ce savoir-faire va d'ailleurs se répandre dans toute l'Europe, là où les princes, à l'image du roi de France, s'attachent leur service.

« Les Suisses sont les plus rudes combattants de la chrétienté », disait Louis XI, qui s'était frotté à leur bravoure lorsqu'il était encore dauphin. A Saint-Jacques-sur-la-Birse, où le vin récolté s'appelle encore le sang des Suisses, 1 500 confédérés avaient résisté jusqu'au dernier, pendant douze heures, aux assauts des 40 000 hommes qu'il commandait[3]. L'habile monarque avait immédiatement compris ce qu'il pouvait tirer d'une telle vaillance. Il se concilia leur alliance et fit appel à eux pour instruire ses propres troupes. On comprend mieux l'euphorie qui s'empare de François Ier au soir de Marignan. « J'ai vaincu ceux que César, seul, a vaincu avant moi », fait-il graver sur une médaille. Il est vrai que cette bataille marque une nouvelle rupture dans l'histoire militaire des Helvètes. Jusque-là, les Suisses se battaient, malgré quelques troupes mercenaires, au service du pays, pour le compte de leur canton ou de la Confédération. A partir de Marignan, ils feront de leur valeur guerrière un produit d'exportation.

Pendant plus de trois siècles, leur sang servit surtout la France : 650 000 à 700 000 Suisses sont morts dans les campagnes menées de Louis XI à Napoléon Ier pour donner à ce pays la forme de l'Hexagone[4]. Mais des mercenaires helvétiques furent recrutés dans tous les grands royaumes d'Europe, de la Scandinavie à Naples, d'Espagne en Pologne. Dans bien des circonstances, ils se retrouvèrent face à face, parfois même à quelques pas de charge comme au combat d'Ivry (1590). L'interdiction de les engager contre leurs compatriotes fut cependant respectée partout, sauf à la bataille de Malplaquet (1709), à la suite d'une tragique erreur partagée par les deux adversaires. Sans doute faut-il ajouter que cette implacable mêlée entre Français catholiques et Hollandais protestants ressemblait étrangement, y compris dans les rangs des régiments Suisses enrôlés de part et d'autre, à une nouvelle guerre de religion.

Indifférents ou non à la cause qu'ils défendaient, les mercenaires helvétiques ont toujours impressionné leurs employeurs. Le maréchal de France Charles de Schomberg, qui les a commandés vers le milieu du XVIIe siècle, comparait le rôle des Suisses au sein d'une armée française à la fonction des os dans le corps humain. « Les meilleures troupes, disait lui-même Napoléon, celles en qui vous pouvez avoir le plus confiance, ce sont les Suisses. » Il avait pu apprécier leur valeur et leur discipline dans les pires conditions, il les avait vus tenir le passage de la Bérézina, en assurant de leur sacrifice la retraite de sa Grande Armée en déroute[5].

En transformant les sujets de Leurs Majestés en patriotes, les patriotes en soldats et les conflits en croisades nationales, les guerres de la Révolution et de l'Empire condamnaient à terme le principe du mercenariat collectif. L'évolution de l'Europe en États-nations contraignit la Suisse à modifier une fois encore sa tradition militaire. La neutralité armée devint, au XIXe siècle, sa nouvelle valeur-refuge. Bélier des conquêtes de la Confédération au Moyen Age, prétorien au service de l'étranger sous l'Ancien Régime, le soldat suisse se convertit en rempart du territoire et de l'indépendance du pays. Le voici gardien de la paix. Il retrouve une vocation strictement nationale en perdant toute velléité d'agression, mais conserve son caractère invincible. Ancien roi des batailles, il gagne désormais l'arme au pied les guerres que les autres se font.

Une dissuasion réussie

C'est un fait. L'armée suisse a été mobilisée presque aussi souvent que celle de ses grands voisins, lors des guerres menées par la Prusse contre l'Autriche et la France, pendant les deux guerres mondiales, mais elle ne s'est jamais battue contre l'étranger depuis 1815. Elle n'en a pas moins préservé sa crédibilité jusqu'à l'ère nucléaire, ce qui est essentiel, tout en amusant beaucoup les humoristes, ce qui n'est pas gênant. « Folklorique, votre armée ? s'interroge un ambassadeur en poste à Berne. Le folklore est ailleurs, en Belgique, aux Pays-Bas, au Danemark, etc. Sur la carte de l'OTAN, la Suisse est une immense forteresse naturelle. Son armement, important, est décuplé par les montagnes. L'Afghanistan montre que même un armement primitif suffit lorsqu'on a des rochers[6]. » S'il ajoute que l'étranger exagère généralement l'importance de l'armée suisse, ce diplomate confirme son image de marque : elle lui paraît capable d'infliger des pertes suffisamment sérieuses à un éventuel agresseur pour être dissuasive. Cette impression ne doit rien à la bombe atomique, la Suisse n'en possède pas. Elle a ratifié, en 1977, le traité de non-prolifération des armes nucléaires qui l'oblige à se soumettre au contrôle international dans ce domaine. La dissuasion helvétique repose simplement sur un cocktail assez original de moyens très conventionnels : des effectifs impressionnants si on les compare aux dimensions du pays, un entraînement régulier et relativement intensif, une utilisation systématique du terrain, particulièrement favorable, il est vrai, à la défense.

En cas de nécessité, la Suisse pourrait mobiliser dans les quarante-huit heures environ un dixième de sa population : plus de 600 000 hommes. Elle dispose ainsi de l'une des troupes les plus nombreuses en Europe et de l'armée la plus dense du monde après celle d'Israël, si l'on considère le nombre de soldats au kilomètre carré. Ces effectifs n'existent pas seulement sur le papier. Ils sont régulièrement convoqués, à tour de rôle, pour de courtes périodes d'entraînement dont la fréquence et la durée diminuent avec l'âge. L'étape la plus longue, les quatre mois de l'école de recrues assurent la formation militaire de base. Mais au total, les obligations d'un simple soldat représentent l'équivalent d'une année de service, celles d'un officier bien davantage. Ce système permet à chacun de conserver le contact avec son unité, de connaître exactement ce qu'il aurait à faire en cas de mobilisation et en quels lieux, de maintenir un minimum d'aptitude au combat. La nature de l'entraînement, souvent conduit sur le terrain et à balles réelles, plutôt qu'en caserne, et les exercices de tir obligatoires auxquels tous les soldats doivent se soumettre à intervalles réguliers poursuivent le même objectif : disposer en tout temps d'un corps de troupes prêtes à passer immédiatement à l'action. La volonté de diminuer les effectifs d'ici à l'an 2000 ne devrait pas porter atteinte à cette force de frappe. A cette date, les Suisses seraient libérés de leurs obligations militaires à 42 ans (au lieu de 50 ans actuellement), mais ils accompliraient pratiquement le même nombre de jours de service que maintenant. L'armée serait donc rajeunie, sans être moins entraînée.

« Les grenadiers de l'armée suisse, écrit John McPhee, ont pour eux-mêmes la même considération que les marines, aux

États-Unis. Ils sont spécialisés dans des exercices aventureux qui se déroulent à plus de deux mille mètres d'altitude. Ce sont des alpinistes professionnels, des skieurs époustouflants, des experts en démolition, des tireurs d'élite ; ils dorment sur des matelas de granit et se bourrent de chocolat. Certains d'entre eux sont banquiers ; d'autres, chauffeurs, mécaniciens-dentistes, ingénieurs civils, guides de montagne[7]... » Cette citation témoigne d'une admiration répandue à l'étranger pour le savoir-faire professionnel d'un soldat qui, lui, ne l'est pas. Elle présente surtout l'avantage de le mettre en situation, de souligner en même temps le deuxième élément essentiel de la défense helvétique : le relief alpin. Dès leur première bataille historiquement connue, à Morgarten (1315), les Suisses ont su s'appuyer sur les difficultés du terrain. Ils se sont retranchés partout, ont amassé des troncs d'arbres et des rochers pour en provoquer l'avalanche le moment venu et bloquer les mouvements de la chevalerie des Habsbourg avant de l'anéantir. L'idée du réduit était née. Au cours de la Seconde Guerre mondiale, face à l'encerclement des forces de l'Axe, le général Guisan en a fait un concept stratégique moderne. Comme à Morgarten, tous les moyens ont été mis en place pour empêcher la progression de l'ennemi à l'instant propice. Non seulement aux frontières, mais partout, les explosifs sont prêts à faire sauter les ponts et les tunnels routiers ou ferroviaires, à couper les routes coincées entre lac et montagne, à rompre les barrages hydrauliques pour noyer l'agresseur sous un torrent d'eau et de boue. Des milliers de points d'appui, enterrés et camouflés à proximité, prendraient l'adversaire sous leur feu d'artillerie pour l'empêcher de réparer les dégâts à son aise. Comme à Morgarten, tout ce qui pouvait l'être a été fortifié. D'immenses citadelles ont été construites au cœur du massif alpin, près de la frontière autrichienne, en Valais, dans la région du Gothard. Leurs installations de surface, leurs bunkers protègent des villes-casernes entières, souterraines, de l'aérodrome à l'hôpital. Occupées en permanence, prêtes elles aussi à l'emploi, elles peuvent accueillir des divisions complètes, et d'importants stocks de vivres, de munitions, de carburant, permettraient d'y soutenir un long siège (la loi oblige les importateurs de produits de première nécessité à constituer des réserves capables d'assurer six à huit mois de consommation courante). Personne, sans doute, ne connaît à lui seul tous les détails de ce dispositif constamment adapté à l'évolution des armes et de la technologie. Au propre comme au figuré, cette Suisse-caverne, où se réfugieraient les principaux services de l'État-hérisson, constitue la botte secrète de la dissuasion helvétique.

Comme un poisson dans l'eau

L'armée ne doit faire qu'un avec le peuple. Peu importe qu'au printemps 1989, les dirigeants de Pékin aient tragiquement démontré les difficultés qu'ils avaient à faire évoluer l'armée chinoise comme un poisson dans l'eau sur la place Tien an Men, le principe de Mao Tsé-Toung demeure universellement valable. L'armée suisse répond-elle à cette exigence ? Jean Jaurès en était convaincu. Le leader socialiste voyait dans le système de milice helvétique l'organisation la plus proche de l'idéal d'une armée démocratique populaire. Dans quel pays, en effet, chaque soldat pourrait-il conserver à son domicile fusil d'assaut, munitions et masque à gaz, sans que la société ou le quartier ne soit un jour menacé ? Le gouvernement lui-même ignore combien d'armes individuelles de tout calibre sont dispersées dans les foyers : on estime leur nombre à plus de deux millions en 1991 [8]. Or, s'il arrive qu'un Suisse utilise son arme de combat pour mettre fin à ses jours, il est très rare qu'il la retourne contre ses proches ou ses voisins, et l'État n'a jamais eu à redouter la moindre sédition de troupes.

La règle ne souffre pas d'exception dans la Constitution : « Tout Suisse est tenu au service militaire » (article 18). Dans les faits, environ un sur cinq s'en trouve totalement dispensé pour des raisons de santé ; d'autres servent, sans arme, dans les services complémentaires[9]. Mais le principe est sauf. Tous ceux qui ne font pas de service, de manière définitive ou provisoire, les invalides de naissance comme les autres exemptés, planqués ou non, paient en compensation une taxe militaire calculée en fonction de leurs revenus et du nombre de jours qu'ils n'ont pas accomplis. Dans le même esprit, les objecteurs de conscience sont déférés devant les tribunaux militaires, et la Suisse reste le seul pays d'Europe, avec la Turquie, à ne pas leur accorder de statut particulier. Le peuple lui-même a refusé par deux fois d'introduire un service civil de remplacement à leur attention. En 1977, le projet réservait expressément le service civil à ceux dont les convictions morales ou religieuses s'opposent à leur incorporation dans l'armée ; les objecteurs pour motifs politiques en étaient exclus. Cette solution jugée trop restrictive par la gauche, alors que la droite lui reprochait de porter atteinte au système du citoyen-soldat, a été rejetée par 62,4 % des voix et l'ensemble des cantons. Le deuxième projet, soumis au suffrage universel en 1984, voyait plus large. Il proposait un service civil pour tous les objecteurs, quels que soient leurs mobiles, et fixait sa durée à une fois et demie celle du service militaire. Second refus : 63,8 % des votants et tous les cantons, sauf Bâle-Ville et le Jura, ont renouvelé à cette date leur attachement à l'obligation pour chaque citoyen de participer à la défense nationale. « La Suisse n'a pas d'armée, elle est une armée. » C'est la formule de base — le slogan ? — du système de milice et, sous nombre d'aspects, l'osmose se vérifie.

Même si cela peut paraître paradoxal chez ces descendants de mercenaires, les Suisses n'apprécient guère chez eux les soldats de métier. Leur nombre est limité au strict minimum. Commandants des grandes unités (jusqu'au niveau de la brigade), officiers et sous-officiers instructeurs, membres de l'escadre aérienne de surveillance, gardes permanents des fortifications, les quelque 3 500 militaires de carrière n'assurent que l'ossature de l'ensemble, la permanence indispensable aux structures d'alerte et de mobilisation. Cette armée n'a même pas de commandant en chef en temps de paix. Il faut des circonstances exceptionnelles pour qu'un général soit désigné, non par le gouvernement d'ailleurs, mais par le Parlement devant lequel il prête serment. La Suisse n'en a connu que trois depuis la création de l'État fédéral, lors de l'affrontement franco-prussien de 1870 et pendant les deux guerres mondiales. Le dernier en date, le général Guisan, a été élu le 30 août 1939, à la veille de l'invasion de la Pologne par la Wehrmacht. La bonhomie du personnage, la simplicité de ce fils de paysan, son incontestable volonté de résistance aux heures les plus incertaines du conflit en ont fait une véritable idole nationale, dans un pays pourtant peu enclin au culte de la personnalité. Depuis, les seuls généraux que la Suisse ait connus relèvent de l'apparat diplomatique. Ils sont nés avec la commission internationale chargée de contrôler l'armistice entre les deux Corées. Simple colonel, le chef de la délégation suisse ne pourrait pas tenir son rang au sein de cet aréopage de généraux. Il reçoit donc une étoile supplémentaire le temps de son séjour le long du 38e parallèle.

Le système de milice assure à l'armée de nombreux relais naturels au sein de l'économie. Dans certaines entreprises, en particulier dans les banques, il suffirait que le comité de direction revête l'uniforme pour s'apercevoir que ses membres constituent à eux seuls un état-major de campagne. Les officiers prennent souvent sur leurs congés le temps qu'ils consacrent à leur unité en dehors des périodes de service, et les entreprises paient la totalité du salaire de leurs employés appelés sous les drapeaux. Ce qui représente environ un an et demi de traitement pour un caporal, trois ans pour un capitaine et jusqu'à quatre ans et plus pour un major ou un colonel. En moyenne, l'économie privée sacrifie ainsi 1,5 % des journées de travail au service du pays, et ce pourcentage s'élève à près de 2,5 % dans le secteur bancaire [10]. Tout n'est pas perdu pour autant. Quand l'État se fait trop contrariant à leurs yeux, les grandes entreprises savent lui rappeler la part qu'elles prennent à l'effort de défense générale. Un autre élément facilite l'adhésion de larges couches de la population : l'armée ne sert aucune politique de puissance, elle ne vise qu'à protéger le territoire contre toute invasion, quelle qu'elle soit.

L'ensemble du dispositif militaire, le choix des armements, l'ampleur des mesures de protection civile reposent sur une conception stratégique strictement défensive. Tout manquement, même furtif, à ce principe provoque des réactions scandalisées. Ce fut le cas, en 1964, lors de l'affaire des Mirage. En apparence, il ne s'agissait que de dépassements de crédits importants dans l'acquisition d'une centaine d'avions de combat français. L'enquête parlementaire finit par découvrir tout autre chose. « A force d'éplucher ce volumineux dossier, explique l'ancien ministre Pierre Graber, de lire des rapports et des procès-verbaux de séances d'officiers et de pilotes, nous sommes tombés sur des données concernant non pas l'aspect financier de l'achat, mais l'engagement possible de l'avion. Tandis que tout le monde au Parlement était convaincu qu'on cherchait un avion d'intervention au sol et de protection des troupes terrestres, nous avons découvert que certains militaires avaient opté pour le Mirage parce qu'il s'agissait d'un avion capable d'accomplir des missions bien au-delà des frontières helvétiques (...). Ils rêvaient d'une sorte de défense offensive[11]. » Faute impardonnable pour beaucoup de Suisses, en tout cas pour un socialiste, dans la mesure où la gauche n'a renoncé au pacifisme qu'en 1935, face au péril nazi. Ce ralliement plutôt tardif à la Défense nationale n'a pas levé toutes ses réserves. S'ils votent le budget militaire, les socialistes contestent volontiers les équipements coûteux, s'opposent à l'arme nucléaire ou aux exportations d'armements et réclament un service civil pour les objecteurs de conscience. Au fond d'eux-mêmes, ils adhèrent au bouclier, non à l'épée.

Le choc en retour

Le 26 novembre 1989, la Suisse s'offre l'un de ses rares et grands frissons. Elle vote — ce qui n'a rien d'exceptionnel —

mais sur un projet fou, impensable, révolutionnaire : la suppression de l'armée. Et la réponse paraît aussi surprenante que la question posée. Plus d'un votant sur trois, exactement 35,6 %, approuvent l'idée d'une Suisse sans soldats. « Sensationnel ! » clament le soir même les auteurs de cette initiative iconoclaste. Dans un sens, ils ont raison. Plus d'un million de Suisses ont osé briser le tabou dans le secret des urnes. Dans le demi-canton d'Appenzell Rhodes-Extérieures, là où le port de l'épée sert de carte d'électeur le jour de la Landsgemeinde, un tiers des votants se rangent du côté des pacifistes. Dans les grandes villes, cette proportion tourne autour de 40 % : 45,1 % à Bâle, 44 % à Zurich, 39 % à Berne. Le projet d'envoyer l'armée au musée obtient même la majorité dans deux cantons-frontières : 50,4 % à Genève, 55,5 % dans le Jura. Personne ne s'attendait à un tel succès. Au printemps précédent, le Parlement s'était clairement opposé à l'initiative : par 134 voix contre 12 à la Chambre du peuple, par 36 voix contre 0 à la Chambre des cantons. Dans les sondages, elle n'avait atteint qu'une fois le seuil des 30 % de suffrages favorables[12]. A l'image du ministre français Jean-Pierre Chevènement, l'étranger faisait connaître son « irritation » ou sa « perplexité » à l'idée d'un éventuel désarmement unilatéral de la Suisse. « La Suisse sans armée ? Cette situation créerait un vide militaire inquiétant au centre de l'Europe, déclarait un officier supérieur de l'OTAN, à Bruxelles. Pour nous, c'est carrément impensable[13]. » Un contre-amiral soviétique tombait d'accord avec lui. « Si j'étais Suisse, disait-il, je garderais mon armée[14]. » Des pays amis faisaient part de leur étonnement. « Je ne peux pas imaginer une Norvège neutre sans armée, lançait son ministre des Affaires étrangères. Ce serait inconcevable et la question n'est chez nous d'aucune actualité[15]. » A Vienne, on se montrait peiné qu'une telle chimère ait germé chez des gens d'ordinaire si réalistes. « Au lieu de la sécurité voisine et apaisante d'un partenaire exemplaire, expliquait le ministre autrichien de la Défense, nous nous retrouverions soudain seuls. Une perspective douloureuse[16]. »

Au départ, les auteurs de l'initiative n'y croyaient pas beaucoup eux-mêmes. Leur premier projet est né au début des années 80, dans la mouvance de la vague pacifiste qui secouait l'Allemagne toute proche : à Bâle, quelques membres des Jeunesses socialistes lancent l'idée plutôt comme une provocation. Le président du mouvement, Andreas Gross, un homme apparemment tranquille et frêle, va la transformer en bombe à retardement. Dès septembre 1982, il préside un nouveau groupuscule, encore ignoré des médias, le Groupe pour une Suisse sans armée. En mars 1985, il dépose le projet définitif. Le texte est clair, son objectif simple et brutal : « La Suisse n'a pas d'armée. Il est interdit à la Confédération, aux cantons, aux communes ainsi qu'aux particuliers et aux groupes privés d'instruire ou d'entretenir des forces armées. » Avec un tel programme, la récolte des signatures démarre péniblement. Dans la rue, au marché, quand ils s'adressent aux passants pour solliciter leur appui, les militants pacifistes sont injuriés, leurs tracts déchirés. Au bout de dix-huit mois, pourtant, dans les délais fixés par la Constitution, ils ont gagné leur pari. L'utopie, comme ils disent, a recueilli les 100 000 signatures nécessaires pour être soumise au suffrage universel. Aurait-elle déjà fait le plein des voix ? Certains amis d'Andreas Gross en sont persuadés. Les plus tacticiens d'entre eux s'apprêtent à profiter de l'aubaine d'une campagne électorale pour faire valoir leurs arguments, mais envisagent de retirer le projet au tout dernier moment afin de priver l'armée d'un triomphe populaire. Trois ans plus tard, à l'heure du vote, la manœuvre se révèle inutile.

De nombreux signes témoignent de l'audience obtenue par les thèses de l'initiative. Au congrès de juin 1989, par exemple, le parti socialiste l'approuve dans la proportion de trois contre un. L'Église catholique prend position dans un texte si nuancé qu'il aboutit à laisser la liberté de vote à ses fidèles. Ici et là, des pasteurs protestent publiquement contre le soutien accordé à l'armée par la Fédération des Églises protestantes. Dans les sondages, la cote de l'initiative progresse : 24-25 % de oui au printemps 1989, 27 à 30 % dans les dernières semaines qui précèdent le scrutin [17]. Phénomène inattendu, le cinquantième anniversaire de la mobilisation de 1939 déclenche une vive polémique à travers le pays. Pour certains, les manifestations prévues coûtent trop cher, et la Suisse est bien la seule à commémorer le début de la Seconde Guerre mondiale ; ailleurs, soulignent-ils, on célèbre sa fin. Pour d'autres, les services économiques rendus au IIIe Reich ont davantage contribué que la présence de l'armée aux frontières à protéger le pays d'une invasion allemande. Manifestement, de larges couches de la population se montrent réceptives à cette manière de voir. Le livre de Max Frisch, *Suisse sans armée ? Un palabre*, se vend comme des petits pains : 40 000 exemplaires en quelques semaines. Un record pour la Suisse. Sous la forme d'une conversation au coin du feu entre un ancien de la « mob » et son petit-fils, il met en scène toutes les raisons d'être sceptique à l'égard de la défense nationale, hier comme demain [18]. L'écrivain, comme l'initiative, tourne autour de deux idées-forces. Première thèse : l'armée suisse n'est qu'un tigre de papier. Elle se révèlerait tout aussi inutile en cas d'attaque nucléaire qu'impuissante à résister longtemps dans une guerre conventionnelle. Incapable de préserver le pays du danger, s'il venait à se concrétiser, elle se justifie d'autant moins que la guerre paraît de plus en plus improbable en Europe et que les énormes moyens financiers nécessaires à son entretien se trouveraient mieux employés dans la lutte contre les vraies menaces : la destruction de l'environnement ou la misère du tiers-monde. Deuxième thèse : l'armée suisse n'est qu'un instrument au service de la société bourgeoise. École d'obéissance et de mise au pas, elle n'est pas le ciment national que présente l'imagerie officielle. En cas de coup dur, elle serait chargée du maintien de l'ordre ou de la répression, comme cela s'est produit à plusieurs reprises dans le passé [19].

Faut-il en déduire que plus d'un Suisse sur trois partage ce point de vue ? On est loin du compte. Tous les sondages réalisés immédiatement après le vote [20], démontrent que les oui et les non se répartissent en réalité en trois grands courants :

Les pacifistes (entre 15 et 20 % des votants), qui espèrent la suppression pure et simple de l'armée.

Les réformateurs (entre 61 et 74 % des votants), qui souhaitent son maintien mais attendent une refonte de l'armée qui la rendrait surtout moins coûteuse. La majorité d'entre eux ont rejeté l'initiative, les autres ont voté oui, mais une même volonté de changement les anime.

Les conservateurs (entre 11 et 21 % des votants), qui désirent le maintien du système tel qu'il est.

Il n'y a pas, d'un côté, un bon tiers de Suisses qui rejette toute idée de service militaire, face à tous les autres, dressés comme un seul homme, pour défendre l'armée. Dans les faits, un assez large consensus existe sur le principe de la défense nationale. Mais comme dans les autres démocraties, l'opinion se montre divisée sur la meilleure façon de l'assurer. Plusieurs votations précédentes l'avaient d'ailleurs laissé entrevoir, déjà en 1987, quand l'initiative prévoyant de soumettre les dépenses militaires à référendum avait recueilli 41 % des suffrages. La même année, l'armée se voyait refuser, par 58 % des voix, une nouvelle place d'exercice pour ses blindés. Prévue à Rothenthurm, dans une zone de marais, elle avait contre elle tous les écologistes attachés, en l'espèce, à la protection des tourbières. Mais certains opposants visaient sans doute l'asphyxie de l'armée en essayant de la priver de l'espace vital nécessaire à son entraînement. L'étroitesse du territoire helvétique s'y prête plus facilement qu'ailleurs, puisque l'aviation s'entraîne déjà régulièrement à l'étranger, en Suède par exemple ou en Sicile.

La montée de l'antimilitarisme ne traduit pas davantage un nouvel état d'esprit internationaliste. Les Genevois, par exemple, ont systématiquement accepté tous les projets qui s'en prenaient plus ou moins à l'armée depuis les années 60. Cela ne les a pas empêchés de dire carrément non, comme l'ensemble du pays, à l'entrée de la Suisse à l'ONU. La « surprise » du 26 novembre 1989 tient plutôt à la conjugaison de deux phénomènes sans rapport direct entre eux : la baisse générale de l'attachement aux valeurs patriotiques, particulièrement sensible chez les jeunes, et la diminution subite de la menace extérieure, tout au moins de sa perception. Jusque-là, l'état du monde et de l'Europe ne permettait guère de rêver : la Suisse devait se préparer à se défendre. Aux deux déflagrations mondiales déclenchées à ses frontières en l'espace de vingt-cinq ans avait succédé la guerre froide, avec son cortège de crises et de répressions : le blocus de Berlin, l'instauration par la force de régimes totalitaires dans les pays de l'Est, l'écrasement par les blindés des révoltes populaires en Allemagne de l'Est, en Pologne, en Hongrie, en Tchécoslovaquie. Simultanément, les guerres de décolonisation embrasaient la planète, de l'Indochine à l'Afrique. La France se battait en Algérie jusqu'en 1962, les États-Unis au Viêt-nam jusqu'en 1973. Avec l'intervention de Moscou en Afghanistan, la réalité suffisait à freiner les effets d'un mouvement pacifiste apparu — comme par hasard ? — au début des années 80 et qui s'appuyait sur la peur de l'holocauste nucléaire : l'armée, disait-il déjà, ne nous protège pas de la menace atomique, « mieux vaut être rouge que mort ».

En novembre 1989, la vision du monde la plus répandue en Europe baignait, au contraire, dans une douce euphorie. Les dirigeants d'Allemagne de l'Est, débordés par les manifestations de leurs assujettis, laissaient littéralement tomber le mur de Berlin. Le monde entier venait d'assister, quasiment en direct, à des scènes de liesse extraordinaire dans la capitale allemande. Après le retrait soviétique d'Afghanistan et l'implosion du système imposé par Moscou en Pologne, en Hongrie, en Tchécoslovaquie, c'était le signe le plus spectaculaire, le plus symbolique, de l'effondrement du rideau de fer. Pour une partie au moins de l'opinion, toute menace grave évanouie, le risque pris par une Suisse sans armée devenait négligeable. La preuve ? En 1983, un Suisse sur trois envisageait toujours la possibilité d'une guerre en Europe ; seule une petite minorité (7 %) y croyait encore en 1989[21]. « L'initiative pour la suppression de l'armée n'est pas un phénomène nouveau, témoignant d'un malaise insondable, affirme l'ancien conseiller fédéral Georges-André Chevallaz. Elle s'inscrit dans un mouvement cyclique d'illusions périodiquement renaissantes, avant 1914, entre les deux guerres, mais sans cesse démenties[22]. » Moins d'un an plus tard, il est vrai, le monde sombrait à nouveau dans une « logique de guerre » à la suite de l'invasion du Koweït par l'Irak de Saddam Hussein[23].

L'autre élément, moins conjoncturel, qui explique la montée de l'antimilitarisme dans l'opinion helvétique, tient à l'évolution des mentalités collectives entamée dans le courant des années 60 en Occident. A la bourse des valeurs, le sentiment patriotique a baissé bien avant que n'interviennent les bouleversements à l'Est, comme en témoigne le tableau suivant[24] :

L'armée est :	**1976**	**1983**	**1988**
Une valeur nationale	48 %	40 %	35 %
Un mal nécessaire	44 %	50 %	37 %
Une institution superflue	6 %	7 %	24 %

Les jeunes générations — celles qui ont eu vingt ans dans l'après-Mai 1968 — n'ont connu que le confort économique et social, la paix et la psychologie de l'épanouissement personnel : elles s'investissent dans la course au bien-être matériel, à moins qu'elles ne préfèrent les valeurs dites postmatérialistes. A coup sûr, elles s'intéressent davantage à la protection de l'environnement qu'à la sauvegarde de l'indépendance du pays. Elles l'ont prouvé lors du scrutin de novembre 1989 : 60 % des votants de 20 à 30 ans ont dit oui à l'initiative pour une Suisse sans armée, 50 % encore dans la catégorie des 30-40 ans. En comparaison, 87 % des plus de 65 ans ont voté contre[25]. Jamais sans doute le fossé des générations n'avait été aussi marqué sur un sujet d'importance nationale.

« Si on avait voté dans les années 20, affirme Gustav Däniker, je suis persuadé que le résultat aurait été bien plus défavorable à l'armée[26]. » L'ancien stratège du Département militaire ne cache pourtant pas sa déception. Même si l'armée suisse est désormais la seule au monde dont l'existence repose réellement sur la volonté du peuple, quelque chose a changé. Comme l'écrivait un chroniqueur au soir du scrutin, depuis le 26 novembre 1989, la Suisse n'est plus une armée, elle se contente d'en avoir une[27].

NOTES ET RÉFÉRENCES

1. *Nouvelle Histoire de la Suisse et des Suisses, op. cit.*, p. 303.
2. *Œuvres complètes, op. cit.*, p. 370, 756 et 792.
3. Jérôme Bodin, *Les Suisses au service de la France, op. cit.*, p. 20 et 55.
4. *Ibid.*, p. 13.
5. *Ibid.*, p. 13 et 14.
6. Roger de Diesbach, *L'Armée*, Lausanne, Mondo, 1988, p. 69.
7. *La Place de la Concorde suisse, op. cit.*, p. 15.
8. Roger de Diesbach, *op. cit.*, p. 12.
9. *Ibid.*, p. 40-41.
10. *Ibid.*, p. 22.
11. José Ribeaud, *Kurt Furgler à cœur ouvert, op. cit.*, p. 84-85.
12. Lors d'un sondage réalisé du 31 août au 7 septembre 1989 auprès d'un échantillon de 1 086 Suisses (*Le Matin*, 11 septembre 1989).
13. *Tribune de Genève*, 21 novembre 1989.
14. *L'Hebdo*, 23 novembre 1989. Il s'agit du contre-amiral Timour

Arkadievitch Gaidar, pourtant critique à l'égard de l'intervention soviétique en Afghanistan et partisan du désarmement engagé entre les deux Grands.

15. *Ibid.*

16. *24 Heures*, 22 novembre 1989.

17. *Schweizerische Beobachter*, 11 mai 1989, *Schweizer Illustrierte*, 16 mai 1989, *Le Matin*, 11 septembre 1989, et *L'Illustré*, 25 octobre 1989.

18. *Yvonand*, Bernard Campiche, 1989.

19. L'article 16 de la Constitution fédérale prévoit expressément la possibilité de recourir à l'armée en cas de troubles intérieurs. Sa dernière application remonte à 1932, à Genève, où les choses ont d'ailleurs mal tourné. Lors d'une manifestation organisée par la gauche, une fusillade fait 13 morts.

20. Trois sondages ont été réalisés immédiatement après le scrutin du 26 novembre 1989. L'enquête MIS Trend auprès d'un échantillon de 557 votants menée pour le compte de la télévision (*24 Heures*, 28 novembre 1989) ; l'enquête VOX effectuée auprès d'un millier de votants (Claude Longchamp, « Analyse de la votation fédérale du 26 novembre 1989 », in *VOX*, n° 38, Berne, GfS et FSP, juin 1990) ; et l'enquête entreprise par Isopublic auprès de 934 Suisses pour le compte du Département militaire fédéral (*Journal de Genève*, 28 mars 1990).

21. Analyse VOX, *op. cit.*

22. *L'Illustré*, 26 juillet 1989.

23. La crise du Golfe a eu un effet relativement faible sur les attitudes à l'égard du maintien de l'armée. Selon un sondage réalisé auprès d'un échantillon de 600 personnes, les Suisses auraient voté en novembre 1990 à peu près comme un an auparavant (*Le Matin*, 26 novembre 1990).

24. Analyse VOX, *op. cit.*

25. *Ibid.*

26. *L'Illustré*, 29 novembre 1989.

27. Michel Perrin, in *24 Heures*, 27 novembre 1989.

CHAPITRE VII

LE FÉDÉRALISME

> La Suisse a réalisé la liberté sur un territoire exigu et son fédéralisme peut paraître le modèle de l'unité européenne et mondiale de demain.
>
> Karl JASPERS

Encore une curiosité : le droit de cité

Petit juif d'Ulm — ce qu'il était à l'origine —, Albert Einstein aurait été refoulé à la frontière helvétique en 1942. Comme beaucoup d'autres. La Suisse encerclée par les armées d'Hitler considérait alors que la barque était pleine. Dans les grandes circonstances, le prix Nobel de physique n'en fait pas moins partie du patrimoine helvétique. Avant d'émigrer aux États-Unis et d'y obtenir la citoyenneté américaine, Einstein avait en effet acquis la nationalité suisse et ses compatriotes de passage rappellent volontiers les étapes de son séjour parmi eux : l'adolescence à Aarau, l'emploi au Bureau des brevets à Berne, l'enseignement à l'École polytechnique de Zurich, et l'ébauche, sous des cieux si propices, de la théorie de la relativité.

On ne compte plus les gloires dont les nations se disputent le mérite au gré des circonstances. La première femme entrée à l'Académie dite française n'est autre que Mme de Crayencour, Belge domiciliée aux États-Unis, devenue célèbre sous le nom de Marguerite Yourcenar. Il arrive même qu'un sportif, immédiatement revendiqué par son pays d'accueil s'il gagne, se retrouve aussitôt d'origine étrangère quand il perd. Mais à ces règles universelles du chauvinisme et de la naturalisation accélérée (« selon que vous serez puissant ou misérable »), la Suisse ajoute, une fois de plus, une curiosité qui lui est propre : le droit de cité. Si vous souhaitez obtenir la nationalité française, peu importe que vous résidiez à Lille, à Paris ou à Bordeaux. Les conditions, les taxes seront les mêmes, et vous deviendrez Français de France. En Suisse, tout change suivant la commune où vous déposez votre demande, et vous finissez, au bout d'une longue procédure, Suisse de Genève, de Lucerne ou de Goumoens-le-Jux (l'équivalent, toutes proportions gardées, de Trifouillis-les-Oies).

Ce sont bien les autorités fédérales qui donnent le feu vert à votre naturalisation. Si vous séjournez dans le pays depuis au moins sept à douze ans (la durée exigée dépend de votre nationalité d'origine) et que vous ne menacez guère l'ordre public ou la sécurité de l'Etat, votre candidature ne pose d'ailleurs aucun problème. Mais cette autorisation ne sert à rien si une commune, puis un canton — en principe, ceux de votre domicile — ne vous reconnaissent pas comme l'un des leurs. Et là, tout change, vraiment, selon l'esprit des lieux. Même si l'on s'arrange partout pour que la formule consacrée « acquérir la nationalité » ne soit pas vidée de son sens (restons en Suisse), le prix à payer varie considérablement d'un endroit à l'autre, dans les proportions non exagérées de 1 à 10 pour un revenu identique. Mais c'est surtout la manière dont vous êtes intégré dans la communauté qui est perçue différemment. Certains cantons n'exigent qu'un séjour symbolique sur leur territoire, d'autres vont jusqu'à réclamer douze ans de domicile, dont plusieurs passés dans la même commune. Certains se contentent de vérifier lors d'un entretien, souvent autour d'un verre, que vous maîtrisez suffisamment le français ou l'allemand, et que vous êtes accoutumé au mode de vie helvétique. Ailleurs, la procédure tourne à l'examen officiel au cours duquel mieux vaut se montrer plus suisse que nature, en connaissant par le menu le fonctionnement des institutions, voire les recettes de la cuisine locale. Dans le canton de Vaud, par exemple, il arrive qu'on attende des étrangères candidates à la naturalisation qu'elles sachent préparer le « papet », spécialité régionale où le poireau est roi.

Les anecdotes ne manquent pas, souvent drôles, parfois choquantes, sur ce rite de passage. Elles ont fourni le meilleur d'un film satirique, *Die Schweizermacher* (*Les Faiseurs de Suisses*), qui a figuré, lors de sa sortie en 1979, au palmarès des records d'entrées dans les salles de cinéma[1]. Preuve d'humour, sans doute. Mais on peut rire d'une habitude et de ses travers sans vouloir en changer. Car le fait de devenir Suisse ne relève pas d'une formalité administrative qui pourrait se dérouler à n'importe quel guichet du pays, de manière presque anonyme ou simplement paperassière. Il dépend d'une délibération de l'assemblée communale, puis du parlement cantonal (voire de la Landsgemeinde), qui vous confèrent le droit de cité. On ne devient pas Suisse par le haut, par le biais d'une adhésion à une vague et lointaine entité nationale. On est Suisse par le bas, par les racines qu'on a héritées ou qu'on s'est faites dans un village, une commune, à tout le moins dans un canton.

L'origine de ce système, sans doute unique au monde aujourd'hui, remonte au mouvement général d'émancipation des communes qui marque l'Europe du Moyen Age. Profitant de l'effet des croisades qui ont appauvri ou décimé les familles des grands seigneurs, les villes se libèrent peu à peu de la féodalité. Elles obtiennent leurs premières franchises, le droit, au moins partiel, de se gouverner elles-mêmes. L'exemple donné, dès 1181, par les communes de Lombardie se répand tout au long du XIIIe siècle en Angleterre, en Allemagne, avant de gagner les Flandres et la Suisse, ou plutôt les pays et cités qui, demain, la formeront. Comme le souligne William Martin, les Suisses ne sont pas cette fois les inventeurs de l'histoire. L'autonomie communale est née, s'est développée d'abord en dehors d'eux. Mais cette idée venue d'ailleurs, le mérite leur revient, après l'avoir acclimatée, de l'avoir fait durer [2]. A la fin du XVIIIe siècle, il ne restait déjà plus en Europe que deux pays fondés sur l'alliance d'États-cités, les Pays-Bas et la Confédération. Tous les autres avaient succombé à la monarchie. Après la Révolution française qui échoua dans sa tentative de propager jusqu'au cœur des Alpes le modèle de l'État unitaire et centralisateur, la Suisse s'est retrouvée seule à cultiver ses différences internes. Ce qui faisait dire à Bonaparte, quelques mois avant de devenir Napoléon, qu'il se jugeait incapable de gouverner les Suisses. « La nature, ajoutait-il à leur intention, a fait votre État fédératif. Vouloir la vaincre n'est pas d'un homme sage [3]. »

Un équilibre précaire

Ce qui frappe toujours l'observateur étranger dans cette diversité de coutumes, de religions, de langues, c'est la remarquable stabilité de l'ensemble, la cohabitation tranquille de communautés qui s'opposent ailleurs, parfois jusqu'à la guerre civile. Alors qu'en Europe même, des vagues d'attentats plus ou moins meurtriers « appuient » les revendications autonomistes des catholiques en Irlande du Nord, des Basques en Espagne, des Corses en France, les Suisses vivent paisiblement, comme le constatait déjà Victor Hugo. L'un des États les plus hétérogènes du continent est aussi l'un des plus stables. Érigé en mythe, ce curieux paradoxe fausse pourtant les regards, en gommant un peu trop les conflits de son histoire, même récente. Des antagonismes durables n'ont jamais cessé de secouer le système helvétique jusque sur les champs de violence. « L'opposition des villes et des campagnes, écrit encore William Martin, était certainement aussi profonde, au XVe siècle, que le fut plus tard celle des catholiques et des protestants, aujourd'hui celle des langues[4]. »

Ponctué de nombreuses jacqueries, le différend villes-campagnes a provoqué un conflit majeur en 1653 : la guerre des Paysans, que plusieurs milliers d'entre eux mènent sous les murs de Berne et de Lucerne. La répression qui s'abat sur eux donne une idée de la peur ressentie par les bourgeois un instant menacés par cette insurrection générale contre l'impôt. Des dizaines d'exécutions capitales sont prononcées, les meneurs sont pendus, décapités, le plus déterminé est écartelé à Berne et ses membres exposés aux quatre points cardinaux. Des centaines de paysans sont condamnés selon les mœurs du temps : les uns aux galères vénitiennes, d'autres à la langue et aux oreilles coupées. Entre les deux sociétés, une sourde hostilité s'est maintenue, au moins localement, jusqu'en plein XIXe. La séparation de Bâle en deux demi-cantons : Ville et Campagne justement, en constitue le dernier avatar. En 1833, les deux parties qui se bravent depuis des années s'affrontent militairement devant Liestal. Le ressentiment des campagnards est tel, qu'après leur victoire, ils refusent de rendre les corps des citadins tués dans la bataille et les jettent dans une fosse commune.

La cruauté n'a pas épargné, on s'en doute, la lutte entre protestants et catholiques. Le réformateur Zwingli, grièvement blessé au combat, est achevé d'un coup de lance avant d'être écartelé, lui aussi, comme traître et brûlé comme hérétique. Une fois par siècle au moins, les deux camps se retrouvent sur le champ de bataille : deux fois à Kappel, en 1529 et 1531, deux fois à Villmergen, en 1656 et 1712. Au début, ce sont les papistes qui l'emportent, mais les protestants finissent par prendre le dessus, en nombre et en puissance. Avec le recul, la guerre du Sonderbund, en 1848, apparaît comme un dernier soubresaut. L'alliance séparée conclue par sept cantons catholiques pour répondre à la montée, partout, des forces radicales et anticléricales, est dissoute à l'issue d'une campagne éclair. Dirigée de main de maître par un ancien des armées napoléoniennes, le général Dufour, elle balaie toute résistance en vingt-cinq jours et, surtout, comme il le souhaitait, sans bain de sang. La plus connue des guerres civiles suisses — parce que la plus récente et parce qu'elle a scellé les bases du régime actuel, de l'État fédéral — a fait 86 morts et 450 blessés.

La proportion des Suisses de confession réformée a régulièrement baissé depuis le début du siècle (61,6 % en 1900, 50,4 % en 1980) au profit des catholiques dont le nombre n'a cependant pas augmenté dans la même mesure (37 % en 1900, 43,6 % en 1980). Aujourd'hui, les deux religions font pratiquement jeu égal au sein de la population, surtout si l'on tient compte des étrangers, venus pour une très large part de pays latins. De toute façon, la chute brutale de la pratique religieuse à partir des années 60 et la recherche de l'œcuménisme ont achevé d'éteindre les querelles entre les deux communautés. Il n'en demeure, ici et là, que quelques frictions épidermiques, à Genève, par exemple, quand l'Église romaine annonce son intention de créer un évêché dans la ville de Calvin.

Pendant des siècles, la Suisse est restée un pays de langue allemande. L'entrée de Fribourg au sein de la Confédération (1481) n'y change pas grand-chose : le canton est bilingue. La conquête du pays de Vaud (1536), pas davantage : ses habitants ne sont que des sujets. C'est plutôt l'alliance avec les rois de France qui répand le français au sein de la classe dirigeante. Et il faut attendre la Révolution pour que les deux langues soient mises sur pied d'égalité en même temps qu'apparaît un embryon de Suisse romande.

Le rapport des forces linguistiques ne s'est pas modifié depuis longtemps au sein de la population. En 1980, 73,5 % des Suisses reconnaissent l'allemand comme langue maternelle, 20,1 % le français, 4,5 % l'italien. A 1 ou 2 % près, ce sont les chiffres du début du siècle. Un seul élément du paysage a changé avec la naissance, en 1978, à l'issue d'un long et douloureux affrontement, d'un nouveau canton francophone. C'est l'affaire du Jura. Tout commence au congrès de Vienne où les grandes puissances, qui redessinent l'Europe après le passage du cyclone Napoléon, rattachent l'ancienne principauté épiscopale au canton de Berne. Sur la carte, le problème est réglé. Sur place, personne n'est content. A défaut d'être indépendants, les Jurassiens souhaitaient devenir Suisses, mais avec le statut de canton à part entière. Pour leur part, les Bernois, qui n'ont pas réclamé ce cadeau, auraient plutôt tendance à le juger empoisonné. Bref, on est mal parti. Par la suite, la ténacité des uns n'aura d'égale que la maladresse des autres.

En 1839, Berne abolit la législation française en vigueur dans le Jura pour imposer la sienne et renvoie dans ses foyers le seul membre jurassien du gouvernement. En 1893, les Jurassiens rejettent, à plus de quatre contre un, la nouvelle Constitution bernoise adoptée, malgré eux, par la majorité des électeurs du canton. Ces amabilités sont marquées, tout au long du siècle, par une série d'interventions des troupes bernoises en territoire jurassien. Elles ne pacifient rien. En 1917, apparaît un comité pour la création d'un canton du Jura qui trouve un député pour faire entendre sa voix au Parlement fédéral. Un moment, pourtant, le conflit peut paraître apaisé. La montée du nazisme et des périls extérieurs, la menace de l'invasion allemande semblent l'avoir étouffé. Mais en 1947, le parlement bernois remet le feu aux poudres en refusant, par deux fois, d'élire un Jurassien de langue française au gouvernement cantonal. Un mouvement né de ce refus, le Rassemblement jurassien, va canaliser les énergies. Manifestations, pétitions, campagnes politiques, mais aussi coups de main et attentats à l'explosif menés par des groupes clandestins, revendiquent inlassablement le droit à l'autodétermination. Il faudra vingt ans de luttes à la limite de la légalité, parfois en dehors d'elle, pour que ce droit soit reconnu ; dix encore, et une cascade de plébiscites, pour qu'il se concrétise [5].

Le 24 septembre 1978, l'ensemble du pays répond à une simple question : « Approuvez-vous la création du canton du Jura ? » Plus de 82 % des votants disent oui, et tous les cantons, y compris celui de Berne. Le lendemain, le *Tages-Anzeiger*, l'un des plus grands quotidiens alémaniques, titre en français : « Vive le Jura ! Vive la Suisse ! » Pour la première fois, il est vrai, un nouveau canton, le vingt-troisième, voit le jour à la suite d'un processus démocratique. Mais la belle unanimité qui se dégage du scrutin contraste avec l'âpreté du conflit qui l'a précédé, quand des autonomistes, impliqués dans des actes que les lois réprouvent, réclamaient l'asile politique à la France ou se réfugiaient en Espagne[6]. Le dialogue avait alors quelque peine à s'instaurer entre une Confédération, dont les représentants s'indignaient de « méthodes qui n'ont plus rien à voir avec la défense d'intérêts légitimes[7] », et un Rassemblement jurassien dont le leader inconstesté, Roland Béguelin, qualifiait la Suisse de « faux témoin[8] ».

L'argument linguistique était le motif le plus apparent, le plus mobilisateur de la crise. Mais, au fond, tout séparait le Jura du canton de Berne. La géographie, comme l'aurait fort bien vu M. de La Palisse ; l'économie dans la mesure où le Jura, en dépit de l'industrie horlogère, demeurait sous-développé par rapport aux normes suisses ; la religion surtout, les Jurassiens du nord étant restés fidèles, malgré la Réforme et le *Kulturkampf*, à la foi catholique. Dans d'autres exemples d'éruptions collectives, on constate la même accumulation de différences, une superposition d'intérêts et de mentalités antagonistes. Dans le canton de Bâle, les campagnards refusaient d'abord la domination économique et politique des citadins. Mais les principaux instigateurs du mouvement séparatiste venaient de la région du Birsek, un pays pauvre et catholique que le congrès de Vienne, encore lui, avait cru devoir rattacher, sans consulter personne, au domaine de la cité protestante. Si la Suisse n'a pas explosé au cours de l'histoire, elle le doit sans doute au fait que cette superposition occasionnelle qui attise les conflits est compensée par une imbrication générale des différences, qui les apaise. A Genève, à Neuchâtel, dans le canton de Vaud, on peut se sentir appartenir à une minorité en étant francophone et se retrouver « majoritaire » en étant protestant. On peut être fribourgeois ou valaisan, et par conséquent catholique, mais parler l'allemand ou le français, souvent les deux. La multitude de ces « frontières » internes, qui donnent à chaque canton sa personnalité propre, a souvent freiné, sinon l'ardeur des passions, au moins la violence des règlements de compte. Ce compartimentage reste l'un des piliers de la stabilité helvétique. L'apparition de nouveaux comportements linguistiques montre cependant à quel point l'équilibre du système demeure précaire.

Le rideau de rösti

Un jour qu'un esprit malin demandait à un futur ambassadeur américain à Berne quelles étaient les langues nationales, en Suisse, le diplomate avait mis les pieds dans le plat, en mentionnant l'anglais. Ce qui est excessif. L'allemand, le français, l'italien et le romanche suffisent pour le moment à son bonheur [9]. La Suisse officielle avait donc fait semblant de n'avoir rien entendu, et le bon peuple avait bien rigolé, comme il s'amuse toujours de ces gentils touristes pressés qui confondent si souvent la Suède et la Suisse, ou Lausanne et Lucerne. Mais ce brave ambassadeur n'était peut-être qu'un homme en avance sur son temps. Imaginez un instant que les Suisses retournent à l'école et qu'ils soient parfaitement libres d'apprendre la deuxième langue de leur choix. Quelle langue choisiraient-ils en priorité ? A cette question qui leur a été posée en automne 1986, la majorité d'entre eux ont répondu sans hésiter : l'anglais [10]. Cette majorité approchait même celle des deux tiers en Suisse romande (65 % des réponses au lieu de 58 % en Suisse alémanique). Dans ces circonstances, seul un petit tiers des Helvètes préféreraient apprendre d'abord, en plus de sa langue maternelle, une deuxième langue nationale. Cette enquête faisait ressortir une autre réalité : en dehors des obligations militaires ou scolaires, près d'un Suisse sur deux ne séjourne jamais dans l'autre partie linguistique du pays.

« Nous avons un problème de communication, avoue un officier au journaliste américain John McPhee, lors d'un exercice de tir. Si les obus se succèdent si lentement, c'est parce que les artilleurs sont suisses allemands... Les observateurs fournissent leurs données en français, langue que les canonniers comprennent mal. De leur côté, les observateurs sont incapables de faire la moindre observation en allemand [11]. » Tous ceux que leurs activités amènent à travailler au-dessus des frontières linguistiques aboutissent au même constat : les contacts profonds, ceux qui ne nécessitent pas le recours à un interprète, sont limités à une minorité de la population. Lors des premières réunions du mouvement écologiste national dont il est l'un des leaders, Laurent Rebeaud découvre qu'une moitié au moins des participants — sur une cinquantaine — ne saisit rien de ce qui se dit dans l'autre langue nationale [12]. On se rapproche de la célèbre boutade : les Suisses s'entendent parce qu'ils ne se comprennent pas.

D'après les sondages, 35 % des Romands ne parlent pas un mot d'allemand et 25 % des Alémaniques ne parlent pas un mot de français [13]. Résultat : quand un Romand rencontre un Alémanique, ou vice versa, *une fois sur quatre*, ils ne peuvent simplement pas communiquer entre eux, à moins de recourir à la chanson de gestes, à l'anglais ou encore au chinois. Si l'on prend la situation inverse, 38 % des habitants des deux principales régions linguistiques du pays parlent couramment ou assez bien la langue de l'autre [14]. Mais cette égalité sur le papier camoufle une réalité moins rose. A Bâle, à Lucerne, à Zurich, tous les Suisses ou presque sont d'origine alémanique (seuls 5 à 6 % de Romands ou de Tessinois s'y sont « expatriés »). A Genève, à Lausanne, à Fribourg, en revanche,

27 % des Suisses sont ou se sentent d'origine alémanique. Et ce sont eux qui viennent gonfler les rangs de la population pouvant prononcer, sans trébucher, plus de deux phrases dans la langue de Goethe. Cette différence tient au fait que de nombreux Suisses allemands s'installent sans problème en Suisse romande et s'y intègrent, alors qu'à de rares exceptions près, les francophones ne se sentent vraiment à l'aise que chez eux.

Deux phénomènes tendent à accroître, au moins psychologiquement, ce « fossé » linguistique. Le premier, propre au pays, vient de l'usage de plus en plus fréquent du dialecte, du *schwyzerdütsch*, comme moyen normal de communication en Suisse alémanique. Le second est plus universel, puisqu'il s'agit de la pratique courante de l'anglais. En Suisse romande, les patois ont disparu. Il n'en demeure que quelques traces dans le langage de tous les jours, des formules locales qui ont le mérite de beaucoup amuser les étrangers, les Français surtout. Le tourisme et la fondue ont fait entrer « caquelon » dans les dictionnaires de Paris, mais il faut bien admettre qu'en Suisse même, le nombre de vocables romands couramment utilisés par la population ne doit guère dépasser septante ou nonante. Vers 1900, les dialectes alémaniques ont bien failli subir le même sort. Les Allemands représentaient plus de 20 % des habitants des grandes villes, le « bon allemand », le *hochdeutsch* faisait des progrès partout, on le voyait déjà tout conquérir. C'est le contraire qui s'est produit. Dès le début du siècle, un mouvement littéraire, parti de Berne, remet le dialecte à l'honneur, en tant qu'élément d'identité culturelle. La prétention nazie de rattacher la Suisse à l'empire germanique n'a fait que renforcer cette tendance, d'ailleurs encouragée pendant ces années noires au nom de la défense spirituelle du pays. Dans les années 60, enfin, le *schwytzerdütsch* l'emporte sur tous les lieux de communication : au travail, en partie en réaction à la présence de nombreux étrangers, Italiens et Espagnols cette fois, qui s'exercent au *hochdeutsch* ; à l'école, sous l'impulsion d'enseignants marqués, même inconsciemment, par les idées antiautoritaires de Mai 1968 ; à la radio et à la télévision, qui se mettent à parler la langue de la vie quotidienne pour mieux s'adapter au public [15]. Le succès de cette réaction n'est guère étonnant. Le brassage de la population et les médias audiovisuels ont peu à peu forgé un *schwytzerdütsch* moyen, compréhensible par tous les Alémaniques, quel que soit leur dialecte cantonal. C'est une langue souple qui assimile facilement les mots nouveaux, et cela compte dans un monde en constant progrès technique, en perpétuel mouvement des modes et des idées. Surtout, ce super-dialecte dispose du réservoir de population minimal pour devenir une langue à part entière. Le nombre des Suisses qui parlent *schwytzerdütsch* n'est pas très éloigné, par exemple, de la population du Danemark ou de la Norvège.

Tout en renforçant la cohésion de ceux qui le parlent, l'usage généralisé, et par bien des côtés sympathique, du dialecte a introduit un cercle vicieux dans les relations entre les diverses communautés linguistiques du pays. Moins on emploie le « bon allemand » dans la vie courante, moins les jeunes Alémaniques l'apprennent réellement, et moins sa connaissance est utile aux Romands et aux Tessinois qui continuent de l'étudier, non sans peine, sur les bancs de l'école. Dans certains milieux, on a fini par surmonter l'obstacle en utilisant un véhicule de plus en plus répandu, mais de fabrication étrangère : l'anglais. Les exigences professionnelles des grandes entreprises ont donné le coup d'envoi, celui de la nécessité. Dans de nombreux domaines scientifiques, en informatique surtout, ou pour des raisons commerciales, pour se faire comprendre sur le plus grand nombre possible de marchés, l'anglais est également indispensable. Chez Swissair ou Nestlé, c'est la langue d'échanges la plus simple entre Zurich et Genève, entre Romands et Alémaniques. Pour ceux qui le pratiquent de toute façon, le « Shakespeare-chewing-gum » tend à devenir, par commodité, le moyen privilégié de communication entre Suisses de cultures différentes. Au sein de telle association nationale, les réunions du comité se déroulent en anglais pour permettre à ses membres, issus des trois régions linguistiques, de se comprendre sans difficulté. Dans les universités romandes, un professeur venu de Zurich donnera sa conférence en anglais s'il ne veut pas décourager les étudiants francophones. En Suisse alémanique, la jeune génération considère souvent le français comme un bagage inutile. Il ne lui ouvre que quelques portes en Suisse romande ou à Paris, alors que l'anglais lui permet de se sentir à l'aise à Londres, à New York, un peu partout dans le monde, y compris en Allemagne où le *schwyzerdütsch* est plutôt mal reçu. Un signe ne trompe pas sur l'ampleur du mouvement : en 1988, dans le but d'atteindre les jeunes, un spot d'information sur le sida est diffusé dans les salles de cinéma, en anglais, et sous-titré en allemand et en français. Cette évolution a d'ailleurs fait écrire à Georges-André Chevallaz, même si l'on est loin d'en être là : « Je ne suis pas sûr que le jour où l'on s'exprimera en anglais au Parlement pour s'y mieux comprendre doive être un jour de gloire pour l'entente confédérale [16]. »

Il est tentant d'apercevoir derrière la barrière des langues un fossé plus large sur le plan culturel, une sorte d'incompatibilité d'humeur, ce que des journalistes facétieux ont appelé le « rideau de rösti ». L'image empruntée aux habitudes culinaires, à cette manière très prisée des Alémaniques d'apprêter les pommes de terre, suggère que ce rideau n'est pas bien méchant, qu'il marque surtout un changement des mentalités. Certes, une frontière existe. Elle détermine le comportement du Suisse moyen dans sa façon d'être à table, au lit, au travail, dans ses rapports avec les autres ou avec l'argent. Dans la vie de tous les jours, l'Alémanique se montre généralement plus enthousiaste dans l'effort, plus conformiste, plus économe. A l'inverse, le Romand se révèle souvent plus avide de plaisirs, plus rebelle à l'autorité, plus ouvert sur le monde [17]. Cette rupture psychologique apparaît parfois sur la carte électorale, le soir des votations. En quelques années, les Romands ont rejeté en bloc l'obligation légale de porter la ceinture de sécurité (1980), la vignette autoroutière (1984), les limitations de vitesse sur les routes (1989), alors que les Alémaniques ont accepté en masse toutes ces mesures et les ont démocratiquement imposées en fonction du rapport des forces. Au volant, manifestement, les Suisses se croisent plus souvent qu'ils ne se rencontrent. Mais les circonstances où le pays se retrouve unanime sont encore plus nombreuses et portent souvent sur des questions importantes, à l'exemple du refus d'entrer à l'ONU (1986) ou du maintien du secret bancaire (1984). « De notre point de vue de Français de France, écrivait André Siegfried, en parlant des Romands, ces Latins nous paraissent justement avoir, eux aussi, les qualités d'ordre et de sérieux qu'on leur dénie. C'est donc avec une sorte d'indulgence que la Suisse allemande admet leur prétendu désordre (tout relatif évidemment), leur ingéniosité (qui ne peut vraiment nous apparaître bien coupable) à se soustraire à la rigueur des règlements bernois, leur goût oiseux des idées générales et des grands principes [18]. » Une forte proportion des Suisses eux-mêmes (près de 44 % d'entre eux) reconnaissent l'existence d'un fossé économique et culturel entre les régions linguistiques. La perception d'un clivage augmente avec le sentiment d'appartenir à la minorité : 50 % des Romands, 70 % des Tessinois le ressentent. Mais pour la majorité des Alémaniques, ces différences demeurent occasionnelles [19]. En reprenant l'idée chère à Denis de Rougemont selon laquelle le fédéralisme ressemble à un mariage, et qu'un bon mariage ne suppose pas que l'homme se féminise et vice versa [20], on peut assimiler certains week-ends de votations fédérales aux disputes inévitables au sein d'un couple. Il ne faut pas les négliger, mais elles ne se terminent pas nécessairement par un divorce.

Le refus de l'uniforme

Les Suisses devraient-ils au moins changer de régime matrimonial, renoncer au fédéralisme ou l'adapter sérieusement aux circonstances ? Certains changements s'enracinent d'eux-mêmes jusque dans les menus détails de la vie quotidienne. La rentrée scolaire, par exemple, longtemps fixée de manière disparate, au printemps dans certains cantons, après l'été dans d'autres, est désormais unifiée dans l'ensemble du pays : à la fin du mois d'août. La diversité des traditions ne cadrait manifestement plus avec les besoins d'une population devenue plus mobile. Changer de canton de domicile, situation fréquente aujourd'hui au cours d'une vie active, perturbait trop souvent la scolarité des enfants [21]. Dans d'autres cas, l'évolution n'a fait qu'un bout du chemin, et le fédéralisme semble avoir un petit vélo qui tourne dans sa tête. Littéralement, parfois, comme en témoigne la taxe qui frappe la possession d'une bicyclette. Jusqu'en 1989, la souveraineté cantonale régnait totalement sur les deux-roues sans moteur. Une petite plaque métallique, distribuée par l'administration locale, marquée des armoiries cantonales et fixée sur le véhicule, apportait la preuve que son usager s'était mis en règle, moyennant finance, avec l'État. Depuis, une banale vignette autocollante a pris sa place, qui ne comporte aucun signe distinctif cantonal. Elle est identique pour toute la Suisse, y compris pour les vélos de femme appenzellois, et elle est disponible dans n'importe quel bureau de poste de la régie — fédérale — des PTT. Seul résidu du passé : son prix, au demeurant modeste, varie du simple au quadruple, selon que vous l'achetez à Delémont, dans le Jura, ou à Zoug, en Suisse centrale. Malgré toutes les apparences, il s'agit toujours d'une taxe cantonale.

Ce fédéralisme-là n'a sans doute plus grand sens, même s'il n'est pas typiquement suisse. On rencontre aux États-Unis des comtés où la vente d'alcool est interdite alors qu'à dix kilomètres — obstacle négligeable en voiture — l'habitant peut s'approvisionner librement. Il s'en faut cependant de beaucoup, en superficie comme en population, pour que la Suisse entière atteigne les dimensions de la plupart des États américains. Même à l'échelle du continent européen, les cantons paraissent dérisoires. Il en existe vingt-trois sur un territoire grand comme cinq fois la Corse. Il faudrait plus de treize Suisse pour faire une France. L'échelon cantonal n'est plus à la mesure de nombreux problèmes : énergie, transports, recherche, formation, etc. Impossible de les résoudre, à tout le moins de les gérer, sans en confier le soin, pour une bonne part, au pouvoir fédéral. Progresser dans ce domaine revient à accorder à Berne des moyens légaux et financiers toujours plus grands, c'est-à-dire à uniformiser et à centraliser. Dans les services et l'industrie, les règles du marché aboutissent d'ailleurs au même résultat, sauf qu'en matière économique, les centres de décision se concentrent surtout à Zurich et à Bâle. Sous cet angle, le fédéralisme est entré en déclin depuis longtemps. Cela ne l'empêche nullement de demeurer vivant sous d'autres formes. Et vivace. On l'a vu avec la création du canton du Jura ; on le voit dans la persistance des réflexes locaux. « Il est vrai, constate Alain Pichard, que l'intensité du sentiment cantonal varie selon les endroits ; très fort dans les régions alpines, au Tessin, dans le Jura, en Appenzell. Il est nettement atténué dans les plaines argoviennes ou dans la métropole zurichoise. L'urbanisation tend bien sûr à éroder quelques particularismes. Mais l'on n'est pas moins surpris de constater à quel point les cantons parviennent à maintenir leurs traditions politiques à travers de considérables brassages de population[22]. » C'est ainsi que l'un des grands courants nationaux, le mouvement démocrate-chrétien, n'existe pas dans tous les cantons. Il est absent à Neuchâtel, par exemple, et bien peu présent à Berne ou à Lausanne. A l'inverse, les libéraux, qui ne comptent guère sur le plan fédéral, jouent un rôle important à Bâle, à Genève et dans le canton de Vaud. Si les institutions cantonales se ressemblent étrangement — de l'exécutif collégial élu par le peuple à une pratique élargie de la démocratie directe — le puzzle des partis est réellement différent d'un canton à l'autre.

Cette évolution apparemment contradictoire — déclin d'une part, vitalité de l'autre — tient au moins en partie au principe même du fédéralisme. Quand on essaie de le définir, on en revient toujours à l'image d'une tension entre deux pôles, d'une dialectique constante entre la volonté d'autonomie des parties, ici les cantons, et la nécessité de l'union au profit d'un pouvoir central. Mais ce « jeu » n'a de sens que si l'on s'unit pour rester différents[23], et c'est dans cet esprit que la Constitution suisse en fixe les règles élémentaires :

1. *L'égalité des inégaux à tous les niveaux du pouvoir fédéral.* Le poids démographique des cantons, par exemple, varie de 1 à 30. Peu importe. Au gouvernement, aucun d'entre eux ne peut compter plus d'un ressortissant sur les sept membres qui le composent. Au Parlement, les deux Chambres, le Conseil national (dont les 200 députés représentent l'ensemble du corps électoral) et le Conseil des États (où chaque canton dispose de deux voix) ont exactement les mêmes attributions, aucune des deux ne peut l'emporter sur l'autre en cas de divergence. Et lors du recours à la démocratie directe, tout projet important, en tout cas toute modification de la Constitution, doit recueillir la double majorité du peuple et des cantons.

2. *La délégation expresse des compétences à la Confédération*[24]. En d'autres termes, les cantons exercent tous les pouvoirs qui ne sont pas formellement confiés à l'État fédéral. Dans les faits, il n'existe pratiquement plus de domaine où Berne ne dispose, d'une manière ou d'une autre, du droit d'intervenir. Malgré cela, les cantons conservent un rôle actif aux deux bouts de la chaîne : dans l'évolution progressive de la loi quand la majorité n'est pas encore acquise au changement, et dans la diversité de son application quand des minorités importantes renâclent à adopter les nouvelles normes. Exemples. Le 7 février 1971, la Suisse est le dernier pays d'Europe, à part le Liechtenstein, à introduire le droit de vote des femmes. L'innovation est acceptée par 65,7 % des votants et la plupart des cantons. Douze ans plus tôt, le 1er février 1959, les Suisses avaient pourtant refusé cette réforme à la même majorité des deux tiers : 66,9 % de non. L'inversion complète

de la tendance en une décennie s'explique bien sûr par les modifications considérables de mentalités constatées partout en Occident dans les années 60. Mais les structures fédérales ont au minimum servi de soutien à l'évolution survenue d'un scrutin à l'autre. Dès 1959, Vaud et Neuchâtel accordent le droit de vote aux femmes sur le plan cantonal, bientôt rejoints par Genève, en 1960. Tous les cantons romands et le Tessin suivent peu à peu cet exemple, le Valais en dernier, en 1970. En Suisse alémanique, Bâle-Ville en 1966, Bâle-Campagne, un an plus tard, amorcent le même mouvement, qui gagne ensuite Lucerne, Zurich, Soleure, etc. L'affaire est mûre quand intervient le vote fédéral de février 1971.

A l'inverse, le fédéralisme permet aux cantons d'adapter l'application des lois aux circonstances locales ou à l'esprit des lieux. En 1989, le corps électoral entérine — par 62 % des suffrages exprimés sur le plan national — les limitations de vitesse en vigueur depuis plusieurs années : 80 km/h sur les routes, 120 km/h sur les autoroutes. Mais tous les cantons romands et le Tessin auraient préféré des limites moins contraignantes (respectivement 100 et 130 km/h). La circulation s'en ressent selon les régions du pays, et surtout la manière dont les contrôles sont effectués. Un conseiller d'État vaudois, responsable de la police de son canton, a provoqué quelques remous, après la votation, en déclarant publiquement que seules les vitesses supérieures à 137 km/h pouvaient être concrètement réprimées sur les autoroutes. Difficile, dans cette fonction, d'indiquer plus clairement le seuil de tolérance.

Ce « déficit d'exécution » des lois, comme l'appellent les spécialistes, touche évidemment d'autres domaines, de l'avortement plus ou moins libéralisé selon les cantons (il reste théoriquement interdit sauf si la santé de la mère est en danger) à l'aménagement du territoire plus ou moins bien respecté. Les inconvénients d'un tel système existent dès l'instant où la nécessité d'une disposition est manifestement démontrée. Il présente cependant l'avantage de laisser au corps social une certaine souplesse et de faire dépendre l'élasticité du droit, auquel les États unitaires n'échappent pas, des mentalités collectives plutôt que des privilèges individuels. On retrouve ici les rapports souvent cachés qu'entretiennent les piliers traditionnels de l'équilibre helvétique, le fédéralisme comme la neutralité, avec le principe démocratique de base.

Notes et références

1. Si l'on veut en savoir plus sur les particularités de la naturalisation en Suisse, voir les textes réunis par Pierre Centlivres, in *Devenir Suisse, adhésion et diversité culturelle des étrangers en Suisse*, Georg, Genève, 1990.

2. *Histoire de la Suisse, op. cit.*, p. 24-26.

3. Sur l'état d'esprit qui a conduit à l'Acte de médiation en 1803, et à la fin de la République helvétique honnie des Suisses, voir Auguste Verdeil, *Histoire du canton de Vaud*, Lausanne, 1854, t. III, p. 436-479.

4. *Op. cit.*, p. 74.

5. *Nouvelle Histoire de la Suisse et des Suisses, op. cit.*, p. 878-882.

6. Un exemple : le 21 octobre 1966, *France-Soir* titre, à la une : « Un Suisse demande l'asile politique à la France ! » Il s'agit de Jean Hennin, inculpé d'incendies et d'attentat perpétrés au nom du Front de libération du Jura.

7. Réaction du président de la Confédération Ludwig von Moos en août 1964 (*Chronique et images*, vol. 9, *La Suisse en 1963-1964-1965*, Lausanne, Eiselé, 1987, p. 179). Les milieux séparatistes venaient de perturber sérieusement la commémoration de la mobilisation de 1939 dans le Jura. Le conseiller fédéral Paul Chaudet avait même été molesté.

8. *Op. cit.* Le 12 septembre 1971, Roland Béguelin, qui a toujours affirmé prôner l'action dans la légalité, déclare devant 40 000 personnes réunies pour la Fête du peuple jurassien : « La coupe est pleine. Nous n'avons plus rien à vous dire. Rendez-vous sur le terrain. » (*Chronique et images*, vol. 11, *La Suisse en 1969-1970-1971*, Lausanne, Eiselé, 1988, p. 264).

9. Seules les trois premières sont également langues officielles.

10. *Die Weltwoche*, 15 janvier 1987.

11. *La Place de la Concorde suisse, op. cit.*, p. 27-28.
12. *La Suisse verte*, Lausanne, L'Age d'homme, 1987, p. 76.
13. *24 Heures*, 11 mai 1987.
14. *Die Weltwoche*, 15 janvier 1987.
15. Roland Ris, « L'évolution linguistique en Suisse alémanique et son impact en Suisse romande », in *Union et division des Suisses* (sous la direction de Pierre du Bois), Lausanne, L'Aire, 1983, p. 165-184.
16. *Union et division des Suisses, op. cit.*, p. 141.
17. Fabien Dunand, *op. cit.*, p. 230-231.
18. *La Suisse, démocratie témoin, op. cit.*, p. 76-77.
19. Enquête de l'institut Isopublic menée de novembre 1988 à février 1989 pour le compte du Département de sciences politiques de l'université de Genève (*Tribune de Genève* et *Journal de Genève*, 24 mai 1989).
20. Denis de Rougemont, *La Suisse ou l'histoire d'un peuple heureux*, p. 98.
21. Cette uniformisation a été introduite à la suite d'une votation populaire.
22. *La Suisse dans tous ses États*, Lausanne, 24 Heures, 1987, p. 8.
23. Denis de Rougemont, *La Suisse ou l'histoire d'un peuple heureux*, p. 49, et Laurent Rebeaud, *La Suisse, une démocratie en panne, op. cit.*, p. 94.
24. Curieusement, les Suisses continuent d'appeler Confédération un État fédéral institué en 1848, mais qualifient de « fédéralistes » ceux qui s'opposent au développement du pouvoir central. Ailleurs, au Canada ou aux États-Unis par exemple, ce terme désigne au contraire les partisans du renforcement de l'État fédéral.

CHAPITRE VIII

LA NEUTRALITÉ

> Notre temps appelle un nouvel équilibre entre deux exigences légitimes : la neutralité et l'universalité de notre politique extérieure.
>
> Edgar BONJOUR

Vous êtes neutres ? Alors vous êtes pleutres ! Les Suisses se sont vu si souvent reprocher de ne pas faire la guerre comme tout le monde qu'il arrive à leur ministre des Affaires étrangères de se croire courageux le jour où, simplement, il prend une décision inattendue. Après l'invasion du Koweit par l'Irak, en été 1990, la Suisse s'est ralliée très rapidement à l'embargo décrété par l'ONU contre Bagdad. C'était une première dans l'histoire de la neutralité helvétique. Jusque-là, Berne s'était toujours contentée de maintenir à leur niveau antérieur les échanges entretenus avec un État condamné par la communauté internationale, que ce soit la Rhodésie de Ian Smith, l'Afrique du Sud de l'apartheid ou l'Italie de Mussolini. La décision de s'associer sans réserve aux sanctions économiques contre l'Irak brisait avec la tradition mais on pouvait aisément le justifier. De toute évidence, le gouvernement était assuré du soutien de l'opinion. Pour des raisons bien compréhensibles, les Suisses ont toujours manifesté une sympathie spontanée à l'égard des petits pays agressés par un puissant voisin : la Belgique en 1914, la Finlande en 1940, la

Hongrie en 1956. Jamais, surtout, la réprobation d'un acte d'agression n'avait été aussi unanime. De Washington à Moscou, au Conseil de sécurité des Nations Unies, et même chez les pays frères, le geste de Saddam Hussein n'obtenait aucun appui de poids. L'Irak se retrouvait seul, dans ce conflit, contre le reste du monde. Face à une situation aussi exceptionnelle, l'attitude de la Suisse pouvait prendre une direction nouvelle ; il suffisait de l'expliquer, en termes de réalisme politique. Au lieu de cela, le ministre des Affaires étrangères, René Felber, a voulu faire des effets de manche, il en a rajouté. Ne pas décréter des sanctions économiques contre Bagdad, a-t-il lancé aux journalistes le 7 août 1990, aurait été de la part de la Suisse « un aveu de faiblesse et de lâcheté [1] ». En utilisant une telle formule, le chef de la diplomatie helvétique semblait reprendre à son compte le reproche fréquemment adressé à son pays : neutre = pleutre. C'était une faute et une erreur. La neutralité en soi n'a rien d'une tare morale ou d'une maladie honteuse. Un homme de la trempe du général de Gaulle l'avait fort bien compris. Dans le discours de Phnom Penh, que l'on donne souvent en exemple de sa clairvoyance, l'ancien résistant n'hésitait pas à féliciter le Cambodge d'avoir choisi « avec courage et lucidité la politique de la neutralité (...) qui aurait seule pu épargner à l'Indochine de devenir un terrain d'affrontements pour les dominations et idéologies rivales ». C'est pourquoi, ajoutait-il, votre pays est parvenu à « sauvegarder son corps et son âme [2] ». Autrement dit, la neutralité n'est pas un précepte moral, c'est un choix politique, dont on peut toujours se demander, selon les circonstances, s'il est possible et s'il est utile.

Rester assis : une attitude imposée par les circonstances

Les Suisses ont la réputation de gens tranquilles qui vont leur train de sénateur. Faut-il y voir une coïncidence ? Les documents historiques les plus anciens qui évoquent la notion de neutralité utilisent une formule familière en allemand : « *Stille sitzen* ». Ce qui veut dire rester sagement assis quand le ton monte et que l'orage éclate. Plus sérieusement, la chose est au moins aussi ancienne que le mot, qui apparaît pour la première fois en 1536. Mais rien ne serait plus faux que de concevoir la neutralité suisse comme issue d'un seul coup, et tout entière, d'une décision prise un jour par quelque visionnaire. Elle est, bien au contraire, le résultat d'une longue évolution et d'un faisceau de circonstances qui en ont fait peu à peu une nécessité nationale.

La défaite de Marignan, si cruelle pour les Suisses qui laissèrent 12 000 morts sur le terrain, a sans doute provoqué, comme on dirait aujourd'hui, une prise de conscience. A titre de comparaison, l'engagement américain au Viêt-nam a coûté la vie à 56 000 hommes en douze ans, et l'armée Rouge a perdu officiellement 13 800 soldats en quelques années d'Afghanistan[3]. Mais l'onde de choc engendrée par la victoire de François Ier ne se limitait pas au nombre des victimes. Depuis deux siècles, l'infanterie helvétique était devenue la reine des batailles au centre de l'Europe. Ses fameux carrés hérissés de hallebardes n'avaient cessé de bousculer les princes, faisant reculer les Habsbourg au nord et à l'est, réduisant à néant le rêve de Charles le Téméraire de reconstruire une Lotharingie à l'ouest. Marignan, c'était la fin, brutale, de cette hégémonie, un coup d'arrêt retentissant porté aux désirs plus ou moins confus d'expansion.

La leçon était rude ; elle n'aurait peut-être pas suffi si d'autres facteurs n'avaient contribué en même temps à limiter les ambitions helvétiques. Pour maintenir sa force de frappe militaire et en faire l'instrument d'une politique de puissance, la Confédération aurait dû s'unir davantage, trahir au fond la raison même de son existence : la sauvegarde de la souveraineté des cantons, pays et cités, qui la composaient. « Tout État qui s'est décidé à pratiquer une politique étrangère fondée sur la force, constate Edgar Bonjour, a dû commencer par assurer sa cohésion à l'intérieur. Il en a été ainsi pour la France de la Révolution et les États dictatoriaux du XXe siècle. Pour les confédérés de la fin du Moyen Age, cela aurait signifié : renoncer au principe primordial de l'alliance, supprimer des autonomies cantonales ou communales, autrement dit : sacrifier tout ce qui était considéré comme constituant la liberté suisse... Entre la liberté et la neutralité à la manière suisse, il y a comme une affinité secrète[4]. »

L'échec de l'intervention en Italie venait aussi confirmer l'enseignement de Nicolas de Flue (1417-1487). Ce contemporain de Jeanne d'Arc a largement contribué, comme la Pucelle d'Orléans en France, à l'ébauche d'un esprit national. Devenu ermite après avoir été magistrat dans sa commune, à Sachseln, dans le demi-canton d'Obwald, il est généralement considéré comme le premier patriote suisse. Mais si la bergère de Domrémy s'était donné pour tâche de bouter les Anglais hors de France, frère Nicolas s'est surtout employé à calmer les ardeurs guerrières de ses compatriotes. On lui doit d'avoir vraisemblablement sauvé le pays d'une guerre civile, en 1481, par le seul bienfait de sa médiation, et d'avoir laissé un message de prudence et de pondération : « N'élargissez pas trop la clôture, disait-il, ne vous embarrassez pas des affaires d'autrui. » En admettant même que ces petites phrases n'aient pas été prononcées telles quelles, c'est bien le sens des conseils qui ont été retenus par les témoins de son temps. Dans ses *Annales de Hirsau*, rédigées entre 1511 et 1513, à quelques mois de la bataille de Marignan, Jean de Trittenheim attribue cette prophétie à Nicolas de Flue : « Si vous restez dans vos frontières, personne ne vous battra jamais mais vous serez à toute époque plus forts que tous vos adversaires, et vous les vaincrez. Mais si, séduits par la cupidité et par la passion de dominer, vous commencez à dilater votre empire par le monde, votre force vous abandonnera bientôt[5]. » Le désastre survenu dans l'aventure italienne ne pouvait qu'accréditer la valeur de cette prédiction aux yeux de toute une génération.

Cette idée encore vague de ne pas se mêler des affaires d'autrui, les querelles confessionnelles nées de la Réforme vont en faire une condition de survie. Car très vite, les guerres de religion ont menacé la Confédération d'éclatement. Par deux fois, protestants et catholiques suisses se sont retrouvés face à face sur le champ de bataille, à Kappel, où le réformateur zurichois, Ulrich Zwingli, a d'ailleurs trouvé la mort en 1531. Mais la « paix » revenue, la dispute n'a pas cessé dans les bailliages communs, ces territoires sous tutelle que les cantons étaient censés administrer ensemble, et l'équilibre des forces demeurait précaire entre les deux confessions. Chacun des camps en présence ne cherchait qu'à s'assurer l'appui de l'extérieur, les protestants auprès de la France ou des princes allemands selon les circonstances, les catholiques auprès du pape, du roi d'Espagne ou même des Habsbourg. La tension était si vive, le jeu des alliances séparées si compliqué que toute participation à une guerre en Europe se serait transformée à coup sûr en guerre civile. Pour préserver la paix intérieure, il n'y avait plus désormais qu'une seule politique étrangère concevable : la neutralité.

Dès le début du XVIe siècle, toutes les conditions sont ainsi réunies pour que cette politique s'inscrive dans les faits. C'est à cette époque, par exemple, qu'apparaît une clause originale dans les traités conclus avec les cantons nouvellement admis dans la Confédération (Bâle, Schaffhouse, Appenzell), qui leur fait obligation de « rester tranquilles » dans les conflits internes, de n'aider aucune des parties sinon toutes à trouver un accord. Et en 1546, déjà, lorsque les guerres de religion éclatent dans l'Empire, la Suisse se proclame neutre sur le plan militaire. Mais il faudra attendre 1674, à l'occasion de la conquête de la Franche-Comté par la France, pour que la neutralité devienne une maxime d'État, et 1815, avec le traité de Vienne, pour qu'elle soit formellement reconnue sur le plan international.

Les Suisses restent assis, les fauteuils changent de style

Manifestement imposée par les circonstances, la neutralité helvétique s'y est constamment adaptée. Au point qu'on imagine mal aujourd'hui qu'un État belligérant puisse invoquer, en toute bonne foi, le droit de passage de ses troupes sur le territoire d'un pays neutre. C'est pourtant ce qui se pratiquait encore au XVIIe siècle, et les Suisses en firent la cruelle expérience pendant la guerre de Trente Ans. Ce qui les amena d'abord à inviter les armées étrangères à passer ailleurs pour rejoindre les champs de bataille, puis à prendre les premières mesures militaires, connues sous le nom de Defensional de Wyl (1647), pour faire respecter leur volonté.

On comprend mal aussi, de nos jours, que le service mercenaire ait été jugé compatible avec la neutralité. C'est pourtant ce qui se prolongea jusqu'en 1859, et sans poser de problèmes pendant des siècles ni à la majorité des Suisses ni à l'ensemble des souverains européens. Il y eut bien ici ou là, surtout à l'époque de la Réforme, avec Ulrich Zwingli à Zurich ou Thomas More en Angleterre, des consciences pour protester contre cette pratique. Mais elle était trop nécessaire à l'économie des cantons et trop utile aux armées des princes pour disparaître avant que les guerres nationales nées de la Révolution française n'aient modifié l'ordre des choses et surtout la manière de les voir. Edgar Bonjour écrit même que « l'ancienne Confédération put maintenir sa neutralité, non pas en dépit du fait qu'elle fournissait des mercenaires, mais précisément à cause de cela. Mettre des soldats à disposition était la condition que devait remplir la Suisse pour que l'étranger lui reconnût son statut privilégié d'État neutre[6] ».

On semble même oublier parfois qu'ayant elle-même inventé, puis perfectionné la neutralité pour la rendre plus crédible, en se dotant d'une défense, en renonçant au service mercenaire, en tentant d'équilibrer ses échanges commerciaux avec les États belligérants lors d'un conflit, la Suisse finit par renoncer partiellement à son statut pour faire son entrée dans la Société des Nations. Au lendemain de la Première Guerre mondiale (qu'on appelait à l'époque — chose significative — la « der des ders »), un fort courant d'opinion voyait dans cette organisation internationale le moyen d'assurer efficacement la sécurité et la paix. La Suisse pouvait difficilement se tenir à l'écart du mouvement, d'autant que la SDN souhaitait s'installer à Genève. Elle décida donc d'y adhérer, lors d'une votation populaire, le 16 mai 1920, par 414 000 oui contre 322 937 non. Les opposants l'emportaient malgré tout dans dix cantons et demi sur vingt-deux.

En fait, la Suisse venait d'abandonner sa politique de neutralité intégrale. Certes, le traité de Versailles et le conseil de la SDN avaient reconnu la neutralité perpétuelle de la Confédération et son rôle dans la sauvegarde de la paix. Mais en adhérant à l'organisation de Genève, la Suisse s'engageait à prendre part à d'éventuelles sanctions économiques. Ce qu'elle dût faire, d'ailleurs, en 1935, quand la SDN décréta le blocus de l'Italie pour punir Mussolini de son agression en Abyssinie. A cette date déjà, l'organisation internationale était moribonde : les États-Unis n'étaient jamais venus, Hitler avait claqué la porte, l'Italie s'apprêtait à faire de même, et l'esprit de Genève n'avait empêché aucun conflit ni provoqué aucun désarmement. Mais il fallut l'annexion de l'Autriche par Hitler, l'Anschluss, et cette preuve supplémentaire d'impuissance, pour que la Suisse manifeste la volonté de revenir à la neutralité intégrale. Le conseil de la SDN lui donna satisfaction le 14 mai 1938. L'intermède avait duré dix-huit ans, presque jour pour jour.

La mauvaise réputation

Pour l'étranger, la Suisse est neutre comme le chocolat est suisse, l'un ne va pas sans l'autre. Mais si personne ou presque ne conteste l'excellence des chocolatiers helvétiques, la neutralité a toujours suscité les plus sérieuses réserves, même de la part des États qui prétendaient officiellement la reconnaître et la garantir. A la fin de la Seconde Guerre mondiale, sa réputation était même franchement odieuse.

Pour atténuer cette fâcheuse certitude, on cite souvent le télégramme que Winston Churchill adressa à Eden, son ministre des Affaires étrangères, à la veille de Yalta : « La Suisse, écrivait-il, est de tous les pays neutres, celui qui a le plus grand droit à un traitement spécial... Il importe peu qu'elle ait été en mesure de nous accorder les avantages commerciaux que nous attendions ou que, pour assurer son existence, elle ait trop donné à l'Allemagne. Elle a été un État démocratique, qui, dans ses montagnes, a lutté pour sa liberté et son indépendance et qui, en dépit de son appartenance ethnique, a pris largement parti pour nous sur le plan moral[7]. » Mais cette position (qui laisse entendre malgré tout que la Suisse a trop donné à l'Allemagne) avait pour objectif immédiat de faire pièce aux projets de Staline en Europe centrale. Le « petit père des peuples » qui qualifiait volontiers les Suisses de « pourceaux » avait déjà proposé aux Alliés d'envahir la Confédération pour prendre la ligne Siegfried à revers et le Premier ministre de Sa Majesté ne tenait pas à faire naître à Moscou de plus grands appétits.

Ce télégramme n'enlève rien à l'appel lancé par le même Churchill, en janvier 1940, dans lequel il demandait à tous les pays neutres en Europe de se ranger aux côtés des Alliés. Car en combattant Hitler, Londres et Paris estimaient défendre le droit et la liberté de tous les peuples. La neutralité dans un tel conflit leur paraissait inacceptable sur le plan moral, comme impraticable à la longue. Tous les adversaires de l'Allemagne se rangèrent d'ailleurs à cet avis et le firent bruyamment savoir dès que la victoire sembla à leur portée. En avril 1944, le secrétaire d'État américain, Cordell Hull, le déclarait sans ambages en s'en prenant directement aux pays neutres : « Nous ne pouvons admettre plus longtemps que ces nations tirent des ressources du monde allié, lorsqu'en même temps elles contribuent à la mort de nos soldats dont le sacrifice contribue à leur salut comme au nôtre... Nous ne faisons que leur demander avec insistance de cesser d'aider notre ennemi[8]. » Quelques mois plus tard, en novembre 1944, la *Pravda* se lançait à son tour dans les récriminations en reprochant à la Suisse d'avoir maintenu ses échanges commerciaux avec l'Allemagne nazie, de lui avoir accordé des crédits, livré des vivres et du bétail, et surtout de lui avoir vendu des armes, dont le journal soviétique fournissait une liste établie par ses soins pour les années 1942 et 1943[9]. L'opinion dominante chez les Alliés était alors que la Suisse avait profité plus ou moins cyniquement de la guerre et contribué, par un comportement hypocrite, à sa prolongation.

Il n'est pas question de faire ici, une fois de plus, le récit consciencieusement impartial des relations entre la Suisse et les puissances de l'Axe. Comme dans tous les pays d'Europe occidentale, des Suisses se réclamaient du fascisme et du nazisme. Face à la double pression intérieure et extérieure, des erreurs, des maladresses et de lamentables lâchetés ont été commises. La pire de toutes concerne le sort des juifs pourchassés par les nazis que la Suisse finit par ne plus accepter qu'au compte-gouttes, puis plus du tout, en sachant pertinemment qu'elle les envoyait à la mort. Tout cela étant malheureusement établi, la Suisse ne manquait pourtant pas d'arguments pour plaider la cause de sa neutralité.

Les reproches que les Alliés lui adressaient, elle les avait déjà entendus de la part de l'Allemagne hitlérienne qui rêvait de réunir tous les cousins germains à l'intérieur du grand Reich. La presse nazie s'était régulièrement déchaînée contre la neutralité helvétique qu'elle taxait, selon son humeur, de tare morale ou de décadence. Pendant des années, Berlin avait caricaturé la volonté de résistance affichée par les Suisses, la qualifiant de « chimère de paysans », auxquels la race des seigneurs réglerait d'ailleurs leur compte, le moment venu. Avec le recul, l'insulte valait un compliment.

Avant que ne retentisse la sinistre formule : « La barque est pleine », et même après, la Suisse a accueilli des milliers de réfugiés (jusqu'à plus de 100 000 vers la fin de 1944) dont la reconnaissance s'est longtemps manifestée après la guerre. Pour ne citer qu'un exemple, deux frères du chef de la France combattante, Xavier et Pierre de Gaulle, s'étaient réfugiés en Suisse en novembre 1942, au moment de l'occupation de la zone libre par les forces allemandes. Sous le faux nom de Leconte, ils vécurent la fin de la guerre à Nyon, en toute tranquillité. La Suisse était donc fréquentable.

De leur côté, les pays qui condamnaient désormais sans nuances la neutralité helvétique n'étaient pas au-dessus de tout soupçon. La France venait de prôner pendant quatre ans la collaboration avec Hitler et l'on prétendait même, non sans vraisemblance, que le régime de Vichy s'était vu promettre la Suisse romande en échange de sa bonne volonté. Pour leur part, les États-Unis s'étaient d'abord proclamés neutres, alors que leur politique à l'issue de la Première Guerre mondiale avait largement contribué au déclenchement de la Seconde. Sans l'agression japonaise de Pearl Harbor, leur isolationnisme aurait d'ailleurs survécu de longs mois encore. Quant à l'Union soviétique, elle avait carrément pactisé avec l'Allemagne nazie, en août 1939, pour s'emparer des pays baltes et d'un morceau de Pologne, et commercer sans entraves avec Berlin quand la Wermacht écrasait la France ou que la Luftwaffe pilonnait l'Angleterre. Peu d'États pouvaient prétendre à donner des leçons.

Mais au-dessus des contingences et de la raison d'État, il y avait surtout un principe clairement établi. La Suisse ne s'était pas déclarée neutre pour des motifs d'opportunité, par commodité ou pour profiter de la situation. Elle l'était en application d'une politique constante depuis des siècles, reconnue par le droit international et garantie par les puissances. Son action n'avait en rien visé l'enrichissement du pays, mais le maintien de sa sécurité, et elle avait accepté d'en payer le prix. La Suisse avait vécu sur le pied de guerre, maintenu en alerte une armée nombreuse, imposé à la population des privations, qui, sans égaler les souffrances physiques et morales endurées par les autres pays européens, n'en étaient pas moins réelles.

Aucun de ces arguments ne parvint pourtant à contrebalancer

le poids des mentalités. En janvier 1945, un sondage réalisé en Grande-Bretagne, dont le gouvernement témoignait, on l'a vu, d'une certaine compréhension à l'égard de la Suisse, révélait que 55 % des personnes interrogées s'opposaient à la participation des pays neutres à la future conférence de la paix. Pour le motif qu'ils n'avaient ni souffert ni pris part à la lutte [10]. On ne faisait que retrouver l'incompréhension et le mépris manifestés par les belligérants chaque fois que les conflits européens ont pris l'allure d'une guerre sainte, d'un combat du bien contre le mal.

A l'époque de la Réforme, par exemple, lors de la guerre de Trente Ans, les États protestants jugèrent honteuse la neutralité de la Confédération alors que de nombreux cantons avaient adopté la religion réformée, et le roi Gustave-Adolphe de Suède la qualifia de « trahison envers la vraie foi [11] ». Plus tard, ce fut la lutte pour la liberté contre la tyrannie. Après la défaite de Napoléon à Leipzig, l'opinion allemande reprocha aux Suisses de ne pas entrer dans la coalition qui se battait, pensait-elle, pour le bien de l'humanité. Certaines voix allèrent jusqu'à réclamer — déjà — le rattachement de la Suisse à l'Allemagne au nom de l'ethnie germanique [12]. Mais le bien de l'humanité ne dura pas longtemps ; l'Europe se mit bientôt à vouloir secouer le joug des souverains de la Sainte Alliance. Tout au long du XIXe siècle, les réfugiés politiques qui fuyaient chacun leur despote chercheront à entraîner la Suisse dans la lutte contre les monarchies voisines, à l'instar de Joseph Mazzini. Ce révolutionnaire italien, qui jugeait la neutralité immorale et absurde, s'imaginait tout simplement que la Suisse républicaine parviendrait à déclencher le signal du soulèvement populaire contre les princes allemands et italiens... en leur déclarant la guerre [13].

Chaque fois également, ces critiques trouvaient un écho en Suisse même, où la politique de neutralité était remise en cause par des idéalistes sincères ou naïfs, « par ces grands esprits, ajoute ironiquement Georges-André Chevallaz, que leurs ailes de géant empêchent de marcher sur le cargo helvétique aux parapets étroits [14] ». A l'issue de la Seconde Guerre mondiale, le malaise suisse semble être né de là, du moins en partie. Olivier Reverdin qui en parle très tôt, en janvier 1946, souligne que ce malaise est plus profond en Suisse alémanique « aujourd'hui déprimée et nerveuse [15] ». De grands écrivains contemporains en ont porté témoignage, en particulier Max Frisch et Friedrich Dürenmatt. « Pour ceux qui n'avaient pas réchappé à cette guerre, écrit ce dernier, notre situation paraissait ridicule, pour ne pas dire honteuse. Moi aussi je me sentais ridicule, et le sentiment de me trouver, malgré l'histoire, dans une position confortable jusqu'à l'inconvenance, me jeta dans une rébellion totale et sans issue [16]. »

Le risque majeur : une puissance hégémonique

La neutralité helvétique n'a pas simplement subi des critiques virulentes tout au long de son existence, tant à l'intérieur qu'à l'extérieur, elle a également affronté les plus graves menaces dès que s'installait à ses frontières la puissance d'un seul et grand voisin. Le mot que Napoléon, au faîte de sa gloire, lance au landammann Reinhard n'en est que l'illustration la plus connue : « Votre neutralité vis-à-vis de moi, lui dit l'empereur, n'est qu'un mot vide de sens, qui ne vous est utile qu'autant que je le veux. » On ne peut être plus clair. Et chaque fois qu'un État ou une coalition d'États parvint à assurer pour un temps sa suprématie en Europe, la Suisse se vit parler le même langage. Napoléon relégué à Sainte-Hélène, ce fut la Sainte Alliance qui tenta de s'ingérer sans cesse dans les affaires helvétiques. Même à Paris, le changement de régime n'avait pas changé grand-chose. Le général Sébastiani envisageait publiquement, à la tribune de la Chambre, l'occupation immédiate de la Suisse en cas de conflit européen. A Vienne, Metternich fulminait contre les « criminels » auxquels la Confédération accordait le droit d'asile en s'exposant à « perdre ses droits à la neutralité ». Seule république au cœur de l'Europe, la Suisse fut longtemps inquiétée par le cartel de ses voisins couronnés, chacun trouvant tour à tour des motifs d'intervenir : Louis-Philippe à cause d'un drôle de citoyen thurgovien (le futur Napoléon III), le roi de Prusse pour protéger la principauté de Neuchâtel du virus de la liberté, Bismarck afin de chasser plus loin les premiers militants socialistes.

« Il n'y a pas, pour la Suisse, de vraie liberté, écrivait très justement William Martin, lorsqu'une hégémonie pèse sur l'Europe. L'indépendance et la neutralité de la Suisse sont les résultantes de l'équilibre européen. Lorsque celui-ci est compromis ou détruit, la Suisse cesse d'être libre[17]. » Ce jugement porté plusieurs années avant l'arrivée d'Hitler au pouvoir devait trouver une confirmation aussi malheureuse qu'éclatante au cours de la Seconde Guerre mondiale. La défaite de la France livra la Suisse, encerclée de toutes parts, à la domination de l'Allemagne nazie, entraînant le Conseil fédéral dans la voie d'accommodements ou de reniements qui comptent parmi les plus tristes pages de son histoire. Mais la victoire des Alliés ne laissa pas davantage intacte l'indépendance et la neutralité helvétiques, même dans leurs aspects lcs plus évidemment humanitaires. Comme il avait fermé ses portes aux juifs traqués par Hitler, le gouvernement fédéral finit par céder à Staline qui lui réclamait les soldats soviétiques internés en Suisse pendant la guerre, et dont beaucoup n'avaient rien d'heureux à espérer d'un retour au pays.

Malgré les grands principes constamment réaffirmés depuis 1815, la communauté internationale a toujours tenté d'apprêter la neutralité helvétique à la sauce de ses intérêts. Les États les plus sincèrement disposés à mettre en avant le droit et la morale n'ont pas échappé à la tentation de la Realpolitik. Lors de la grève générale de 1918, on vit même les Alliés envisager une intervention militaire en Suisse, pour barrer la route à la subversion qui menaçait alors le centre de l'Europe[18].

Une maxime d'État

La doctrine suisse l'a toujours répété avec force : la neutralité est un principe de politique étrangère, non une règle pour l'opinion publique. L'État seul est tenu de rester au-dessus de la mêlée. Les citoyens, la presse conservent le droit d'exprimer leurs opinions sur les événements qui se déroulent à travers le monde. Autrement dit, la Suisse est neutre, les Suisses ne le sont pas, et tout leur comportement le démontre d'une manière ou d'une autre. Parfois, le pays se montre partagé, chaque belligérant trouvant un écho favorable auprès d'une partie de l'opinion pour des motifs d'affinité culturelle (comme ce fut le cas pendant la Première Guerre mondiale entre Romands et Alémaniques) ou idéologique (à l'image de ce qui s'est passé lors de la guerre civile espagnole entre la gauche, républicaine, et la droite, plutôt franquiste). Mais le plus souvent, l'immense majorité de la population penche du côté où lui paraissent souffler la démocratie et la liberté. L'existence de succursales bruyantes du fascisme et du nazisme, organisées par quelques milliers de fanatiques avec la bénédiction évidente et les subventions à peine voilées de Rome et de Berlin, n'ont pas empêché le peuple suisse, tous milieux confondus, de souhaiter l'écrasement d'Adolf Hitler et de saluer dans l'allégresse la victoire des Alliés.

« Il va de soi, relevait le Bâlois Carl Spitteler en décembre 1914, qu'en tant que non-belligérants, nous voyons bien des choses plus clairement que ceux qui sont aveuglés par la passion de la bataille, c'est un avantage que nous confère notre position, mais nullement une supériorité intellectuelle[19]. » Après le prix Nobel de littérature, de nombreux écrivains ou historiens, Gonzague de Reynold, Jean-Rodolphe de Salis, Edgar Bonjour, ont souligné que la vraie neutralité obligeait malgré tout les citoyens à quelque retenue, qu'ils ne devaient pas céder à l'émotivité ou aux passions partisanes ni se transformer en intarissables donneurs de leçons. Dans les circonstances difficiles de la Seconde Guerre mondiale, le gouvernement fut même amené à rappeler à l'ordre, ou à censurer, des journaux qui allaient, à ses yeux, au-delà des convenances. La censure, par nature, est frileuse. Mais rien n'indique qu'à force de « rester assis », les Suisses soient devenus plus ou moins neutralistes avec le temps. Dans chaque grande affaire internationale, on les voit s'émouvoir réellement et prendre parti : aux côtés des Hongrois, des Tchèques, des Polonais, de tous les peuples de l'Est opprimés par Moscou ou les Ceauşescu ; contre les dictateurs, colonels grecs, généraux sud-américains, chah ou ayatollah d'Iran, gouverneurs d'apartheid ; en faveur d'Israël au Proche-Orient. Dans un monde marqué par les conflits Est-Ouest et Nord-Sud, les citoyens helvétiques réagissent en fonction de leur appartenance à la société occidentale, conscients qu'ils sont d'en partager les valeurs et, selon toute vraisemblance, le destin.

Cette attitude ne les empêche en rien d'approuver la neutralité en tant que politique d'État, au point d'en faire parfois un principe sacré ou un dogme intouchable. Preuve historique ? Le 16 mars 1986, le peuple suisse a refusé la proposition qui lui était faite d'adhérer à l'ONU. Le gouvernement, le Parlement, la quasi-totalité des médias lui avaient demandé de répondre oui. De tous les coins du pays, ce fut comme un grand cri du cœur : un non franc et massif, à 75 % (1 591 428 non contre 511 548 oui). Le canton le moins opposé à l'entrée de la Suisse au sein de l'organisation mondiale, le Jura, l'était encore à plus de 59 % des voix.

En mettant leur bulletin dans l'urne, de nombreux Suisses ont sans doute pensé, comme d'autres citoyens du monde, que l'ONU n'était qu'une organisation inutile, bavarde et dispendieuse. Mais le résultat s'explique surtout par la volonté — presque un réflexe — de sauvegarder la neutralité. Le gouvernement avait d'ailleurs tenté de rassurer l'opinion sur ce point crucial, en s'engageant à faire, avant l'adhésion, une déclaration solennelle dans laquelle il maintiendrait la neutralité permanente et armée du pays. Pendant les nombreuses années d'hésitation qui ont précédé la votation (le Conseil fédéral a réfléchi plus de trente ans avant de se jeter à l'eau), les sondages ont en effet montré que les opposants à l'adhésion prenaient l'avantage chaque fois qu'une grave crise internationale, la guerre israélo-arabe de 1973 et ses conséquences pétrolières, par exemple, ou l'invasion de l'Afghanistan par les Soviétiques en 1980, venait rappeler la fragilité de la détente. Et la nécessité, dans ces conditions, de rester neutre.

Depuis, l'opinion ne semble guère avoir changé. Selon un sondage réalisé en juillet 1989, la neutralité demeure, aux yeux de 90 % des Suisses, la meilleure contribution du pays à la paix mondiale [20].

Un moyen, non une fin

« Nous sommes neutres, dit le credo helvétique, par conviction, par intérêt, et pour rendre service. » Les Suisses ne se sont jamais lassés, jusqu'ici, de répondre à l'étranger simplement curieux ou franchement méprisant que cette coutume, connue d'autres nations en Europe, avait chez eux quelque chose d'unique. Permanente, disent-ils, notre neutralité est devenue le fondement de la politique étrangère du pays, inscrite à ce titre dans la Constitution fédérale, à ses articles 85 et 102, et garantie par plusieurs traités internationaux. Politique d'État, elle n'a rien d'une neutralité morale qui nous contraindrait à évacuer tout jugement de valeur, ou tout au moins à ne jamais en exprimer. Elle n'implique pas davantage l'indifférence à l'égard des malheurs d'autrui. La Suisse estime au contraire qu'un pays de sa dimension rend davantage service à la communauté internationale en maintenant sa neutralité plutôt qu'en y renonçant, puisque cela lui permet d'offrir ses bons offices ou un terrain de rencontre au milieu des conflits.

Mais il faut bien voir que cette représentation de la neutralité ne correspond qu'à un moment donné de son histoire, qu'il s'agit d'un instantané dans un monde en mouvement, d'une description statique. De même qu'un arrêt sur image pendant la projection d'un film ne permet pas de comprendre le scénario, cette définition ne rend pas compte de la dynamique de la neutralité, de son évolution dans le temps et dans l'espace.

Dans le temps d'abord. Car la neutralité suisse est née des circonstances. Face aux bouleversements qui ont fait passer l'Europe du Moyen Age à la Renaissance, elle a été conçue comme un moyen, non comme une fin ; comme le seul instrument adapté à la mesure du pays qui soit capable de réaliser l'objectif de tout État : la paix à l'intérieur et l'indépendance vis-à-vis de l'extérieur. Effectivement permanente dans son principe, elle n'a pourtant jamais cessé d'évoluer dans ses modalités pratiques, de suivre le cours des événements et des idées. De la pierre grossièrement taillée par les ancêtres à la pierre polie par les générations et les intempéries, c'est un outil qui s'est révélé efficace et utile. Mais rien n'empêche de le modifier encore aujourd'hui, voire de l'abandonner, s'il ne remplit plus complètement, ou plus du tout, sa mission. Cette conception de la neutralité est d'ailleurs conforme aux intentions des constituants de 1848 : « La neutralité est un moyen en vue d'un but, note le compte rendu des débats de la Diète, elle est une mesure politique qui apparaît comme bien adaptée à la défense de l'indépendance de la Suisse ; mais la Confédération doit se réserver le droit, dans certaines circonstances, pour autant qu'elle l'estimerait convenable, de sortir de sa situation neutre [21]. »

Dans l'espace ensuite. Car cet outil capable d'assurer la sauvegarde de la souveraineté nationale dans une Europe multipolaire, où le jeu des puissances s'équilibre, s'est trouvé menacé dès qu'un État ou une Alliance parvenait à réaliser, au moins pour un temps, son hégémonie. La Communauté européenne, formidable coalition en perspective, apparaît ainsi comme la dernière menace en date. C'est du reste le constat d'un rapport d'experts révélé à l'opinion en octobre 1989 : la Suisse pourrait un jour estimer être mieux à même de préserver son autonomie en rejoignant l'Europe de Bruxelles plutôt qu'en restant à l'écart, sous l'apparence d'un État pseudo-indépendant [22].

NOTES ET RÉFÉRENCES

1. *Journal de Genève*, 8 août 1990.
2. *Discours et messages, vers le terme, op. cit.*, p. 75-76.
3. Pour les morts de Marignan, voir *Nouvelle Histoire de la Suisse et des Suisses, op. cit.*, p. 328. Thomas Platter raconte que débarquant, jeune écolier à Breslau, en Souabe, les gens lui donnaient volontiers l'aumône parce qu'il était petit et Suisse : « En effet, les Suisses étaient très aimés, et la nouvelle des pertes qu'ils venaient d'éprouver à la grande bataille de Milan avait excité la compassion générale. Le peuple disait : "Les Suisses ont perdu leur meilleur *pater noster*", vu qu'auparavant ils passaient pour invincibles » (*op. cit.*, p. 35). Pour les morts soviétiques en Afghanistan, la *Pravda*, 17 août 1989.
4. *La Neutralité suisse, synthèse de son histoire*, Neuchâtel, La Baconnière, 1979, p. 10.
5. Robert Durrer, *Die ältesten Quellen über den seligen Nikolaus von Flüe, sein Leben un seinen Einfluss*, Sarnen, 1917-1921, p. 586.
6. *Op. cit.*, p. 18.
7. *Ibid.*, p. 174.
8. *Chronique et images*, vol. 2, *La Suisse en 1942-1943-1944*, Prilly, éd. Eiselé, 1983, p. 201-202.
9. *Ibid.*, p. 274.
10. *Chronique et images*, vol. 3, *La Suisse en 1945-46-47*, Prilly, éd. Eiselé, p. 27.
11. *Nouvelle Histoire de la Suisse et des Suisses, op. cit.*, p. 412.
12. Edgar Bonjour, *La Neutralité suisse, synthèse de son histoire*, Neuchâtel, La Baconnière, 1979, p. 37.
13. *Ibid.*, p. 52-53.
14. *Neutralité suisse et Nations unies*, Lausanne, L'Aire, 1986, p. 41.
15. *Journal de Genève*, 18 janvier 1946.

16. *La Mise en œuvre*, Paris-Lausanne, L'Age d'homme, 1985, p. 178.
17. *Histoire de la Suisse*, *op. cit.*, p. 204-205.
18. Georges-André Chevallaz, *op. cit.*, p. 33.
19. Jean-Rodolphe de Salis, *op. cit.*, p. 173.
20. *Tages-Anzeiger*, 25 juillet 1989.
21. William Rappard, *La Constitution fédérale de la Suisse 1848-1948, son origine, son élaboration, son évolution*, Neuchâtel, La Baconnière, 1948, p. 207-210.
22. *Tribune de Genève*, 12 octobre 1989.

CHAPITRE IX

LE CONSENSUS

N'ayez pas de querelles entre vous.

Nicolas de FLUE

L'art du compromis a mauvaise réputation ; c'est pourtant sur lui que les Suisses ont bâti la leur. A la veille de la Révolution française, un voyageur de passage à Vevey n'en revenait pas : ici, les marchés s'achevaient « sans querelles et sans injures [1] ». Sans cette modération qu'ils pratiquent comme une seconde nature — et que beaucoup d'étrangers rangent parmi leurs vertus — la Suisse serait certainement devenue le Liban de l'Europe [2].

« L'histoire de toute société jusqu'à nos jours, disait Karl Marx, c'est l'histoire de la lutte des classes. » L'histoire de la Suisse jusqu'à nos jours, pourrait-on ajouter, c'est la victoire du compromis sur la guerre civile. Victoire du compromis sur les conflits d'intérêts économiques et politiques qui ont conduit plusieurs fois les cantons à l'extrême limite de la sécession. L'année même où sort *le Manifeste communiste*, en 1848, la Suisse fait avorter sa dernière guerre civile pour accoucher d'un nouvel État fédéral. Victoire du compromis sur les querelles confessionnelles et linguistiques, de la première paix religieuse de Kappel, en 1529, à la création du canton du Jura, en 1978. Victoire du compromis sur la lutte à mort entre le capitalisme et le socialisme avec l'invention de la paix du travail, au plus tard en 1937, et l'instauration d'un gouvernement de large coalition en 1959. Malgré tous les motifs qu'ils avaient de se battre, les Suisses ont toujours cherché toutes les raisons qu'ils avaient de s'entendre. On explique parfois cette quête nationale de la conciliation, cette volonté manifeste d'éviter toute polémique jusque dans la vie quotidienne, par la peur viscérale de voir resurgir de vieux démons. Les Suisses souffriraient d'un traumatisme collectif dû à leur vie antérieure. Comme d'anciens toxicomanes qui savent où peut conduire la première défaillance, ils redouteraient surtout une rechute de leurs discordes passées. Mais, aussi loin que l'on puisse remonter dans leur histoire, les Suisses ont eu conscience que tout conflit interne menaçait leur existence et qu'il leur fallait en conjurer les risques. Dans le pacte de 1291 déjà, l'accord conclu ne visait pas qu'à protéger l'autonomie de la Suisse naissante face aux ambitions des Habsbourg. Il prévoyait aussi une procédure d'arbitrage pour résoudre les querelles intérieures : « Si un conflit surgit entre quelques-uns, précisait-il, les plus sages des confédérés interviendront en médiateurs pour apaiser le différend de la façon qui leur paraîtra efficace, et les autres confédérés se tourneront contre la partie qui repousserait leur sentence. » A cette époque, pourtant, la Confédération est fortement homogène. Les trois cantons alpins qui la composent vivent tous d'économie agreste, pratiquent la même langue et la même religion. Les sources de graves conflits collectifs apparaîtront plus tard, avec l'extension des alliances. La Suisse est bien le pays du consensus.

Le consensus politique

Les sept Sages. Dans les médias suisses, cette curieuse expression est synonyme de gouvernement : elle désigne le Conseil fédéral. La presse l'utilise simplement pour éviter de trop lourdes répétitions, presque sans y penser, comme on dit l'Élysée pour parler d'une décision du président de la République française. Mais l'Élysée n'est qu'un lieu, les Sages ont une vertu. Le nombre des ministres se transforme ainsi en support symbolique. Bien sûr, ils sont sept. Mais verriez-vous la Suisse gouvernée par sept nains ou sept merveilles du monde. Sept Sages, voilà la mesure helvétique. Au chiffre magique s'ajoute la conviction que le système collégial sécrète une valeur supplémentaire : celle d'un gouvernement qui fonctionne de manière satisfaisante, quelle que soit la qualité de chacun de ses membres.

Le Conseil fédéral constitue, il est vrai, un monument d'équilibre où les langues et les courants politiques sont savamment dosés. La religion a longtemps joué un rôle similaire. Dans un pays divisé par les querelles confessionnelles, mais à dominante protestante, les réformés détenaient la majorité des sept sièges gouvernementaux. Cette règle tacite, qui s'était maintenue jusque-là plus par habitude que par nécessité, s'est éteinte doucement, entre 1986 et 1988, dans l'indifférence générale. Aujourd'hui, une majorité catholique peut gouverner l'État fédéral, et même un ministre démocrate-chrétien détenir le portefeuille de la Défense, sans que personne ne s'en émeuve. Il aura fallu cent quarante ans — et le sérieux déclin du magistère des Églises — pour effacer les traces les plus visibles du dernier conflit religieux, de la guerre civile du Sonderbund[3]. Au demeurant, catholiques et protestants se retrouvent pratiquement à égalité au sein de la population, et la composition de l'Exécutif ne fait que refléter, dans ce domaine comme dans les autres, le rapport des forces à travers le pays. Sur le plan linguistique, la répartition la plus fréquente accorde cinq sièges aux Alémaniques (ce qui correspond à peu près à leur poids démographique), et deux aux Suisses d'expression française ou italienne. Mais il arrive que le Conseil fédéral pousse plus loin le respect des minorités en accueillant simultanément deux Romands et un Tessinois. Dans le même esprit, les cantons les plus peuplés : Zurich, Berne et Vaud, bénéficient d'une place quasiment permanente au gouvernement central, mais aucun d'entre eux — précaution inscrite dans la Constitution — ne peut disposer de plus d'un siège. Sur le plan politique, tous les grands partis se partagent le pouvoir en fonction de leur influence au Parlement. La formule, que les Suisses eux-mêmes qualifient de magique, n'a pas changé depuis 1959. Deux radicaux, deux démocrates-chrétiens, deux socialistes et un agrarien, cela, sans doute, ne peut faire que sept Sages.

Le gouvernement n'a pas toujours ressemblé à cette Suisse miniature. En 1848, le premier Conseil fédéral de l'histoire était exclusivement composé de radicaux. Les catholiques-conservateurs devenus depuis démocrates-chrétiens ne firent leur première entrée au gouvernement qu'en 1891, les agrariens suivirent en 1929, les socialistes en 1943 seulement, avec plusieurs éclipses jusqu'à l'apparition de la formule actuelle. Régulièrement, la participation socialiste aux responsabilités gouvernementales est d'ailleurs remise en cause par l'aile la plus militante du parti. A ses yeux, les intérêts de la droite et des milieux économiques l'emportent trop souvent dans les décisions du Conseil fédéral, et la gauche, fût-elle modérée, y perd sa crédibilité auprès des électeurs : elle retrouverait sa force en reprenant sa liberté. « Grossière erreur », estimait pour sa part Hanspeter Tschudi, qui fut ministre socialiste pendant treize ans, et que l'opinion a surnommé le « père de l'AVS », autrement dit de la Sécurité sociale. En claquant la porte du gouvernement, les travailleurs perdraient selon lui une grande part de leur influence, le moyen le plus efficace de se faire entendre, malgré les obstacles et les risques d'échec[4]. Car le Conseil fédéral ne connaît qu'une seule règle qui conditionne toutes ses décisions : la collégialité.

Chaque ministre doit soumettre ses projets par écrit à ses collègues qui lui font part à leur tour de leur accord ou de leurs suggestions. De cette manière, les textes discutés en séance plénière représentent déjà une synthèse des avis exprimés, voire un premier compromis. Les délibérations se déroulent naturellement à huis clos, mais aucun document, pas même les procès-verbaux des séances, ne porte la trace de prises de position personnelles. Les décisions elles-mêmes se dégagent généralement du consensus ; on ne passe au vote qu'en cas de désaccord. Après quoi, le choix de la majorité devient celui de chaque membre du collège. Tous les conseillers fédéraux sont tenus de défendre publiquement le projet du gouvernement, comme si c'était le leur. La règle est si bien respectée qu'il suffirait de la violer pour entrer dans l'histoire. Kurt Furgler en a fait l'expérience en 1974. Ministre de la Justice, il aurait dû défendre au Parlement et devant l'opinion le projet gouvernemental sur l'avortement. Profondément catholique, il demanda plutôt qu'on le décharge du dossier. « Au fond de mon cœur, dit-il, j'étais prêt à démissionner. » Malgré les remous, le Conseil fédéral préféra accéder à son désir dans la mesure où le ministre invoquait la clause de conscience, et non des motifs politiques. Le dossier fut confié au président de la Confédération en exercice, Ernst Brugger, qui justifia l'attitude du gouvernement au cours d'une conférence de presse : « Lorsqu'un conseiller fédéral, expliqua-t-il, a des problèmes de conscience pour des raisons éthiques, religieuses et confessionnelles — ce qui est le cas de M. Furgler à propos de l'interruption de grossesse — sa décision de faire passer ses convictions personnelles avant toute autre considération mérite notre respect. Le Conseil fédéral est de l'avis que dans un cas aussi exceptionnel, il incombe au président de la Confédération de s'exprimer au nom du collège. Je n'ai donc pas repris cette tâche *ad personam*, mais ma fonction de président du collège gouvernemental présuppose que je représente ce dernier à l'extérieur[5]. »

Mieux vaut pourtant ne pas déduire de cette déclaration que le président de la Confédération joue un rôle essentiel au sein du gouvernement. Sa fonction est particulièrement éphémère : le mandat ne dure qu'une année, il n'est pas immédiatement renouvelable, et chaque conseiller fédéral l'exerce à tour de rôle, par ordre d'ancienneté. L'emploi est surtout vidé de toute substance. Le Président fait un peu plus de représentation que ses collègues, il prononce quelques discours rituels, reçoit les ambassadeurs étrangers. Il inaugure les chrysanthèmes, aurait dit le général de Gaulle. En tout cas, il n'a rien d'un chef de l'État ou d'un Premier ministre à qui revient le pouvoir de décision. Formellement, il est le premier des conseillers fédéraux. Dans les faits, il dirige son ministère comme les autres.

La stabilité gouvernementale

Un ministre suisse n'a jamais la tâche facile avec ses homologues européens : à peine a-t-il eu le temps de les convaincre qu'ils sont déjà remplacés, et tout est à recommencer. Depuis que la fonction existe, il est vrai, un conseiller fédéral dure en moyenne aussi longtemps que les régimes qui se sont succédé en France de 1789 à 1958 : dix ans et cinq mois [6]. Certains dirigeants helvétiques ont établi des records dignes d'un monarque. En plein XXe siècle, Giuseppe Motta a réussi l'exploit sans doute inégalé dans une démocratie d'être ministre pendant vingt-neuf années consécutives, dont vingt et une à la tête du même département, celui des Affaires étrangères. Élu en 1911, l'homme qui fit entrer la Suisse à la Société des Nations resta au pouvoir jusqu'à sa mort, en 1940 [7]. A titre de comparaison, les rois dont on dit qu'ils ont fait la France, du premier Capétien à Louis-Philippe d'Orléans, ont régné en moyenne pendant vingt-trois ans. Certes, la durée du mandat des conseillers fédéraux tend à diminuer aujourd'hui. Elle tourne autour de sept ans et demi en moyenne pour ceux qui ont été élus après la Seconde Guerre mondiale. C'est que la charge pèse plus lourd. Malgré l'augmentation croissante des tâches de l'État, ils continuent de faire à sept, comme au temps de la marine à voile et de la lampe à huile, ce que d'autres accomplissent à quinze ou vingt dans des pays d'importance comparable. Partout aussi, l'usure du pouvoir s'est accélérée. La Suisse n'en conserve pas moins l'un des gouvernements les plus stables du monde, toutes catégories confondues. Elle le doit d'abord à une stricte séparation des pouvoirs. Si le gouvernement ne peut pas dissoudre le Parlement pour provoquer des élections à un moment qu'il juge favorable, il n'est pas davantage responsable politiquement devant les Chambres. Les députés n'ont pas la possibilité de le renverser en votant, par exemple, une motion de censure. Toute une série de circonstances ou de dispositions complète les effets, déjà considérables, de ce principe :

Chaque conseiller fédéral étant « nommé » individuellement, le gouvernement n'est jamais renouvelé d'un coup. Lorsqu'un ministre ou deux se retirent, les autres assurent la continuité du pouvoir et les nouveaux venus peuvent profiter de leur expérience des affaires. La Suisse ignore les brusques ruptures de l'action gouvernementale que connaissent les pays où tout dépend du résultat des élections législatives ou présidentielles.

Chaque conseiller fédéral est élu pour quatre ans, mais il est rééligible sans limite. Les députés peuvent sans doute refuser de lui renouveler leur confiance lorsqu'il se représente ; ils ne le font pratiquement jamais. L'événement ne s'est produit qu'une seule fois depuis la création de l'État fédéral.

Aucun conseiller fédéral ne peut être élu par la seule grâce de son parti dans un Parlement où les formations les plus puissantes réunissent au mieux le quart des suffrages. Une fois au pouvoir, il ne risque pas de devenir l'otage de son groupe parlementaire, il jouit au contraire d'une indépendance appréciable qui facilite le travail collégial.

Un conseiller fédéral ne démissionne pas si l'un de ses projets est mis en pièces au Parlement ou carrément refusé par le peuple à la suite d'un référendum. Il se soumet, au lieu de se démettre, ou remet patiemment l'ouvrage sur le métier. Cette règle du jeu n'a souffert que quelques exceptions. En 1891, Émile Welti claque ostensiblement la porte du gouvernement lorsque le peuple refuse le rachat des chemins de fer privés par l'État (mais la chose sera faite sept ans plus tard). En 1934, Heinrich Häberlin se retire parce que « sa » loi sur le maintien de l'ordre public n'a pas trouvé grâce auprès du suffrage universel. Plus près de nous, en 1953, le socialiste Max Weber renonce après le rejet par le peuple de la réforme des finances qu'il avait mise au point.

Dans ces conditions, les vraies crises ministérielles demeurent rarissimes. On les compte sur les doigts d'une main. Au cours de la Première Guerre mondiale, le conseiller fédéral Arthur Hoffmann s'en va sous la pression des Alliés, en particulier de la France. Pro-allemand, il avait prêté son concours à une tentative de paix séparée entre l'Allemagne et la Russie avant que ne survienne la Révolution bolchevique. Vers la fin de la Seconde, le Vaudois Marcel Pilet-Golaz est contraint de rentrer chez lui, sous le feu cette fois des critiques de l'Union soviétique avec laquelle la Suisse cherche à renouer des relations diplomatiques. Un discours maladroit, prononcé juste après la victoire de l'Allemagne hitlérienne sur la France, avait laissé croire qu'il éprouvait quelque sympathie pour les régimes fascistes. C'est du moins dans ce sens que beaucoup de Suisses eux-mêmes avaient interprété certaines de ses formules — « Le temps est venu de la renaissance intérieure » ou encore « Chacun de nous doit dépouiller le vieil homme » — qui n'appartenaient pas jusque-là au vocabulaire helvétique. Dans les années 60, la malheureuse affaire des Mirage provoque une nouvelle secousse. Le chef du Département militaire s'est laissé piéger par certains de ses collaborateurs qui ont poussé à l'acquisition de l'avion de combat français. Il en résulte un important dépassement de crédit, traité au bistouri par les parlementaires et condamné sans ménagement par l'opinion. Le conseiller fédéral Paul Chaudet finit par démissionner, en 1966, non sans avoir résisté pendant deux ans aux ultimatums de ses adversaires comme aux conseils discrets de certains de ses amis politiques. Mais rien ne ressemble dans l'histoire de la Suisse à l'abdication d'Élisabeth Kopp.

Cette Zurichoise de bonne famille, fille d'un directeur de la Banque nationale, a 48 ans quand elle accède au Conseil fédéral, le 2 octobre 1984. Un événement national. Élisabeth Kopp devient la première femme à siéger parmi les sept Sages, comme elle a toujours été la première partout. Première femme à terminer ses études de droit à l'université de Zurich avec la mention « *summa cum laude* ». Première femme à prendre la tête d'un exécutif communal, dans sa commune de Zumikon, en 1974. Et ainsi de suite. Quinze ans plus tard, elle sera encore la première, en tant qu'ancien membre du gouvernement, à comparaître devant le Tribunal fédéral, cour suprême du pays. Le choc émotionnel provoqué par la chute d'un tel symbole de réussite explique sans doute en partie le retentissement de l'affaire Kopp. Compétente, assurée de l'attachement de la plupart des femmes, appréciée par une bonne partie de l'opinion pour sa politique musclée à l'égard des réfugiés jugés indésirables, attachée à la libre entreprise mais volontiers écologiste, la conseillère fédérale caracolait en tête de tous les sondages de popularité. Un mois avant l'annonce de sa démission, alors que le scandale avait déjà pris une ampleur considérable, une confortable majorité estimait encore qu'Élisabeth Kopp devait rester en fonction. Un « détail » allait tout faire basculer.

Le mari de la conseillère fédérale, Hans W. Kopp — HWK pour les initiés — traînait derrière lui quelques casseroles peu reluisantes depuis plusieurs années. Brillant avocat d'affaires, il s'était vu suspendre du barreau zurichois pendant six mois en raison d'un comportement pour le moins original. Herr Doktor avait pris l'habitude de châtier ses secrétaires pour des peccadilles, en leur fouettant le postérieur dénudé à la baguette, ce qui n'est pas conforme, même à Zurich, au règlement des avocats. Administrateur de nombreuses sociétés lucratives, l'une d'entre elles, la Trans K-B, spécialisée dans les investissements à haut risque financier, disparaît dans une faillite retentissante en 1982. Faillite frauduleuse, disent immédiatement les milieux bien informés. Lorsque la candidature de

Mme Kopp au Conseil fédéral se confirme, la personnalité troublante de son mari, ses affaires légèrement malodorantes refont surface dans la presse. Élisabeth Kopp les qualifie de rumeurs invraisemblables, de reproches infondés ou perfides. « Je dois être une politicienne fabuleusement bonne, ajoute-t-elle, si mes adversaires ne découvrent rien sur moi et sont obligés de viser mon mari [8]. » Manifestement l'argument a porté dans un pays où les médias se montrent généralement très discrets sur la vie privée des notables. Les censeurs furent à leur tour accusés de remuer la boue, de fouiller dans les poubelles, de manquer à l'éthique ; Mme Kopp fut élue, l'affaire paraissait classée.

Un nouveau brûlot atteint la maison Kopp à la fin de l'été 1988. L'ancien comptable de l'avocat accuse son patron de fraude fiscale, d'avoir soustrait deux millions et demi de revenus aux impôts entre 1969 et 1979 [9]. A l'automne, c'est encore pire. L'un des plus grands quotidiens du pays, le *Tages Anzeiger*, révèle une gigantesque affaire de blanchissage d'argent de la drogue [10]. Neuf personnes ont été arrêtées, dont les frères Magharian, qui se trouvent en relations commerciales avec une société fondée à Zurich par un autre Turc, la Shakarchi Trading SA. Malchance ? Hans Kopp appartient à son conseil d'administration, il en est le vice-président. Ou plutôt il l'était, car l'avocat se défend immédiatement en faisant valoir qu'il a démissionné de la Shakarchi quelques jours avant que n'interviennent les premières révélations, exactement le 27 octobre. Aurait-il bénéficié d'informations privilégiées ou de conseils émanant du ministère de la Justice que dirige son épouse ? Absolument pas, affirme-t-il à plusieurs reprises. Il ment. Élisabeth Kopp le sait mais elle se tait. C'est elle-même qui a téléphoné à son mari, le 27 octobre précisément, pour lui demander de démissionner. Elle venait d'apprendre par sa conseillère personnelle qu'une enquête risquait d'être ouverte sur la Shakarchi. Le pays stupéfait ne découvrira ce « détail » que plus tard, le 9 décembre, à la suite de nouvelles indiscrétions publiées dans la presse [11]. Il causera sa perte. Le 12 décembre, elle annonce sa démission. Le Parlement venait à peine de l'élire à la vice-présidence de la Confédération, par 165 voix sur 214 bulletins valables.

Le sexe, l'argent, le pouvoir, tous les ingrédients d'un bon (ou d'un mauvais) feuilleton à l'américaine se trouvaient réunis dans cette affaire, dont l'énigme relève aujourd'hui encore d'une équation à plusieurs inconnues. Sur le plan psychologique, comment expliquer les relations de ce couple étrange, lui toujours prévenant, elle toujours subjuguée ? Comment cette femme intelligente a-t-elle pu perdre le contact avec la réalité au point de continuer à idéaliser son mari malgré tous les signaux d'alerte et de s'accrocher désespérément au pouvoir alors que ses amis eux-mêmes la pressaient de partir [12] ? Sur le plan juridique, comment trancher la question principale : Élisabeth Kopp a-t-elle violé, oui ou non, les devoirs de sa charge, en particulier le secret de fonction ? Pour sa part, le Tribunal fédéral l'a acquittée au bénéfice du doute.

Aux yeux des juges, l'enquête et les audiences n'ont pas démontré de manière incontestable que la conseillère fédérale était au courant du caractère secret des informations qu'elle a transmises à son mari. Autrement dit, Mme Kopp a pu croire, comme elle l'a toujours prétendu, que sa conseillère personnelle avait eu connaissance des soupçons qui pesaient sur la société Shakarchi par les milieux qu'elle fréquentait à l'extérieur de l'administration, et non par les services de l'État. Mais le jugement de la Cour suprême, s'il a choqué de larges couches de la population, n'a pas convaincu, il s'en faut, tous les professeurs de droit. Sur le plan politique, comment justifier l'absence de réaction — pendant de longues semaines — du Conseil fédéral et l'aveuglement volontaire du Parlement qui, après tant d'éclaboussures, porte encore Mme Kopp à la vice-présidence de la Confédération ? Comment, enfin, tant de personnages liés de près ou de loin à Me Hans Kopp ont-ils pu s'introduire dans les services du ministère de la Justice sans que personne ne s'en inquiète ?

Le scandale a souligné les limites d'un régime exagérément

alourdi, parfois, par la cuisine mijotée dans les arrière-boutiques des partis, par leur habitude édulcorante du compromis et des services rendus. Il a aussi démontré, si c'était nécessaire, les dangers d'une trop grande osmose entre le gouvernement et les milieux d'affaires. Avec un peu de recul, pourtant, un constat essentiel s'impose : les institutions ont fonctionné. Elles ont fait le ménage, comme on dit. Élisabeth Kopp a dû démissionner. Le procureur de la Confédération, Rudolf Gerber, accusé de complaisance, a été mis à la retraite anticipée. D'autres fonctionnaires ont été sanctionnés d'une manière ou d'une autre. Une commission d'enquête parlementaire a fait toute la lumière, et même davantage, sur les dessous du scandale. Dans la foulée, une disposition réprimant le blanchissage de l'argent sale (à laquelle d'ailleurs Mme Kopp travaillait) a été introduite dans le code pénal. Et au total, cette affaire-là n'a pas entamé profondément le crédit accordé par la population au système politique. Encore sous l'effet de choc, un Suisse sur deux reconnaissait, en janvier 1989, que la réputation du pays en avait souffert. Mais la majorité d'entre eux conservaient intacte leur confiance dans le gouvernement (69 %) et, plus modérément, dans le Parlement (61 %). D'autres réactions en témoignent : la stabilité des institutions n'était pas menacée [13].

La paix du travail

La Suisse connaît des années sans grève. Sans aucune grève. C'est le pays industrialisé le plus calme sur le front social. Son économie ignore depuis des décennies les perturbations liées à des débrayages incessants ou prolongés. Pendant la période 1955-1985, la moyenne annuelle des jours de travail perdus à la suite de conflits sociaux s'établit à 2,1 pour mille salariés helvétiques. L'Autriche, deuxième de ce classement, se retrouve déjà avec 19,7 jours perdus pour cause de grèves, et le Japon, autre pays symbole de l'effort, avec 77,5 journées perdues[14]. La Suisse doit cette situation particulière à une longue pratique du dialogue social. Dès 1912, une clause spéciale apparaît dans certaines conventions collectives du travail. Elle interdit aux signataires de recourir aux moyens de lutte habituels (la grève côté syndical, le lock-out côté patronal) pour faire prévaloir leur point de vue sur toutes les questions traitées par l'accord contractuel. La paix du travail vient de naître, mais elle reste limitée — « relative » — aux domaines explicitement abordés par le contrat. Il faudra attendre le 19 juillet 1937 pour que soit introduite, pour la première fois, une clause de paix intégrale — ou « absolue ». Ce jour-là, patrons et syndicats de la métallurgie s'engagent à négocier tous leurs différends, sans exception, et à les soumettre à un tribunal arbitral en cas d'impasse. « Dans le but de maintenir la paix sociale en faveur de tous ceux qui sont intéressés à l'existence et à l'essor de l'industrie suisse des machines et des métaux », écrit le préambule de cet accord historique. C'est cet état d'esprit qui anime aujourd'hui un bon millier de conventions collectives conclues dans tous les secteurs de l'économie.

En fait, l'hystérie nazie et les risques d'une nouvelle déflagration mondiale ont largement contribué à la signature de la première paix absolue du travail. Les responsables syndicaux de l'époque ne l'ont pas caché : ils cherchaient moins, sur le moment, à défendre les intérêts des travailleurs qu'à protéger les intérêts généraux du pays face aux ambitions hégémoniques d'Adolf Hitler. Le rapprochement des partenaires sociaux s'est fait au nom des valeurs communes qu'ils sentaient menacées : la démocratie et la neutralité. Le parti socialiste avait préparé le terrain en virant sa cuti. En 1934, il avait renoncé à maintenir dans ses statuts le principe de la lutte des classes. L'année suivante, il avait adopté pour la première fois le budget de la Défense nationale. Mais l'action d'éclat de 1937 ne représente pas une rupture dans l'histoire des rapports sociaux helvétiques. Elle s'inscrit au contraire dans un lent processus d'évolution qui ne s'est véritablement épanoui qu'après la guerre, à partir des années 50. Les marxistes, qui se font rares, pourraient dire qu'en Suisse le consensus social — la superstructure — doit beaucoup aux structures mêmes d'une économie qui n'a jamais connu les grandes concentrations de main-d'œuvre. Dans un pays sans matières premières, aucun gisement d'énergie fossile ou de minerai, aucun complexe industriel n'a donné naissance à un peuple de prolétaires. Dans les années 1880, les deux tiers des travailleurs helvétiques vivent toujours dans un cadre artisanal. Au début du siècle, les fabriques n'emploient que 17 à 18 % de la population active. Aujourd'hui encore, 98 % des entreprises occupent moins de 50 personnes[15]. Comme tous les observateurs étrangers, André Siegfried en a été frappé : dans de nombreuses industries, l'ouvrier suisse ressemble à un artisan[16].

D'autres facteurs ont favorisé le développement de la paix du travail, en freinant la formation d'une conscience de classe et l'implantation du mouvement syndical. Une industrie essentiellement tournée vers l'exportation, faute de débouchés intérieurs, et la dépendance générale du pays pour son approvisionnement, ont renforcé dans tous les milieux le sentiment de vivre sur le même bateau. Dans l'après-guerre, le manque de main-d'œuvre et l'arrivée massive des travailleurs étrangers ont permis à de nombreux Suisses d'abandonner les emplois les plus pénibles ou les moins rémunérés et de connaître les plaisirs d'une confortable ascension sociale. A l'époque récente, le boom extraordinaire du secteur des services, l'invasion de l'informatique et de la robotique dans tous les systèmes de production ont multiplié les cols blancs, traditionnellement plus individualistes que les cols bleus.

Aux structures particulières de l'économie suisse répond un mouvement « ouvrier » relativement faible (plus des deux tiers des salariés ne sont pas affiliés à un syndicat) et plus réformiste que révolutionnaire. Dès l'origine, l'Union syndicale suisse s'inspire de la social-démocratie allemande. En 1913, elle condamne la grève générale comme moyen de lutte et, lors du déclenchement de la Première Guerre mondiale, les députés du mouvement votent les pleins pouvoirs au Conseil fédéral. D'une manière générale, la défense des intérêts matériels des travailleurs par le biais des grandes fédérations professionnelles (métallurgie, construction, etc.) et le recours à des moyens légaux et modérés l'emportent sur la volonté de changer radicalement la société. Le calcul s'est-il révélé payant ? Incontestablement, la paix du travail améliore la compétitivité des entreprises suisses. L'absence de grèves leur permet de tenir leurs engagements sur le marché mondial et le pragmatisme syndical les autorise à s'adapter à la conjoncture ou au progrès technologique sans redouter de durs conflits. Dans d'autres conditions, il n'aurait sans doute pas été possible de sauver, au moins partiellement, l'industrie textile et l'horlogerie de la concurrence asiatique. Sans conteste aussi, les Suisses jouissent de l'un des niveaux de vie les plus élevés de la planète — et quasiment du plein emploi. Vers le milieu des années 30, leur pays arrivait au troisième rang des nations industrialisées pour le produit national brut par tête d'habitant. Il se classe premier aujourd'hui. Performance remarquable que certains refusent pourtant de mettre au crédit de la paix du travail. « C'est en fait exactement le contraire qu'il faut affirmer, écrit la Confédération romande du travail. C'est parce que la Suisse n'a pas connu de grave crise pendant longtemps que la paix du travail a pu se maintenir[17]. » Il est vrai que la récession provoquée par le premier choc pétrolier a secoué le système. Quelques longues grèves ont suffi pour que les augures de service décrivent la paix du travail comme un mythe taillé en pièces. « On ne parle que des affrontements qui donnent lieu à publicité », répliquait Hans Mischler, président du principal syndicat concerné. C'est lui qui avait raison. Si de graves conflits ont frappé plusieurs entreprises du secteur de la métallurgie et de l'horlogerie, marquant 1976 d'un accès de fièvre sociale, les 19 grèves de l'année n'ont représenté qu'une perte de 19 586 jours de travail pour l'ensemble de l'économie. Un chiffre dérisoire comparé aux journées perdues à l'étranger pendant la même période (cinq millions en France pour une population dix fois plus nombreuse), mais qui ne constituait même pas un record dans l'histoire helvétique de l'après-guerre. En 1948, par exemple, 28 grèves ont eu lieu en Suisse. Et en 1963, plus de 70 000 jours de travail ont été perdus.

Une autre récession, demain, conduirait sans doute aux mêmes secousses et aux mêmes alarmes. Il n'en reste pas moins que l'opinion demeure attachée à la paix du travail. Secrétaire de l'Union syndicale suisse, Ruth Dreifuss le reconnaissait à l'occasion du cinquantenaire des accords de 1937 : « Si la paix du travail est prise dans son sens étroit, disait-elle, c'est-à-dire comme un moyen de résoudre les conflits dans le cadre des conventions collectives, elle a certainement un bel avenir devant elle. Le bon sens veut en effet que l'on règle les problèmes davantage par la négociation que par l'affrontement. C'est de plus une forme de résolution des conflits qui jouit d'un soutien populaire certain[18]. » Au fil des sondages annuels, plus de deux tiers des Suisses jugent la paix du travail utile et souhaitable. On s'y montre bien sûr d'autant plus attaché qu'on est plus riche et plus âgé, mais toutes les catégories de la population, y compris les travailleurs syndiqués, l'approuvent à une nette majorité. Elle fait à ce point partie du cours normal des choses, elle s'apparente si bien à une institution, qu'il arrive à certains Suisses de croire que la grève est tout simplement interdite dans leur pays[19].

De la lenteur avant toute chose

Les Suisses, comme ils disent, se consultent parmi. C'est une habitude ancestrale. Au temps des hallebardes, le canton de Zoug ne pouvait pas entrer en guerre sans avoir obtenu l'accord préalable des trois districts qui le composent. A ce rythme-là, la guerre était finie avant que les Zougois aient achevé leurs délibérations. Ils n'ont jamais pu profiter des conquêtes réalisées par les autres confédérés : leur canton est devenu le plus petit du pays. A l'époque de la Révolution française, Charles de Muller stigmatisait l'excès de cette pratique : « Si je voulais, écrivait-il, faire signer aux treize cantons et aux pays alliés que nous avons de la neige en hiver, je n'arriverais à mon but qu'après une douzaine de *referenda*[20]. » De nos jours, les membres du gouvernement reviennent souvent, dans leurs déclarations, sur la nécessité d'accélérer les processus de décision dans une société qui leur paraît passer davantage de temps à ergoter qu'à imaginer. « Je ne connais pas d'affaires urgentes, disait un politicien valaisan, je ne connais que des gens pressés[21]. »

Cette philosophie ne relève pas en Suisse de la seule tactique politique, de celle que l'on voit pratiquer à l'occasion par d'autres régimes qui gouvernent sans gouvernement ou presque, comme en France sous la IVe République ou dans l'Italie d'après-guerre. Le principe du temps de réflexion appartient plus ou moins (plutôt plus que moins) à la mentalité helvétique, comme en témoignent les nombreuses plaisanteries, naturellement excessives, qui courent sur la vitesse de réaction des neurones du Suisse moyen, surtout s'il est Bernois de naissance. Les conseillers fédéraux n'hésitent pas à puiser dans le stock des blagues populaires pour essayer de faire passer leur message. En septembre 1990, le ministre de l'Économie Jean-Pascal Delamuraz parlait devant la presse romande des relations entre une Suisse empêtrée dans ses procédures de consultation et l'Europe qui roule à la vitesse du TGV. « Savez-vous, demanda-t-il aux journalistes, pourquoi les cabarets sont fermés, à Berne, le samedi soir ? C'est pour éviter que les Bernois se mettent à rire au culte le dimanche matin[22]. » La nuit porte conseil, dit-on. En Suisse simplement, la nuit peut durer très longtemps.

Une nouvelle loi ne voit le jour qu'au bout d'un long cheminement, après trois à six ans de procédure. A vrai dire, il serait difficile d'aller plus vite tant la méthode législative ressemble à un parcours du combattant. Avant d'arriver sur le bureau du Parlement, un projet d'une certaine importance subit au moins l'épreuve de deux passages rituels. Les données du problème, le texte à peine esquissé par l'administration sont d'abord confiés à une commission d'experts. En fait d'experts, elle est généralement composée de quelques spécialistes qui siègent aux côtés des représentants des associations professionnelles et des partis politiques. Les membres de cette commission, choisis par le gouvernement selon un cocktail compliqué où s'équilibrent les nuances idéologiques, les langues, les régions, ne peuvent aboutir qu'à un embryon de consensus. Le projet de loi ainsi élaboré est ensuite soumis aux cantons, aux partis politiques et à tous les groupes d'intérêts concernés (associations patronales, syndicats, Églises, groupes de promotion, etc.). Leurs avis sont recueillis par écrit — on va même jusqu'à les publier dans un rapport qui n'a rien d'un roman policier — et c'est sur la base de ces réactions évidemment contradictoires que l'administration met au point le compromis gouvernemental. Au Parlement, les deux Chambres disposent exactement des mêmes pouvoirs. Aucune des deux, ni le Conseil national qui représente le peuple, ni le Conseil des États qui représente les cantons, ne peut imposer sa volonté à l'autre. En cas de divergences, le projet fait la navette entre les deux Assemblées jusqu'à l'élimination de tous les points discordants. Lorsqu'un désaccord persiste, une conférence de conciliation tente de l'aplanir. Si elle n'y parvient pas, c'est l'enterrement du projet. Mais les risques ne s'arrêtent pas là. Dans les trois mois qui suivent la publication du texte voté par le Parlement, 50 000 citoyens peuvent exiger qu'un référendum soit organisé sur la question. Dans ce cas, la loi n'entre — enfin — en vigueur qu'à la condition que le peuple l'accepte. Sinon, tout est à recommencer.

Parfois, du coup, on tourne en rond. L'impasse a frappé successivement le débat sur l'avortement, le service civil, le statut de la radiotélévision. Un quart de siècle de délibérations n'a pas permis aux députés d'accoucher d'une nouvelle loi sur le droit des sociétés. Pendant trente ans, la question de l'entrée de la Suisse à l'ONU a prudemment mijoté — en vain d'ailleurs — dans les coulisses parlementaires. Tous ces exemples soulignent, s'il en était encore besoin, la singularité du régime helvétique. Nulle part ailleurs, les milieux économiques et sociaux ne sont associés aussi intensément à la gestion du pays. Dans aucun autre système bicaméral, même aux États-Unis, la Chambre haute du Parlement ne peut bloquer indéfiniment un projet. Dans nulle autre démocratie, le peuple ne peut trancher à sa guise. Quand le référendum existe, comme en France, son usage dépend du bon vouloir des dirigeants.

De toute évidence, le système helvétique manque de souffle et de grandeur. La recherche du plus grand dénominateur commun empêche la mise en œuvre d'une politique audacieuse qui écraserait les intérêts à court terme. Les grands desseins, les visions futuristes, souvent même les objectifs clairs, lui sont interdits. Mais la lenteur de la machine politique présente aussi des avantages. Elle permet parfois de bénéficier des expériences faites à l'étranger et d'écarter certaines erreurs. Elle évite les ruptures brutales qui donnent lieu ailleurs à de nombreux conflits sociaux, avec leur cortège de grèves, de manifestations, de recours à la violence. On peut légitimement préférer une société ralentie, voire bloquée, par la négociation permanente à un pays perpétuellement chahuté par les soubresauts de l'opinion et les changements de cap fréquents au lendemain des élections. Malgré la surreprésentation des milieux économiques et sociaux dans le processus de décision qui lui vaut la réputation d'un État néo-corporatiste, la Suisse demeure plus ouverte aux courants de la base que les démocraties parlementaires. Il lui arrive même de jouer encore aujourd'hui un rôle de pionnier en Europe. Qu'on s'en réjouisse ou non, par exemple, la Confédération a mis sur pied plus rapidement que ses voisins des moyens de lutte contre la pollution de l'atmosphère, y compris dans le domaine tabou du trafic routier.

Un état d'esprit

A tout prendre, le gouvernement helvétique ressemble à un conseil d'administration. Ce n'est pas qu'une image. Au sein des entreprises suisses elles-mêmes, les dirigeants passent leur temps à rechercher le consensus. Au travail, comme en société, les Suisses privilégient par tous les moyens l'accord, le rationnel sur l'émotionnel, la modération sur la soif d'absolu. Il fallait sans doute un étranger pour s'en apercevoir. Alexander Bergmann a eu l'idée d'interroger 500 « travailleurs », des ouvriers aux P.-D.G., sur le fonctionnement de leur entreprise[23]. Il en ressort qu'elles pratiquent le management du compromis vertical (du haut en bas de la hiérarchie) et horizontal (entre collègues du même niveau de responsabilité). Avant de prendre une décision importante, la direction lance des coups de sonde auprès des collaborateurs — certaines n'hésitent pas à utiliser l'arme de la rumeur ou des bruits — pour tester les réactions. Si elles sont négatives, on se donne le temps de convaincre par petites doses homéopathiques ou on laisse la situation pourrir jusqu'à ce que tout le monde réclame une décision. Dans le même esprit, quand un cadre supérieur renâcle à suivre l'avis majoritaire du comité de direction, on ne tranche pas dans le vif ; on attend et on louvoie. Seule une situation de crise permet de bousculer le rythme habituel de l'entreprise et d'imposer rapidement les changements inéluctables. Si vous voulez réussir, ne marchez pas plus vite que la fanfare : écoutez la musique.

Lénine avait compris le système. Quand il habitait Zurich, il se retrouvait chaque soir au café pour une partie de *jass* avec quelques amis socialistes. « Il avait fort bien compris, ironise Jean-Rodolphe de Salis, que, chez nous, le jeu de cartes fait partie de la politique[24]. » Tout concourt, il est vrai, dans ce petit pays à rapprocher les habitants les uns des autres, à leur donner le sentiment qu'ils vivent dans un grand village où tout le monde finit par se connaître. Aux expériences communautaires habituelles — à l'école, au travail, à l'armée où les hommes se retrouvent régulièrement — les Suisses ajoutent une activité associative intense. Dans son *Portrait des Vaudois*, Jacques Chessex a décrit avec verve la semaine d'un pilier de sociétés locales, le foisonnement des cercles en tout genre où s'entretient, dans la sueur, l'alcool ou la fièvre du nombre, la chaleur des rapports dits humains. Cet engouement pour les loisirs sociaux, de la chorale à l'association de tir en passant par les sociétés de contemporains, fait incontestablement partie du tempérament helvétique. Dans un tissu social aussi serré, les élus politiques ne peuvent pas avoir d'ennemi juré, du moins officiellement. Ils n'ont que des adversaires avec lesquels ils devront se mettre à table un jour ou l'autre, au propre comme au figuré. Autant jouer aux cartes ensemble.

Sans un peu d'hypocrisie, le consensus social et politique ne pourrait sans doute pas fonctionner. Mais il repose pour l'essentiel sur quelques solides convictions. Être Suisse, aux yeux de la majorité de la population, c'est tenir compte de l'avis exprimé par la minorité. Comme le souligne la philosophe Jeanne Hersch : « Cette habitude n'est pas le fait de toutes les démocraties ; dans la plupart, les politiciens pensent que l'aval d'une majorité, aussi infime soit-elle, leur donne le droit de passer comme un bulldozer sur la minorité[25] ». Autrement dit, l'esprit de concession est la règle de toutes les règles. L'idée acceptable ou la solution utile empruntée à l'adversaire permet de faire prévaloir ses propres vues sur d'autres points et de progresser par étapes. La classe dirigeante helvétique a depuis longtemps intégré la théorie des jeux, bien avant que les politologues américains ne la découvrent. Dans une situation où aucun des adversaires ne peut espérer dicter ses conditions, chaque acteur cherche évidemment à gagner le plus possible aux dépens des autres, mais toutes les parties gagnent ou perdent ensemble selon qu'elles parviennent, ou non, à tomber d'accord. En termes de gouvernement, cela conduit à mener une politique à deux vitesses. Première vitesse, accepter le changement pour éviter le pire : une minorité qui n'a plus rien à perdre au grand chambardement. Deuxième vitesse, lâcher du lest pour changer le moins possible. « En Suisse, constate Armand Forel, le peuple a été plus lent à prêter l'oreille aux communistes, parce qu'il est très traditionaliste et qu'il a été conduit par une bourgeoisie très intelligente (...). On ne peut évidemment pas en dire autant de la bourgeoisie française, ni surtout de la bourgeoisie italienne[26]. » C'est un communiste suisse qui le dit.

NOTES ET RÉFÉRENCES

1. Pierre Grellet, *La Suisse des diligences, op. cit.*, p. 192.

2. Avant le déclenchement de la guerre civile qui le ravage depuis 1975, c'est le Liban qu'on appelait la Suisse du Proche-Orient.

3. Le tabou frappe encore la plus haute fonction militaire en temps de paix, celle de chef de l'état-major général, qu'aucun démocrate-chrétien n'a occupé à ce jour.

4. *24 Heures*, 2 février 1984.

5. José Ribeaud, *Kurt Furgler à cœur ouvert, op. cit.*, p. 136-137.

6. Alain Peyrefitte, *Le Mal français, op. cit.*, p. 20, et Georges Plomb, *Les Sept Sages*, Lausanne, L'Aire, 1989, p. 29-30.

7. Le record absolu est détenu par le radical Karl Schenk qui resta 32 ans au pouvoir, de 1863 à 1895.

8. Catherine Duttweiler, *Kopp Madame et Monsieur*, Lausanne, Payot, 1990, p. 133-135.

9. *Schweizerische Beobachter*, 26 août et 22 septembre 1988. Après avoir épuisé la procédure jusqu'au Tribunal fédéral, Hans Kopp a été condamné à 100 000 francs d'amende dans cette affaire, en automne 1989. Mais les frais de la cause ont été mis à la charge du canton de Zurich.

10. Le 4 novembre 1988. A partir de cette date, l'ensemble de la presse helvétique va se saisir de l'affaire comme d'un sac à scoops.

11. Ce jour-là, *Le Matin* affirme que des informations confidentielles

émanant du Département fédéral de Justice et Police ont incité Hans Kopp à démissionner de la Shakarchi. Le journal ne parle pas d'un coup de téléphone de Mme Kopp. C'est elle-même qui l'avouera à la suite d'une séance extraordinaire du Conseil fédéral.

12. Le soir du 12 décembre 1988, alors qu'elle vient d'annoncer sa démission, elle confie à un ami : « C'est mon Hans que je plains le plus », et elle répétera souvent cette idée par la suite. Au moment où ses amis radicaux l'invitent à quitter le gouvernement, elle parle d'abord de rester six mois — jusqu'en juin 1989 ! —, puis accepte de s'en aller à la fin du mois de février. Pour finir, elle sera littéralement poussée dehors, mais non sans de nouvelles difficultés, le 12 janvier 1989. La veille, le procureur extraordinaire chargé de l'enquête avait rendu son verdict : Élisabeth Kopp avait bien violé à son avis le secret de fonction (Catherine Duttweiler, *op. cit.*, p. 188-197).

13. Ce sondage a été réalisé pour le compte de la télévision romande, les 23 et 24 janvier 1989, auprès d'un échantillon de 600 personnes représentatives de la population suisse (*Tribune de Genève*, 27 janvier 1989). Un autre sondage réalisé auprès de 300 Romands, immédiatement après la démission de Mme Kopp, indique également que l'affaire n'a pas entamé la confiance de 69 % d'entre eux dans la chose politique en général (*Le Matin*, 14 décembre 1988). Enfin, l'enquête Isopublic menée de novembre 1988 à février 1989, pour le compte du Département de science politique de l'université de Genève, révèle que 75 % des personnes interrogées font confiance au Conseil fédéral et 68,7 % au Parlement (*Tribune de Genève* et *Journal de Genève*, 24 mai 1989).

14. *Paix du travail, concertation, confrontation*, (ouvrage collectif), Lausanne, éd. Rencontres suisses, 1987, p. 41.

15. *Nouvelle Histoire de la Suisse et des Suisses, op. cit.*, p. 615-617 et 643, et Jean-François Bergier, *Histoire économique de la Suisse, op. cit.*, p. 220.

16. *La Suisse, démocratie témoin, op. cit.*, p. 84-85.

17. *Paix du travail, mythes, réalités et enjeux*, Confédération romande du travail, bulletin n° 75, décembre 1987-janvier 1988, p. 11.

18. *Journal de Genève*, 15 juin 1987.

19. *Paix du travail, mythes, réalités et enjeux, op. cit.*, p. 17.

20. Edouard Chapuisat, *La Suisse et la Révolution française*, Genève, Mont-Blanc, 1945, p. 262.

21. Jean-Pierre Vouga, *Romands, Alémaniques, Tessinois, Neuchâtel*, éd. La Baconnière, 1978, p. 140.

22. *24 Heures*, 12 septembre 1990.

23. *Bilan*, mars 1990, p. 106-110.

24. *La Suisse diverse et paradoxale, op. cit.*, p. 232.
25. Laurent Rebeaud, *La Suisse qu'ils veulent, op. cit.*, p. 41-42.
26. *Ibid.*, p. 35.

TROISIÈME PARTIE

La Suisse et l'Europe

CHAPITRE X

UNE ÎLE MODÈLE ?

Il y a deux îles dans le monde : l'Angleterre et la Suisse.

Georges-André CHEVALLAZ

De la Suisse, l'Europe a tout à apprendre et il n'y rien qu'elle ne puisse lui enseigner.

Richard COUDENHOVE-KALERGI

Sur la carte, personne ne peut en douter, la Suisse est un État sans accès à la mer. Elle est réellement au cœur de l'Europe selon le mot de Gonzague de Reynold, « là où les langues se rejoignent, là où les eaux se séparent [1] ». Mais tout se passe comme si les terres qui l'entourent étaient un océan au milieu duquel la Suisse se trouvait immergée. Malgré la géographie, on la compare souvent à une île tant elle fait figure de cas particulier (le fameux *Sonderfall* des Alémaniques) qui ne ressemble à rien aux alentours. Fille unique de l'histoire du continent, elle apparaît depuis des décennies comme un îlot de prospérité matérielle et de tranquillité publique dont les habitants ont développé, à l'abri des grandes invasions, le culte de soi et le goût du grand large, manifestations typiques d'une mentalité insulaire. Sans doute la Suisse appartient-elle à l'Europe par sa culture, par ses racines, au point de « représenter encore dans le monde cette forme de civilisation qui fut celle de la Grèce, celle du Moyen Age, celle de la Renaissance : la civilisation des cités[2] ». Mais sur le plan politique et social, la Suisse comprend mieux les Anglo-Saxons que l'Europe, et le maintien de valeurs traditionnelles en décalage avec l'évolution du monde moderne la fait ressembler, sur le plan économique, à une autre île : le Japon.

S'ils devaient absolument quitter leur pays, les Suisses choisiraient d'abord la France toute proche et l'Amérique qui n'est pas si lointaine à leurs yeux[3]. Ils se montrent même très fiers des « exploits » accomplis par leurs compatriotes aux États-Unis, du général Johan Sutter, figure mythique de la Californie, aux architectes qui ont construit là-bas des ouvrages grandioses[4]. Terre d'émigration privilégiée, l'Amérique représente aussi le sommet de la formation. Sur 4 400 étudiants suisses inscrits à l'étranger en 1989, 27 % fréquentent une université américaine, et les pays limitrophes, surtout la France, ont nettement perdu de leur attrait dans ce domaine au cours des années 80[5]. L'anglais devient d'ailleurs à grands pas la cinquième langue nationale. Cet intérêt pour le monde anglo-saxon ne date pas d'aujourd'hui. « Genève est la ville la plus britannique du continent », écrivait le gouvernement genevois au prince-régent d'Angleterre en 1814[6]. Il aurait dû écrire : « la cité de Calvin ». Car la Réforme qui a rapproché Genève et Zurich, en contribuant à les séparer, l'une de la France, l'autre de l'Allemagne, a également jeté un pont par-dessus la Manche, puis par-dessus l'Atlantique. « De là provient, explique Jean-Rodophe de Salis, l'attraction frappante qu'exerce sur les Zurichois le protestantisme anglo-saxon. Le climat spirituel et moral d'Angleterre et d'Amérique leur est familier[7]. » Melting-pot européen depuis des siècles, chacune à leur manière, la Suisse et l'Amérique partagent, il est vrai, un étonnant fonds commun de valeurs : le même idéal démocratique, les mêmes pratiques fédéralistes, le même esprit pragmatique qui s'affirme plus particulièrement en politique par le refus des idéologies trop marquées[8].

Derrière les Japonais — et les Américains — les Suisses

détiennent, on l'a vu, le record européen de la durée du travail. Est-ce un hasard ? Dans les comparaisons économiques internationales (le lecteur l'aura sans doute relevé au passage), les Suisses et les Japonais se retrouvent souvent côte à côte :

— Ils occupent les deux premières places du classement mondial de l'épargne individuelle.

— Ils se retrouvent dans le peloton de tête, avec les États-Unis, l'Allemagne et la Suède, pour les dépenses en matière de recherche scientifique. Mais, en Suisse comme au Japon, la recherche est essentiellement financée par les fonds privés.

— C'est la Suisse, suivie de près par le Japon, qui utilise le moins d'énergie par unité du produit intérieur brut.

— C'est encore la Suisse qui détient le record mondial du nombre de brevets déposés par tête d'habitant, devant l'Allemagne et le Japon.

D'une manière générale, malgré les différences de taille, l'économie de la Suisse et celle du Japon s'inspirent du même modèle. On y développe, sous des formes différentes, des relations de travail fondées sur la coopération des partenaires sociaux. Sans matières premières, l'industrie d'exportation s'y montre particulièrement dynamique alors que l'économie intérieure est systématiquement protégée, en Suisse par les cartels et les subventions à l'agriculture[9]. André Siegfried répétait inlassablement à ses élèves : « N'oubliez pas que l'Angleterre est une île. » Peut-être pourrait-on répéter aussi : « N'oubliez pas que la Suisse se prend pour une île. » Quelque part entre l'Amérique et le Japon.

Une histoire à contre-courant

Friedrich Engels n'aimait pas la Suisse. L'ami de Karl Marx y voyait un pays particulièrement rebelle au sens de l'histoire et promettait ses habitants aux boulets de canon. L'acte fondateur de la Confédération, la révolte contre les Habsbourg, constituait à ses yeux un péché originel. Pour Engels, ce cri d'indépendance et de liberté, entré dans les mentalités collectives tout auréolé de la légende de Guillaume Tell et de la victoire de Morgarten, n'était qu'une attitude « réactionnaire » face à la volonté « progressiste » des Habsbourg de fonder une dynastie allemande, étape indispensable à la liquidation de la féodalité. Au cœur des Alpes, des paysans attardés — ou sérieusement en avance ? — avaient osé rejeter le matérialisme scientifique et son avenir radieux. Les excès simplificateurs du premier des marxistes n'en soulignent pas moins une indéniable constante dans l'histoire de la Suisse : elle s'est forgée à contre-courant des forces centrifuges qui ont conduit l'Europe sur le chemin de la monarchie, puis de l'État-nation.

Alors que s'ébauchent, sur le terreau fragile et compliqué de la féodalité, des monarchies régionales, les Suisses posent — et opposent — l'alliance de communautés républicaines, hostiles au fait du prince comme à l'ingérence « étrangère », unies ensemble dans le seul but de résister aux grands de ce monde et de continuer, à l'abri du bouclier commun, de se gouverner elles-mêmes. C'est le premier carrefour. Aux XIIIe-XIVe siècles, la Suisse s'enracine dans ses diversités et choisit la république ; l'Europe s'engage sur la voie de la monarchie unitaire.

Au XIXe, lorsque apparaît la question des nationalités fondées sur l'unité primordiale de la langue, la Suisse connaît une effervescence qui ressemble par certains côtés à la prise de conscience allemande ou italienne. La Confédération se transforme en État fédéral, l'alliance devient constitution et elle introduit une notion nouvelle, de fabrication étrangère : la nationalité suisse (qui avait d'ailleurs été imposée pendant quelques années, de 1798 à 1803, par une République helvétique d'inspiration toute française). Mais si les forces centrifuges semblent l'emporter sur tout le continent, c'est l'État-nation que l'Europe monarchique enfante sur les champs de bataille alors que la Suisse préserve, au travers du fédéralisme, ses règles séculaires d'union politique dans la différence culturelle.

Quand s'amorce enfin le mouvement démocratique qui finit par installer partout la primauté du suffrage universel, les chemins de la Suisse et de l'Europe se séparent à nouveau. L'une fait renaître l'agora de ses origines sous la forme d'un système référendaire de plus en plus sophistiqué ; l'autre emprunte la voie presque exclusive du régime parlementaire.

Le centre d'un réseau

« Vers 1900, écrit Jean-François Bergier, l'historien allemand du trafic médiéval Aloys Schulte regardait la Suisse comme un *Passstaat*, un pays structuré autour des cols des Alpes centrales. L'expression fit scandale. Elle offusquait la conception idéaliste alors dominante de l'histoire[10]... » Il ajoute que si l'idée paraît aujourd'hui encore excessive (l'origine de la Confédération ne se réduit pas à la volonté d'un peuple de bergers de contrôler les cols alpins), elle contient pourtant une part de vérité.

Constatation banale, la Suisse se situe à mi-distance entre la côte portugaise et la frontière soviétique, entre la Sicile et la Scandinavie, entre l'Écosse et la Grèce. Passage presque obligé de par sa position centrale, les Alpes l'ont transformée en forteresse stratégique. Elle est le moyeu de la roue des grandes invasions, la plaque tournante des échanges économiques. Elle a vu passer les légions romaines qui allaient prendre leurs casernements sur les bords du Rhin, les croisés qui se rendaient en Palestine ou les marchands de drap et d'épices qui commerçaient avec l'Orient. Elle se situe depuis le Moyen Age à la croisée des grandes zones de développement économique, la plaine du Pô, le bassin rhénan, le couloir rhodanien. Mais le véritable décollage se produit au XIIIe siècle, dès l'instant où le Gothard prend le pas sur les autres cols alpins dans les relations Nord-Sud. A cette époque déjà, près de dix mille mulets et chevaux de bât, transportant environ 150 kg chacun, empruntent chaque année cette voie directe, malgré la médiocrité du chemin. Ce trafic n'a guère évolué jusqu'au début du XIXe, période à laquelle s'ouvre coup sur coup les premières routes carrossables des Alpes, celle du Simplon en 1807, celle du Bernardin en 1822, celle du Gothard en 1830, qui retrouve ainsi sa primauté un instant menacée. A la fin du XIXe, le chemin de fer et la construction des tunnels du Lötschberg, du Simplon, du Gothard et de l'Albula renforcent encore la position de la Suisse dans les échanges Nord-Sud. Le rôle qu'elle remplit aujourd'hui dans le réseau ferroviaire et autoroutier européen constitue un enjeu vital pour la Communauté de Bruxelles. Environ 30 % du trafic global entre l'Italie et le nord de l'Europe occidentale passe par son territoire, les deux autres tiers passant par la France et par l'Autriche. Plus de 60 millions d'automobilistes étrangers (environ dix fois la population du pays) transitent annuellement par la Suisse. Les Français, les Italiens, les Allemands représentent, à parts pratiquement égales, les neuf dixièmes de cette transhumance qui fait régulièrement la une des journaux en période de vacances.

Le transit des camions de la Communauté européenne est d'ailleurs devenu le dossier le plus chaud des relations entre Berne et Bruxelles en 1989. Les Douze ont même brandi la menace de représailles économiques si la Suisse, qui ne laisse passer que les poids lourds de 28 tonnes, n'ouvrait pas un corridor routier pour les 40 tonnes. Berne n'a pas cédé, contrairement à l'Autriche, et le commissaire européen des Transports, Karel Van Miert, s'est rendu, sur place, à l'évidence. L'invasion des 40 tonnes représenterait une atteinte intolérable à l'environnement en Suisse centrale. Depuis l'inauguration du tunnel autoroutier du Gothard, le trafic de transit a plus que triplé en dix ans : 1,3 million de véhicules en 1980, environ 6 millions en 1990, dont deux mille camions en moyenne par jour. Dans la vallée de la Reuss, les concentrations en oxyde d'azote dépassent nettement les limites annuelles fixées par la loi (30 microgrammes par mètre cube). Elles atteignent le double au centre de la bourgade d'Altdorf, « patrie » de Guillaume Tell. Seule une augmentation des capacités du trafic combiné rail-route, au travers des tunnels ferroviaires, permettra de faire face à l'accroissement prévisible des échanges européens sans conduire quelques cantons helvétiques à l'asphyxie, au sens propre du terme. Berne a donc proposé de tripler de volume le ferroutage par le Gothard et le Lötschberg d'ici à 1994 pour répondre aux besoins du marché unique (10 millions de tonnes seraient ainsi chargées sur wagons pour le passage des Alpes contre 3,5 millions à la fin des années 80). « La Suisse est prête à assumer à l'avenir aussi son rôle traditionnel de pays de transit, affirme le conseiller fédéral Adolf Ogi, mais elle le fera selon la nouvelle philosophie des transports. Une démonstration de force de la Communauté européenne ne parviendrait pas à faire passer un gramme supplémentaire. » Coup de bluff ? Sûrement pas. Le gouvernement a sur ce point l'appui de la population, y compris dans les régions les moins concernées par l'éventuel passage des super-camions européens. En septembre 1990, près de 60 % des Romands approuvaient le refus de Berne d'accorder un couloir même provisoire aux 40 tonnes. Ce n'est pas sous leurs fenêtres que se déroulerait la procession des poids lourds, mais l'Europe ne doit pas se faire, à leurs yeux, au prix du sacrifice de l'environnement [11].

Plus discrètement, la Suisse sert aussi de plaque tournante dans le domaine énergétique, au centre de la toile d'araignée des lignes électriques à haute tension et comme terre de passage de l'oléoduc Gênes-Ingolstadt et du gazoduc Pays-Bas-Italie qui relient la mer du Nord à la Méditerranée. D'une manière ou d'une autre, la position de la Suisse contribue ainsi à la distinguer de la masse continentale qui l'entoure ; à en faire, en termes de communication, un nœud de réseaux.

Un phénomène de cristallisation

Si la Suisse n'a jamais été bien grande, elle est encore plus petite aujourd'hui que par le passé. C'est en effet au XVIe siècle que la Confédération a connu sa plus forte expansion territoriale, avant qu'elle ne perde le val d'Ossola à la bataille de Marignan et qu'elle ne restitue à la maison de Savoie le Chablais-Faucigny et le pays de Gex occupés pendant un quart de siècle (de 1536 à 1564). A partir de cette période, la Suisse s'est en quelque sorte cristallisée, comme recroquevillée sur elle-même, perdant par sa faute des territoires qui se trouvaient englobés dans ses alliances, allant même jusqu'à repousser des populations qui s'offraient à elle spontanément. Sans ce comportement « aberrant », la Confédération compterait au moins quelques cantons de plus : la Franche-Comté, la Savoie du nord, la Valteline, le Voralberg — et Strasbourg et Mulhouse figureraient au nombre de ses grandes villes.

A l'issue des guerres de Bourgogne qu'ils viennent de remporter contre Charles le Téméraire, les Suisses sont maîtres de la Franche-Comté, région vitale pour leur approvisionnement en sel et en blé. Ils préfèrent pourtant la remettre à l'Autriche contre le versement d'une somme qui paraît aujourd'hui dérisoire. Ils s'en désintéressent une nouvelle fois deux siècles plus tard, quand Louis XIV occupe militairement la province, au mépris des traités qui la déclaraient neutre. Appelée à l'aide par les populations locales qui n'avaient apparemment aucune envie de devenir françaises, la Berne protestante ne bronche pas : les Francs-Comtois sont catholiques. Le geste n'était pas fait pour calmer l'appétit du Roi-Soleil. En 1681, Louis XIV s'empare également de Strasbourg, alliée de longue date de Berne et de Zurich.

La Révolution française porte un autre mauvais coup à la Suisse. Le Directoire annexe Mulhouse, associée aux cantons depuis 1468, et lors de la paix de Campo Formio, Bonaparte dispose de la Valteline, possession des Grisons depuis 1512. La Confédération tente bien de récupérer la province lombarde après la chute de Napoléon, mais le comportement lamentable des délégués grisons au congrès de Vienne fait échouer l'affaire. Non seulement ils ne songent pour l'essentiel qu'à obtenir des dédommagements personnels, mais ils ne veulent en aucun cas accorder le statut de canton à une région catholique.

Avec le second Empire, c'est la Savoie du nord qui échappe définitivement à l'orbite de Berne. En 1859, tout un mouvement d'opinion préférerait rejoindre la Confédération plutôt que de contribuer à former l'Hexagone. En quelques jours, une pétition réclamant le rattachement à la Suisse recueille 12 000 signatures. En vain. Berne est trop lente à réagir, trop hésitante, et Napoléon III organise le plébiscite de manière qu'il ne soit pas possible de se prononcer pour la Suisse. Le phénomène s'est reproduit en plein XXe siècle avec l'affaire du Voralberg. En novembre 1918, à la veille de l'armistice, cette province autrichienne proclame son indépendance. Partout, se déclenche un mouvement en faveur de la Suisse qui se confirme lors du référendum organisé le 11 mai 1919 : 47 208 voix contre 11 248, soit 80 % des votants, et toutes les communes, sauf deux, se prononcent pour le rattachement à la Confédération. A Versailles, la Conférence de la paix accepte d'organiser un scrutin d'autodétermination sous contrôle international. A Berne, malgré tout, on fait la moue ; le Conseil fédéral, toujours prudent, perçoit de nombreuses réticences : les paysans suisses redoutent la concurrence d'une région agricole, les radicaux voient d'un mauvais œil la création d'un canton catholique et les Romands d'un canton de langue allemande. Pour finir, le Voralberg sera incorporé à la nouvelle République autrichienne. Les hésitations de Berne rejoignaient en fait les craintes de Paris qui redoutait qu'un trop grand affaiblissement de l'Autriche ne profite à l'Allemagne [12].

Ce processus de cristallisation, cette impression que la Suisse était achevée, a trouvé sa source très tôt dans la structure même de la Confédération, ses divisions internes, sa peur de perdre l'équilibre. Au cours des premiers siècles, l'expansion du pays s'est opérée en deux poussées principales, l'une vers le sud, l'autre vers l'ouest, qui nous paraissent parfaitement complémentaires aujourd'hui. Mais les confédérés de l'époque les trouvaient contradictoires, ils n'étaient pas d'accord entre eux sur la direction à prendre. La Suisse centrale, le taureau d'Uri en tête, ne songeait qu'au sud, aux débouchés sur l'Italie, dont les Bernois n'avaient que faire. Les autres cantons, à l'inverse, Zurich surtout, freinaient toute percée à l'ouest qui ne pouvait profiter qu'à Berne et la rendre plus puissante. Entre ruraux et citadins, entre protestants et catholiques, tout est devenu ensuite une savante question de dosages et de rapports de force. A la fin des guerres de Bourgogne, par exemple, les villes de Fribourg et de Soleure se voient refuser leur première demande d'adhésion à la Confédération par les cantons campagnards qui craignaient de perdre la majorité. En 1815, la Suisse accueille Genève en son sein sans enthousiasme débordant, « pour déférer aux vœux des puissances » comme dit la Diète, et le canton de Berne se voit imposer, en compensation de ses pertes en Argovie, un évêché de Bâle dont il ne voulait pas. Entourée de régions catholiques, la Suisse ne pouvait plus s'étendre, après la Réforme, sans rompre l'équilibre fragile des religions, qui fut sa hantise jusqu'au début du XXe siècle.

Un autre facteur a joué sans doute un rôle puissant, au moins inconsciemment : le sentiment de partager une histoire, un état d'esprit, des avantages qui risquaient de disparaître si les membres du club helvétique devenaient trop nombreux, ou d'exciter l'envie si l'on poussait trop loin la clôture selon le mot attribué à Nicolas de Flue. Ce pays a su se développer avec mesure, constate Jean-François Bergier, « sans jamais dépasser la ligne au-delà de laquelle il eût cessé de voir et de sentir la présence des Alpes. C'est ainsi qu'il a gagné peu à peu les limites naturelles que lui offraient le Léman, les crêtes du Jura et le cours du Rhin [13] ».

Un modèle politique

« La Suisse est une île, écrit Paul Valéry, un îlot de paix, de liberté et de prospérité, une véritable terre bénie. » A ses yeux, cet « État modèle » a su « résoudre presque tous les problèmes qui font depuis des siècles le malheur du reste de l'Europe et tourmentent aujourd'hui le monde entier [14] »... On est en 1943. Après la guerre, c'est à Zurich que Winston Churchill lance son appel en faveur d'une sorte d'États-Unis en Europe. « La scène pourrait changer comme par enchantement, dit-il, et la majeure partie du continent vivre libre et heureux comme les Suisses. Il suffirait de recréer la famille européenne, de l'élever dans la paix, la sécurité et la liberté. (...) Pourquoi n'y aurait-il pas un groupement européen qui donnerait à des peuples divers le sentiment d'un patriotisme plus large et d'une sorte de nationalité commune [15]. » Dans un discours prononcé à Berne, le 6 mars 1958, l'un des pères fondateurs de l'Europe, le Français Robert Schumann est encore plus direct : « Il a fallu à la Suisse près de six siècles pour construire une confédération, combinaison originale d'autonomies cantonales et d'un pouvoir central limité. Vous avez procédé par étapes prudentes. Vous avez su éviter un centralisme et un bureaucratisme qui paralysent, mais en même temps vous avez su coordonner les efforts et mettre en commun les ressources matérielles et spirituelles dans l'intérêt de l'ensemble. Ainsi vous avez donné un modèle à l'Europe ; elle aussi doit éviter de brûler les étapes. Elle fera bien de profiter de vos leçons et de vos expériences. Sans vouloir ni pouvoir copier ni transposer vos institutions, sans disposer de six siècles pour nous décider, nous entendons doter l'Europe d'une structure qui repose sur des besoins concrets et se vérifie expérimentalement [16]. »

C'est dans le sens de ces quelques citations, la dernière surtout, qu'il faut comprendre l'idée que la Suisse puisse servir de modèle à l'Europe. On tourne parfois cette perspective en dérision, comme si des Suisses imbus d'eux-mêmes allaient débarquer à Bruxelles pour réclamer que l'Europe adopte leurs institutions. Dans les années 60, personne ne songeait que les Suédois allaient agir de la sorte. Cela n'empêchait pas les partisans d'un socialisme « à visage humain » de vanter partout les mérites du modèle suédois et de le déclarer propre à l'exportation. D'autres jugent irréaliste l'idée d'une Europe construite sur le modèle des 23 cantons, à l'instar d'André Siegfried qui n'imaginait pas que le régime suisse puisse s'acclimater ailleurs. Mais personne ne rêve d'appliquer telles quelles les institutions helvétiques à la Confédération européenne, encore moins à chacun de ses pays membres. Rien n'interdit, en revanche, tout conseille même de s'inspirer des principes qui ont fondé la Suisse si l'on veut construire la « Maison commune » autrement que sur du sable.

A l'origine, la Suisse est, comme l'Europe de Bruxelles, un phénomène international, elle existe en fonction d'un traité, d'un pacte, non d'une Constitution. En 1848, lorsque la Confédération helvétique veut se transformer en État fédéral, les constituants se trouvent dans une situation comparable à celle de la Communauté européenne à la fin du XXe siècle. Ils cherchent à concilier l'unité de l'ensemble et la diversité de ses composantes en même temps qu'à créer un marché commun intérieur, en supprimant les douanes intercantonales, en établissant la libre circulation des personnes sur tout le territoire, en attribuant au pouvoir fédéral la compétence d'unifier la monnaie, de mener la politique étrangère et d'organiser la défense commune. Le régime qui est issu de leurs travaux n'a guère qu'un siècle et demi d'existence, mais il compte déjà parmi les plus vieux, et par conséquent les plus stables du continent, malgré l'absence de toute cohésion naturelle sur le plan ethnique, linguistique ou religieux. C'est qu'ils ont laissé aux différences le droit d'exister, au lieu de chercher à les réduire, qu'ils ont posé partout les principes et les garanties du fédéralisme.

L'égalité des inégaux et le principe de concordance. — Dans l'ancienne Confédération, chaque canton ne disposait que d'une voix à la Diète. Les décisions devaient être prises à l'unanimité mais la majorité parvenait assez souvent à convaincre la minorité. Si l'évolution n'avait pas été brisée par les querelles religieuses, la Suisse serait sans doute devenue un État fédéral au XVIe siècle déjà. En 1515, la Diète avait même décidé que les décisions seraient prises désormais à la majorité et que la minorité aurait à s'y soumettre. Les divisions religieuses nées de la Réforme mirent fin pour longtemps à cette pratique. Lorsque la règle majoritaire l'emporta à nouveau, en 1848, et définitivement, elle se vit doter de sérieux garde-fous pour assurer l'égalité formelle des États membres, sérieusement inégaux dans la réalité. Au sein du Parlement fédéral composé de deux Chambres, l'une, le Conseil national y représente le peuple : chaque canton élit un nombre de députés proportionnel à sa population. Mais l'autre, le Conseil des États, y représente les cantons, et chacun d'entre eux, qu'il soit puissant ou minuscule, y dispose uniformément de deux sièges. « La structure des États-Unis d'Europe, disait encore Winston Churchill, devra être conçue de telle sorte que la puissance matérielle de chaque État ne joue qu'un rôle secondaire. Les petits États compteront autant que les grands. » En Suisse, cette règle ne peut être tournée ni sur plan constitutionnel ni sur le plan législatif. Les deux Chambres jouissent de pouvoirs exactement identiques, aucune d'elles ne peut imposer sa volonté à l'autre. Et tout changement constitutionnel doit être approuvé par le peuple, à la double majorité des voix et de celle des cantons. L'égalité des inégaux conduit ainsi à privilégier le compromis, à rechercher les concordances, chaque fois qu'un projet important risque de mettre en cause les équilibres.

Le dosage des différences et le principe de collégialité. — Dans un pays où s'expriment une bonne vingtaine de sensibilités cantonales, trois à quatre langues, deux religions, seul un gouvernement composé plus ou moins à la proportionnelle permet une représentation adéquate de la diversité de l'ensemble. Et de s'adapter sans secousse aux évolutions de la société, comme l'a montré la participation progressive des nouveaux courants politiques aux différents rouages de l'État. Mais ce subtil dosage des ministres n'a de sens qu'à la condition qu'aucun d'entre eux — fût-ce le Premier — ne dispose de pouvoirs privilégiés. Le système implique la collégialité, le pouvoir de tous et non d'un seul, le principe d'une présidence tournante, exercée à tour de rôle par chacun des membres de l'exécutif. L'idée d'un Président pour l'Europe proposée par Valéry Giscard d'Estaing est née dans le cerveau d'un homme amoureux des gadgets et qui se verrait bien dans le rôle ; elle émane au mieux d'un esprit jacobin qui rêve d'appliquer à l'Europe un vieux démon français. Le Conseil des chefs d'États et de gouvernements institutionnalisé par la Communauté de Bruxelles en 1974, après l'accession de Giscard d'Estaing à l'Élysée, est d'ailleurs composé du Premier ministre, président du Conseil ou chancelier de chaque État membre, à l'exception de la France, seul régime présidentiel des Douze, qui s'y fait représenter par son chef de l'État. Mais si un tel régime convient à des nations homogènes comme la France ou les États-Unis, il ne correspond guère à la diversité d'une confédération d'États, qu'elle soit helvétique ou européenne.

L'amour de la diversité et le principe de subsidiarité. — « Le fédéralisme ne peut naître que du renoncement à tout esprit de système, écrit Denis de Rougemont. On pourrait définir l'attitude fédéraliste comme un refus constant et instinctif de recourir aux solutions systématiques, simples de lignes, claires et satisfaisantes pour la logique, mais par là même infidèles au réel, vexantes pour les minorités, destructrices des diversités qui sont la condition de la vie organique... le fédéralisme repose sur l'amour de la complexité... L'amour (plus encore que le respect ou la tolérance) des complexités culturelles, psychologiques et même économiques[17]. » Cela suppose que le gouvernement central cherche à composer plutôt qu'à s'imposer, qu'il s'abstienne d'assumer les tâches que les États membres, voire les étages au-dessous (les régions ou les communes) peuvent elles-mêmes exercer, qu'il n'intervienne qu'en tout dernier ressort, lorsque les composantes du corps social — particuliers, groupements privés, collectivités publiques — ont manifestement démontré leur incapacité à résoudre un problème. Dans cette perspective, l'appareil de l'État central doit rester relativement faible, se concentrer sur les activités extérieures, la politique étrangère, la défense, le commerce international, ou les grands travaux intérieurs. En confiant l'application de la loi commune aux États membres, il doit même tolérer qu'elle s'adapte à l'esprit du lieu, aux mentalités régionales, comme on le voit en Suisse dans des domaines aussi éloignés les uns des autres que l'avortement, la vitesse sur les routes ou l'aménagement du territoire. Le principe de subsidiarité — les États membres exercent tous les droits qui ne sont pas délégués au pouvoir fédéral — assure l'oxygène indispensable aux autonomies locales et protège contre la tentation centralisatrice au bout de laquelle pointe immanquablement la révolte des Jurassiens, des Basques, des Corses ou des Géorgiens.

A ces structures fédéralistes, la Suisse a ajouté en cours de route, à partir de 1874, toute une série de mécanismes de contrôle populaire, l'initiative et le référendum, qui s'inspirent de l'institution démocratique la plus ancienne en Europe : la Landsgemeinde. Il saute aux yeux que l'assemblée de tous les citoyens réunis une fois par année sur la place publique ne peut exister et survivre que dans des États minuscules. L'introduction du suffrage féminin, qui a doublé d'un coup le corps électoral, l'a d'ailleurs fait disparaître dans certains cantons suisses. Mais le référendum et l'initiative peuvent très bien s'appliquer, en s'adaptant, aux grands ensembles communautaires. A l'échelle de ses voisins, la Suisse a les dimensions d'une région. La démocratie directe s'intégrerait sans difficulté, à condition qu'on en veuille, dans une Europe des régions. En automne 1990, par exemple, on a vu les citoyens d'une grande ville bretonne se rendre aux urnes pour savoir si leur commune devait se doter d'un réseau de tramway. Pourquoi ce qui est possible en Bretagne, comme à Genève ou à Zurich, serait-il impossible à Paris, à Hambourg ou à Barcelone ? Une vingtaine des cinquante États américains, dont le géant californien, connaissent la procédure du référendum à la suisse : quand un nombre ou un pourcentage déterminé d'électeurs en font la demande. On voit mal quels obstacles réels empêcheraient les pays européens, même les plus grands, d'introduire cette pratique dans leurs habitudes politiques. Sans être passée à l'acte, la France des années 80 s'y est du reste montrée favorable, d'Alain Peyrefitte à François Mitterrand. Ce n'est peut-être qu'une question de temps.

Un modèle économique

Que le développement économique d'une société dépende de son développement culturel — de son degré d'alphabétisation hier ou de formation aujourd'hui — nous paraît une évidence première. Ce lien traditionnel a pourtant été rompu dans l'Europe du XIXe siècle. La révolution industrielle propulse la Grande-Bretagne au premier rang des nations. Avec un peu plus de 2 % de la population mondiale autour de 1860, elle produit la moitié du fer et du textile de la planète[18]. Mais c'est ailleurs, en Suède, en Allemagne, en Suisse, que l'alphabétisation est la plus poussée. La Suède cultivée et le Portugal analphabète de cette époque connaissent le même taux d'industrialisation, plutôt faible. « Seule la Suisse, constate Emmanuel Todd, associe vers 1880 un développement industriel important — avec 37 % de la population active dans l'industrie — à un niveau culturel très élevé. En Suisse persiste donc vers le milieu du XIXe siècle un progrès "à l'ancienne" combinant, comme à l'époque médiévale, alphabétisation et industrialisation. Ce modèle redeviendra vers 1900 dominant en Europe[19]. » C'est que depuis toujours, on l'a vu, la Suisse a dû surmonter l'absence de ressources naturelles. Emmanuel Todd y revient plus loin de manière plus précise : « La Suisse ne dispose ni de charbon ni de fer ; sa production industrielle doit tout à l'activité des hommes et rien à la générosité de la nature. Entre 1860 et 1975, progressivement, le modèle suisse de développement industriel gagne en importance et l'emporte à travers toute l'Europe[20]. »

La situation économique de la Communauté européenne ressemble en effet dans les grandes lignes, et toutes proportions gardées, à celle de la petite Suisse. D'un côté, un bilan impressionnant, des performances exceptionnelles. Par son produit intérieur brut, l'Europe est la deuxième puissance économique mondiale, derrière les États-Unis, très loin devant le Japon et l'Union soviétique. Elle se place au premier rang pour la production agricole, la construction automobile, les matières plastiques, le ciment ; au deuxième, pour l'acier, l'aluminium, les textiles synthétiques. C'est le premier commerçant de la planète, le principal espace touristique mondial, alors que sa population ne la situe qu'en troisième position, après la Chine et l'Inde.

La stature du géant masque mal, cependant, son pied d'argile. Malgré la découverte du pétrole de la mer du Nord et la multiplication des centrales nucléaires, en particulier en France, la Communauté ne couvre qu'une bonne moitié de ses besoins énergétiques. Son approvisionnement en matières premières dépend à 75 % de l'étranger. Cette dépendance est même totale pour les métaux non ferreux à usage stratégique (manganèse, chrome, platine, vanadium). Si l'Europe conserve des atouts non négligeables dans plusieurs secteurs : fusion nucléaire contrôlée, physique des particules, biotechnologies, télécommunications, elle se trouve distancée dans de nombreuses industries de pointe, surtout dans le domaine de l'électronique et de l'informatique. Sur dix ordinateurs personnels vendus dans la Communauté, huit viennent des États-Unis ; sur dix magnétoscopes, sept sont fabriqués au Japon. D'une manière générale, la production industrielle augmente moins vite en Europe qu'aux États-Unis et au Japon. Parallèlement, les pays du tiers-monde, qui disposent d'une main-d'œuvre abondante et bon marché deviennent de sérieux concurrents dans les secteurs à faible valeur ajoutée[21].

A cela s'ajoute la chute de la natalité enregistrée à partir du milieu des années 60 dans tous les pays d'Europe occidentale, quel que soit l'état de leur législation familiale ou sociale. L'évolution parallèle de leur démographie n'en est que plus frappante. Si la Suisse flirte avec les taux de fécondité les plus faibles du monde, la population de l'Allemagne et du Danemark sont déjà entrées en régression, fécondité et mortalité s'équilibrent tout juste en Italie ou au Luxembourg. A terme, l'Europe risque de se trouver confrontée à de graves problèmes démographiques : le vieillissement de la population, d'une part, qui rendra plus difficile le financement des retraites et de la sécurité sociale ; la diminution du nombre des actifs, d'autre part, et un besoin croissant de main-d'œuvre.

Sans oublier les différences d'échelles liées aux possibilités d'un grand marché de plusieurs centaines de millions d'habitants, et les différences tout court, en particulier la puissance agricole de la Communauté, l'Europe se rapproche ainsi des contraintes qui ont forgé le modèle helvétique des « Trente Glorieuses » :

— forte dépendance à l'égard de l'étranger pour l'approvisionnement en énergie et en matières premières,
— manque de main-d'œuvre,
— nécessité absolue de surmonter ces deux handicaps pour faire face à la concurrence internationale.

La Suisse y est parvenue en combinant toute une série d'attitudes et de comportements. L'absence de grèves, la durée du travail, la motivation de ses habitants ont contribué à maintenir sa compétitivité. La concentration de ses activités industrielles dans des secteurs à très forte valeur ajoutée, la chimie par exemple, a compensé une partie de ses handicaps.

Mais elle a surtout développé trois politiques qui préfigurent peut-être celles de l'Europe.

La formation professionnelle en entreprise. — On ignore souvent que le *made in Switzerland* n'a pas toujours été synonyme de qualité irréprochable. A la fin du XIXe siècle, la participation de la Suisse aux expositions universelles a démontré, au contraire, la mauvaise finition de ses produits[22]. Le changement intervenu depuis plaide en faveur du système de formation professionnelle introduit à l'époque. Manifestement, l'apprentissage « sur le tas », au sein de l'entreprise, ne donne pas de moins bons résultats qu'une formation plus théorique, à l'école. Elle a en revanche le mérite de ne jamais couper la formation des nécessités économiques et des besoins des entreprises. La France elle-même commence à s'en apercevoir. « Le paradoxe, reconnaît le ministre du Travail, c'est que, en dépit du chômage, beaucoup d'entreprises recherchent des salariés qualifiés qu'elles ne trouvent pas. » Pour Jean-Pierre Soisson, c'est le système de formation professionnelle qui est à revoir. Il souhaite développer l'apprentissage en alternance, entre l'école et l'entreprise, rapprocher le monde de l'éducation et celui de l'économie[23].

Le recours massif à l'immigration. — En 1950, les étrangers représentaient 7,5 % de la population active en Suisse, 16 % en 1960, 22 % en 1970. Sans ce volant de manœuvre, la Suisse n'aurait pas pu atteindre le rythme de croissance qu'elle a connu après la Seconde Guerre mondiale ni échapper au chômage au moment du choc pétrolier. Le départ de 220 000 travailleurs étrangers en quelques années, de 1973 à 1977, a évité que le taux de chômage ne s'élève à 7-8 %, un taux finalement comparable à celui des pays voisins où il approchait les 10 %[24]. L'Europe semble prendre le même chemin, mais dans les pays les plus concernés, l'Allemagne et la France, on est encore loin de la situation helvétique. C'est simple : en chiffres absolus, les étrangers sont aussi nombreux sur le territoire helvétique qu'en Italie, pourtant neuf fois plus peuplée.

L'exportation des usines. — Plutôt que d'importer les matières premières et d'assumer en Suisse des coûts de production élevés, les entreprises helvétiques se sont mises très tôt à exporter leurs usines. De nombreuses firmes réalisent la moitié, et jusqu'à 90 %, de leur production à l'étranger. Cette évolution touche tous les secteurs vitaux de l'industrie : l'alimentation, la chimie, la mécanique, l'électrotechnique. Les filiales à l'étranger leur ont permis de maintenir leur expansion malgré les obstacles du protectionnisme et à des coûts souvent sans comparaison avec les normes du marché suisse. Nestlé dont le centre est à Vevey et la circonférence partout dans le monde demeure le symbole le plus connu de ce comportement. Il était encore suffisamment original et déjà suffisamment développé en 1948 pour qu'André Siegfried lui consacre trois pages entières de son fameux ouvrage. Et il ajoutait : « N'est-ce pas la destinée de l'Europe[25] ? »

Un modèle écologique

La protection de l'environnement constitue, et de loin, la première préoccupation des Suisses. La catastrophe de Tchernobyl, la pollution du Rhin, les pluies acides et les forêts malades, l'effet de serre et la couche d'ozone alimentent leur angoisse depuis quelques années. Mais on aurait tort de voir dans leur attitude une crainte de circonstance, une mode passagère. Leur inquiétude est plus profonde, elle remonte au début des années 70 et n'a pas varié depuis. Quelle que soit la forme de la question posée, tous les sondages concordent : la pollution représente à leur avis le péril numéro un. En 1989, 75 % des Suisses considèrent ainsi la protection de l'environnement comme la priorité des priorités[26]. L'apparition de cette préoccupation n'est pas fortuite. 1970 est désignée année de la nature par le Conseil de l'Europe. C'est à cette période que paraissent les premières publications écologistes en Allemagne et aux États-Unis, que le Club de Rome publie, en 1972, son fameux rapport « Halte à la croissance ! » que la guerre israélo-arabe de 1973 provoque une crise du pétrole. Mais cette prise de conscience touche en Suisse, plus rapidement qu'ailleurs, d'assez larges milieux et prend presque aussitôt une tournure politique.

Le Mouvement populaire pour l'environnement se constitue dès 1972, à Neuchâtel, pour s'opposer au tracé de l'autoroute qui doit traverser la ville. « C'est le premier parti écologiste de Suisse, écrit Laurent Rebeaud, et probablement dans le monde[27]. » Et en 1979, le Vaudois Daniel Brélaz devient le premier député vert — avant les Verts allemands — à siéger dans un parlement national en Europe. La démocratie directe leur a servi de levier. Dans la seule année 1974, quatre initiatives populaires sont lancées contre les nuisances du trafic routier : la pollution de l'air, le bruit et le développement des autoroutes. Dans un premier temps, les projets des écologistes n'obtiennent pas la majorité, mais leurs idées recueillent d'entrée l'appui de plus du tiers des votants et elles font leur chemin : le gouvernement les reprend souvent à son compte, au moins partiellement, sous une forme atténuée.

— La proposition d'interdire la circulation automobile douze dimanches par année est rejetée en 1978 : elle obtient cependant 36,3 % des suffrages. Au moment du vote, de nombreux Suisses se sont souvenus avec nostalgie des dimanches sans voitures décrétés en novembre 1973 pour faire face à l'embargo pétrolier des pays arabes. Dans le silence des villes où ne circulaient que les transports en commun, dans les campagnes rendues aux voitures à cheval, ils avaient retrouvé trois semaines de suite les joies simples et bucoliques des dimanches d'antan. Il en resta, écrit Jean-François Aubert, « le souvenir d'une fête, d'une trêve dans la ronde perpétuelle des automobiles[28] ».

— L'idée de Franz Weber de soumettre tous les nouveaux tronçons d'autoroute (leur conception, leur tracé et leur construction) à l'approbation du Parlement, voire au référendum national si 50 000 électeurs en font la demande, est également refusée en 1978. Elle recueille pourtant 38,6 % des voix alors que les tronçons mis en chantier depuis le 1er août 1973 auraient pu — théoriquement du moins — être détruits.

— L'initiative Albatros (qui vise à réduire de manière drastique, et d'un seul coup, les émissions toxiques contenues dans les gaz d'échappement des véhicules à moteur) passe, elle aussi, à la trappe en 1977. Mais 39 % des votants l'approuvent, et le gouvernement décide d'appliquer un programme assez voisin, en l'échelonnant par étapes. La teneur en plomb de l'essence, par exemple, fixée à 0,63 g par litre en 1947, ramenée à 0,57 g en 1971, descend à 0,15 g par litre en 1981. Les normes suisses en la matière sont parmi les plus sévères d'Europe.

En septembre 1983, l'Office fédéral des forêts lance un premier cri d'alarme : 4 % des arbres sont gravement malades et 14 % sont déjà atteints d'une sorte de cancer des poumons, victimes des pluies acides qui ont déjà provoqué une catastrophe au carrefour des frontières allemande et tchécoslovaque. Dans les années qui suivent, c'est plus de la moitié de la forêt suisse qui est déclarée malade. La chronique de sa mort annoncée relance le débat sur la pollution atmosphérique. Relayé cette fois par le gouvernement, le mouvement qui tente d'endiguer les effets du trafic routier s'en trouve renforcé. Les vitesses sont limitées à 80 km/h sur les routes et à 120 km/h sur les autoroutes et la tentative de revenir en arrière est balayée par 62 % des votants en novembre 1989. En février 1984, le peuple accepte également d'introduire une vignette annuelle pour l'usage des autoroutes (53 % de oui) et une taxe forfaitaire sur le trafic des poids lourds (58 % de oui). Certes, toutes les mesures ne passent pas encore. En

1988, l'article constitutionnel proposé par le gouvernement pour coordonner la politique des transports en fonction d'impératifs écologiques est rejeté. Il aurait notamment permis d'imposer le rail pour les tranports de marchandises à longue distance, de soumettre le développement des trafics routier et ferroviaire à une enveloppe budgétaire globale, de remplacer la taxe forfaitaire pour les poids lourds par une taxe proportionnelle aux kilomètres parcourus. Cette dernière mesure soumise au vote populaire deux ans plus tôt, à l'initiative de l'Association suisse des transports, n'avait recueilli qu'un tiers des voix. L'ensemble du projet gouvernemental en obtient 45,5% sur le plan national et il est approuvé par plusieurs cantons, Bâle, Uri, les Grisons et le Tessin, qui subissent directement les nuisances du trafic international de transit. Ce vote confirme l'évolution enregistrée tout au long de la période 1970-1990 : non seulement le courant écologiste se renforce de manière sensible, mais le gouvernement fédéral se transforme en leader du mouvement, en tout cas de son aile modérée. Sans parvenir au consensus, ou même à dégager une majorité d'idées dans le pays, cette alliance pour le moins originale remporte des succès ponctuels qui placent la Suisse à l'avant-garde de la lutte contre la pollution atmosphérique en Europe.

Le même processus s'est produit, de manière moins significative, dans le domaine de l'énergie atomique. Dès 1970, le projet de centrale de Kaiseraugst, près de Bâle, cristallise l'opposition au nucléaire. De grandes manifestations sont organisées, le site prévu pour la centrale est occupé pendant plusieurs mois en 1975, une initiative populaire est lancée la même année. Elle veut soumettre la construction de toute nouvelle installation à l'accord du Parlement, mais aussi à l'approbation des électeurs de la commune du site, des communes adjacentes et des cantons dont le territoire est situé à moins de trente kilomètres. Ces conditions draconiennes, qui prévoient encore des conditions de sécurité renforcées, sont refusées d'extrême justesse, par 50,4 % des suffrages, en février 1979. Trois mois plus tard, cependant, le peuple accepte une révision de la loi qui subordonne la construction d'une nouvelle centrale à la clause du besoin, autrement dit à sa justification sur le plan économique.

Jusque-là, le débat porte sur les conditions à remplir pour la mise en œuvre d'une installation atomique. Malgré leur échec relatif sur ce point, les écologistes vont faire monter les enchères. Ils déposent deux nouvelles initiatives populaires : l'une réclame l'abandon à terme du nucléaire, la Suisse renonçant à mettre en chantier de nouvelles centrales ; l'autre vise à réduire la consommation d'énergie et à accorder la priorité du développement aux énergies renouvelables. Les deux projets sont également rejetés en 1984, mais là encore à de faibles majorités : 55 % des voix. Au cours de la campagne, le gouvernement avait souligné la sécurité du nucléaire : « A la fin de 1983, disait-il dans ses explications officielles, plus de 300 centrales nucléaires étaient exploitées dans le monde. Or on n'a constaté aucun décès ni aucune lésion grave qui eussent été provoqués par des radiations s'échappant des installations[29]. » Dans un ciel si serein, l'accident de Tchernobyl a joué le même rôle que la « mort des forêts » dans la lutte contre la pollution de l'air.

Même si les centrales occidentales, dans leur conception comme dans leur exploitation, n'ont pas grand-chose à voir avec leurs sœurs soviétiques, les erreurs accumulées à Tchernobyl ont réveillé des incidents « oubliés », comme celui de Three Mile Island, aux États-Unis (en 1979) ; elles ont servi de catalyseur aux angoisses diffuses, donné un certificat de réalisme aux scénarios catastrophes. L'opinion générale s'en est ressentie. En 1988, les partisans du nucléaire proposent d'eux-mêmes l'abandon du projet de Kaiseraugst et le dédommagement des promoteurs. Et en septembre 1990, le peuple suisse choisit la solution d'attente. Il refuse d'abandonner définitivement le nucléaire, mais il accepte un moratoire qui bloque toute réalisation pendant dix ans. Dans les faits, il repousse à l'an 2010, au plus tôt, la mise en service d'une nouvelle centrale dans un pays où elles produisent 40 % de la consommation d'électricité. Il est vrai qu'en bonne logique il approuve aussi un nouvel article constitutionnel dont le but est d'instaurer une consommation « économe et rationnelle » de l'énergie alors qu'un projet précédent avait échoué — de peu — en 1983.

L'ensemble de ces résultats — un tiers des suffrages dans le pire des cas et souvent beaucoup plus — ont été obtenus alors que les écologistes ne recueillaient que des poussières de voix aux élections législatives nationales : 0,8 % en 1979, 2,9 % en 1983, 5 % en 1987. Ce qui montre bien l'effet de levier que représente la démocratie directe pour les minorités et le rôle qu'elle a pu jouer dans la propagation des idées vertes en Suisse. Mais d'autres facteurs rendaient sans doute l'opinion plus réceptive qu'ailleurs au message.

La sensibilité écologiste s'est en effet révélée plus précoce dans les pays anglo-saxons, en Allemagne et en Suisse. En pays réformé ? L'historien genevois François Walter rappelle qu'André Gide évoquait une image « helvético-protestante de la nature, belle expression, lourde de connotations puritaines et culpabilisatrices[30] ». Cette explication lui paraît pourtant peu pertinente, au moins en Europe. Les différences d'attitude à l'égard de l'environnement lui semblent plutôt déterminées par le degré de concentration industrielle vécue par les populations concernées. On peut le vérifier entre le sud et le nord de l'Europe, et en Suisse. Dans tous les sondages, les Alémaniques (qui habitent la région du pays où se trouvent concentrées les industries chimiques et métallurgiques et les centrales nucléaires) se montrent davantage préoccupés d'environnement que les Romands. La Suisse est aussi, avec l'Allemagne, le pays le plus motorisé du continent. On y compte près d'une voiture pour deux habitants dans un territoire à très forte densité de population, surtout sur le plateau. On ajoutera que si les dangers de la pollution l'emportent dans l'esprit des Suisses sur les fléaux traditionnels de l'humanité, les épidémies, la famine et la guerre, c'est d'abord qu'ils ignorent les difficultés économiques dans lesquelles se débattent souvent leurs voisins. Là où sévit le chômage, forme actuelle de la disette, la peur de perdre son emploi passe bien avant l'état de santé de l'air et de l'eau. Malgré les mesures sociales qui les protègent du pire, la majorité des Européens de l'Ouest, et jusqu'aux trois quarts des Français, redoutent encore de se retrouver chômeurs au milieu des années 80[31].

Toutes ces circonstances n'excluent pas un attachement particulier des Suisses à la nature. La protection de la forêt n'est pas une notion moderne dans ce pays. Le plus ancien texte connu qui réglemente l'exploitation forestière date de 1298, à Saint-Maurice, en Valais : il est presque aussi vieux que la Confédération. Selon Jean-François Bergier, « les premiers signes d'un souci proprement écologique devant l'exploitation forcenée et sans contrôle de la forêt » apparaissent au début du XVIe siècle. Des mesures sont prises dès cette époque à Berne et à Zurich, partielles, insuffisantes, mais depuis le XIXe, la forêt protégée par la loi fédérale a regagné une partie du terrain perdu : 700 000 ha en 1855, 900 000 en 1914, un million en 1930[32]. Il n'est même pas interdit de penser que ce souci de l'environnement, apparemment plus marqué chez les Suisses que chez la plupart de leurs congénères européens, trouve l'une de ses sources dans le traditionnel sens de la propreté qu'on leur attribue. Quoi qu'il en soit, l'acquis des six pays membres de l'AELE (Association Européenne de Libre-Échange), à laquelle la Suisse appartient, est supérieur, en 1990, à l'acquis communautaire des Douze en matière de protection de l'environnement. La petite Europe applique des normes plus sévères dans tous les domaines sensibles : véhicules à moteur et pollution de l'air, gaz CFC, contrôle des produits chimiques et des détergents, transport et entreposage de substances toxiques et dangereuses[33]. Et la Suisse se comporte en modèle international du recyclage des déchets, suivie de près par l'Allemagne et les pays scandinaves.

« Un atout majeur, selon les experts, dans la compétitivité internationale de demain[34]. »

NOTES ET RÉFÉRENCES

1. Gonzague de Reynold, *Grandeur de la Suisse*, Neuchâtel, La Baconnière, 1939, p. 38-39.
2. *Ibid.*, p. 168.
3. Fabien Dunand, *Dessine-moi un suisse*, *op. cit.*, p. 215-217.
4. John McPhee, *La Place de la Concorde suisse*, *op. cit.*, p. 137-138.
5. *La Mobilité des étudiants*, Berne, Office fédéral de la statistique, 1990, p. 33-34.
6. William Martin, *Histoire de la Suisse*, *op. cit.*, p. 220.
7. *La Suisse diverse et paradoxale*, *op. cit.*, p. 86.
8. Claude Raffestin, « La Suisse est-elle en Europe ? », in *Hérodote*, 1979, numéros 14-15, p. 89-92.
9. *Nouvelle Géographie de la Suisse et des Suisses*, *op. cit.*, p. 286-287.
10. *Histoire économique de la Suisse*, *op. cit.*, p. 267-268.
11. Voir notamment *24 Heures*, 15 juillet, 18 juillet, 25 octobre 1989, 30 août, 31 août, 5 septembre et 7 septembre 1990.
12. Sur ces différentes « pertes » de territoire, voir William Martin, *op. cit.*, p. 80-81, 133-135, 226, 289-294 et 308-309.
13. *Histoire économique de la Suisse*, *op. cit.* p. 14.
14. « Images de la Suisse », in numéro spécial des *Cahiers du Sud*, printemps 1943.
15. Discours du 19 septembre 1946, à l'université de Zurich.
16. *L'Europe, une longue marche*, Lausanne, Centre de recherches européennes, 1985, p. 97.
17. *La Démocratie suisse, 1848-1948*, Morat, éd. patriotiques, 1948, p. 469-470.
18. Paul Bairoch, *Commerce extérieur et développement économique de l'Europe au* XIXe *siècle*, Paris, Mouton, 1976, p. 169.
19. *L'Invention de l'Europe*, *op. cit.*, p. 148. Aujourd'hui (en 1987), l'Europe occidentale présente un taux quasiment uniforme d'actifs occupés dans l'industrie (inférieur à 30 %), à l'exception des trois pays « germanophones », l'Allemagne, l'Autriche et la Suisse, où l'on trouve encore plus de 37 % de la population active dans l'industrie (*ibid.*, p. 452-453).

20. *Ibid.*, p. 152.

21. Ce rapide survol se fonde sur *Le Livre de l'Europe*, atlas géopolitique, Paris, Stock, 1990, p. 264-271.

22. Jean-Pierre Tabin, *La Formation professionnelle en Suisse, op. cit.*, p. 29-30.

23. *24 Heures*, 29-30 décembre 1990.

24. Christian Lalive d'Epinay, *Les Suisses et le travail, op. cit.*, p. 79.

25. *La Suisse, démocratie témoin, op. cit.*, p. 98-100.

26. *Tribune de Genève* et *Journal de Genève*, 24 mai 1989.

27. *La Suisse verte, op. cit.*, p. 25. C'est aussi dans le canton de Neuchâtel qu'a été créée la première réserve naturelle en Suisse, en 1870.

28. *Exposé des institutions politiques de la Suisse à partir de quelques affaires controversées*, Lausanne, Payot, 1978, p. 195.

29. Votation fédérale du 23 septembre 1984, Explications du Conseil fédéral, Berne, Chancellerie fédérale, 1984, p. 7.

30. *Les Suisses et l'environnement, op. cit.*, p. 268.

31. La situation s'est modifiée vers la fin de la décennie 80. Les Français placent les menaces sur l'environnement au premier rang des dangers les plus graves pour le monde en 1989 (sondage CSA-*Le Monde*-FR3, 16-17 mai 1989).

32. *Histoire économique de la Suisse, op. cit.* p. 68-69.

33. Constat établi lors de la première conférence des ministres de l'Environnement de l'AELE réunis à Genève en avril 1990 (*Tribune de Genève*, 7-8 avril 1990).

34. Rapport 1990 du World Economic Forum de Genève et de l'IMD (International Institute for Management Development) de Lausanne.

CHAPITRE XI

L'EUROPE, UNE CHANCE OU UNE CATASTROPHE POUR LA SUISSE ?

> Pour aucune nation, le dialogue obligatoire et de plus en plus pesant avec le monde n'entraîne une expropriation, un effacement de sa propre histoire. Il y a mélange, non pas fusion.
>
> Fernand BRAUDEL

Tant que l'Europe n'était qu'une idée généreuse au sortir de la guerre, elle a suscité en Suisse un fort courant de sympathie. Dès les premières réalisations concrètes, en revanche, cet intérêt a fait place à de sérieuses réserves. Dans les années 50, les prises de positions « européennes » de quelques personnalités suisses, l'écrivain Denis de Rougemont, l'historien Marcel Beck, le philosophe Henri-Louis Miéville, leur valent une volée de bois vert[1]. C'est cela le paradoxe suisse : le pays le plus européen par sa structure est précisément celui qui manifeste le plus d'appréhension à l'égard de la construction européenne.

Malgré l'approbation massive de l'accord de coopération économique conclu en 1972 avec la Communauté de Bruxelles, les Suisses ne semblent pas prêts, à l'approche du Marché unique, à franchir le pas de l'adhésion. Leurs réactions à ce sujet paraissent assez complexes. Le traité de libre-échange industriel signé avec l'Europe a été entériné à une très forte majorité populaire : 72,5 % des votants, et à l'unanimité des cantons. Les Suisses ne sont pas davantage hostiles à la création d'une confédération européenne. Mais les partisans d'un arrimage de la Suisse à la Communauté demeurent minoritaires : entre 34 et 47 % des personnes interrogées selon les sondages, avec une légère tendance, semble-t-il, à la progression [2]. Malgré leurs imperfections, ces coups de sonde répétés mettent en évidence d'autres lignes de force :

— Le nombre des indécis, souvent supérieur à 20 %, reste particulièrement élevé.

— Si l'esprit européen augmente avec le revenu et la formation, les jeunes ne montrent pas davantage d'enthousiasme que leurs aînés à l'idée de rejoindre l'Europe de Bruxelles. Au printemps 1990, 39 % des 15-24 ans y sont opposés, 31 % favorables. Les jeunes redoutent surtout les effets que pourrait provoquer en Suisse la libre circulation des travailleurs [3].

— Les deux principales communautés linguistiques sont divisées sur la question. Les Romands sont enclins à l'adhésion, les Alémaniques n'en veulent guère [4]. Mais si les francophones se montrent plus ouverts, c'est de manière émotionnelle. Moins bien informés que les Alémaniques, leur connaissance des institutions européennes et du rôle qu'y joue leur pays paraît assez aléatoire. Lors d'une enquête, 25 % d'entre eux pensaient même que la Suisse collaborait déjà activement à la Communauté des Douze.

— Les partisans de l'adhésion invoquent surtout les dividendes économiques de l'opération : la possibilité de profiter d'un marché de près de 340 millions d'habitants en tant que consommateur ou producteur, le fait de pouvoir s'établir sans problème sur tout le territoire de la Communauté. Au regard de ces avantages, la facture à payer en cas d'isolement leur paraît lourde. A l'inverse, les adversaires de l'adhésion redoutent plutôt son prix politique. Ils craignent que la Suisse n'aille perdre son âme à Bruxelles, qu'elle doive sacrifier une partie essentielle de ce qui fait son identité culturelle et politique (la démocratie directe, le fédéralisme, la neutralité), non sans mettre en péril certains secteurs de son économie.

Mais dans l'ensemble, les Suisses ressentent l'Europe davantage comme une menace que comme une chance.

« L'opinion helvétique suit le débat sur la construction européenne avec un intérêt certain, notait déjà William Rappard, en 1950. Mais ce serait fermer les yeux à l'évidence que de ne pas reconnaître qu'à cet intérêt (...) se mêle plus de doutes que d'espoirs, plus de scepticisme que de foi, plus de réserve que d'acquiescement[5]. » Faut-il y voir la preuve que pendant trente ans, selon la formule du conseiller fédéral Flavio Cotti, la Suisse s'est trompée en sous-estimant les communautés européennes[6] ? Pas tout à fait.

Au début des années 60, une fièvre inconnue jusque-là s'empare des milieux politiques. L'agitation est telle dans les médias comme dans les bureaux de l'administration fédérale que des observateurs placides, l'historien Herbert Lüthy, l'économiste britannique Gérard Curzon, parlent de « panique de l'intégration » ou de « névrose européenne[7] ». La proposition gaullienne d'une « Europe des patries », plutôt bien accueillie à Berne où l'on trouve la formule intéressante, et la perspective de l'entrée de la Grande-Bretagne dans le Marché commun alimentent l'espoir d'un arrangement entre tous les États de l'Ouest européen. Certes, la voie de l'adhésion à la construction européenne paraît trop obscure ou trop risquée au gouvernement helvétique. « Nous ne pouvons nous embarquer, déclare le chef de la diplomatie, Friedrich Wahlen, sur un bateau sans en connaître la route et la destination et sans avoir la possibilité de faire le point en cours de navigation[8]. » Mais la Suisse se dit prête à une véritable association avec le Marché commun, « à aller aussi loin que possible sur le chemin de l'intégration économique ainsi qu'à assumer des obligations allant au-delà de celles qu'elle a contractées au sein de l'Association européenne de libre-échange »[9].

Contrairement à ce qui se passera vingt-cinq ans plus tard, ce sont alors les autres pays neutres de l'AELE qui freinent l'enthousiasme helvétique. L'Autriche demande à Berne de renoncer au terme d'association dans ses négociations avec

Bruxelles. Mais en septembre 1962, la déclaration faite par la Suisse devant le conseil des ministres européens va plus loin que celles de Vienne et de Stockholm quelques mois plus tôt [10]. « Nous sommes conscients du fait qu'en créant le Marché commun, qui institue notamment la libre circulation des personnes, des marchandises et des capitaux, la Communauté a prévu d'autres mesures destinées à consolider les bases de la libre concurrence et à établir une responsabilité commune pour le bon fonctionnement de ce marché. Nous sommes résolus, poursuit le Conseil fédéral, à assumer notre part d'obligations et de responsabilités [11]. » Cette bonne volonté sera balayée par le veto du général de Gaulle à l'entrée de la Grande-Bretagne au sein du Marché commun. L'échec des négociations avec Londres eut pour effet de suspendre les contacts engagés avec les autres pays membres de l'AELE. Sur ce point, les États-Unis et leurs plus fidèles alliés respiraient d'aise : l'Autriche, la Suède et la Suisse se trouvaient écartées du Marché commun. Washington et son Secrétaire d'État George Ball, qui voyaient dans l'Europe en construction le meilleur rempart à la menace soviétique, redoutaient que la participation des neutres à la Communauté pour des raisons purement économiques n'enlise le processus d'union politique. En Suisse même, où de puissantes résistances intérieures n'avaient pas désarmé, l'indifférence de Bruxelles, proche de la rebuffade, enterra la cause de l'association.

CE + AELE = EEE ?

Deux hommes qui vont bousculer les habitudes accèdent au pouvoir la même année aux deux extrémités du continent européen. En 1985, le Français Jacques Delors est élu président de la Commission de Bruxelles, l'exécutif de la Communauté ; le soviétique Mikhaïl Gorbatchev succède à Tchernenko, à Moscou, comme secrétaire général du parti communiste. Le premier fixe très rapidement une nouvelle frontière à l'Europe :

le Marché unique de 1993. Le second lance un programme de réformes — *glasnost* et *perestroïka* — qui aboutit, en 1990, à la liberté retrouvée des pays satellites de l'URSS et à la réunification allemande. Ce double mouvement, d'apparence d'ailleurs contradictoire, d'intégration à l'Ouest, d'indépendance à l'Est, provoque un nouvel accès de fièvre européenne en Suisse, sensible dès les derniers mois de 1987. Dans divers milieux, on se met à prôner l'adhésion au nom du nouveau sens de l'histoire, d'autant plus fortement, parfois, qu'on ne l'avait guère imaginé souffler un jour dans cette direction-là. Faut-il faire le pas ? Le gouvernement suisse ne l'exclut pas dans l'hypothèse où un mouvement populaire crédible viendrait à se manifester en faveur de l'adhésion. Mais, convaincu que la majorité de l'opinion n'y est pas prête, il conserve le cap d'une politique pragmatique fixée sur deux objectifs : associer le pays jusqu'aux limites du possible à l'intégration européenne et le maintenir compétitif à l'échelle économique mondiale. La position de Berne n'est pas absurde.

De Paris à Moscou, on évoque une grande confédération européenne, une maison commune, que certains conçoivent comme ces poupées russes qui s'emboîtent les unes dans les autres. Le Vieux Continent s'unirait en cercles concentriques autour de la Communauté des Douze : l'AELE d'abord, à laquelle appartiennent les États neutres, les pays de l'Est ensuite, progressivement. « Il n'est pas exclu que la Communauté change un jour de visage, pense le Conseil fédéral, se risquant par exemple à prendre la forme d'une fédération d'États (...) Si tel était le cas, la situation se présenterait tout autrement pour la Suisse [12]. » On sent bien que Berne souhaite une telle évolution. Mais l'Europe de Bruxelles redoute de se dissoudre dans la construction hâtive d'un aussi vaste ensemble, exactement comme la Suisse appréhende de se perdre au sein de la Communauté. Jacques Delors lui-même tire la sonnette d'alarme. « Je vois resurgir, dit-il, pour les uns les commodités de la facilité et d'un nationalisme primaire, pour les autres la tentation de jouer une carte à la Metternich. » Pour conjurer le danger, il précise clairement que la confédération européenne « ne pourra voir le jour qu'une fois réalisée l'union politique de la Communauté[13] ». Toute nouvelle adhésion, qu'il s'agisse de l'Autriche ou de la Turquie, est remise à plus tard. La cohésion interne de la Communauté, l'achèvement du marché intérieur priment son élargissement.

« Je suis en tout cas heureux que la question de l'adhésion ne se pose pas », déclare de son côté le président de la Confédération, Arnold Koller[14]. Conscient, de part et d'autre, des risques du grand saut, on cherche à faire un pas, à créer les conditions d'un rapprochement au sein d'un vaste Espace économique européen (EEE). Il regrouperait les Douze de Bruxelles et les Six de l'AELE (plus la petite principauté du Liechtenstein) sur la base des quatre libertés fondamentales du marché unique : la libre circulation des personnes, des biens, des services et des capitaux[15].

Cette voie intermédiaire « choisie » par le gouvernement suisse a le soutien des anciens conseillers fédéraux, même de ceux qui sont favorables, à terme, à l'intégration de la Suisse à la Communauté de Bruxelles. « L'adhésion à une Europe supranationale me paraît exclue, affirme Georges-André Chevallaz. Il est vital que l'on garde le maximum d'autonomie mais avec la bonne volonté de participer à tous les domaines où cela est possible[16]. » « Je suis européen, précise pour sa part un autre ancien ministre radical, Nello Celio, et je crois qu'à la longue on aboutira à une adhésion. Mais aujourd'hui, c'est inutile de se faire des illusions. Une période de transition d'au moins quinze à vingt ans est nécessaire[17]. »

Au Parlement, deux des trois grands partis appuient cette politique, non sans arrière-pensées. En mai 1990, l'assemblée des délégués du parti démocrate-chrétien adopte l'Espace économique européen comme objectif à court terme et l'adhésion à la Communauté comme « prochaine démarche[18] ». Chez les radicaux, l'unanimité de façade en faveur de l'EEE ne parvient pas à camoufler les désirs profonds et contradictoires des deux ailes du parti : l'une voudrait que la Suisse reste le plus possible à l'écart de l'Europe, l'autre souhaite au contraire qu'elle y adhère au plus vite[19]. Dans les milieux économiques, la principale organisation patronale, le Vorort, approuve le projet d'Espace économique européen, pour autant qu'il soit limité au minimum indispensable, qu'il ne porte pas atteinte aux institutions helvétiques et que les petits pays y soient considérés comme des partenaires égaux[20]. Cette accumulation de conditions n'empêche pas les avis de diverger sur le but final à atteindre. La grande industrie, par exemple, serait plutôt favorable à l'adhésion, les banquiers plutôt réticents, en raison des particularismes de la place financière helvétique qu'ils cherchent à protéger.

La gauche, en revanche, a déjà tranché en faveur de l'adhésion, comme en témoignent, en automne 1990, les prises de position du parti socialiste ou de l'Union syndicale suisse. Mais cette attitude n'est pas davantage exempte d'ambiguïté dans la mesure où la gauche fixe des bornes à ne pas franchir. Pas de retour en arrière, dit-elle, en matière d'environnement ou de politique sociale ; l'acquis suisse dans ces domaines doit être préservé. Pas question non plus de lever toutes les limitations à la libre circulation des travailleurs : à son avis, le statut de saisonnier devrait être aboli, mais le contingent des étrangers maintenu, sans quoi les salaires risqueraient de s'effondrer. « Pour un oui à l'Europe, tout cela fait beaucoup de si[21] », commente Alain Pichard. L'aile extrémiste attend pourtant de l'Europe qu'elle les débarrasse, comme Engels en rêvait déjà, « de ce poids helvétique vertueux et réactionnaire ». Dans ces rangs, les partisans les plus déterminés de Bruxelles se recrutent parmi les anciens adeptes des démocraties populaires. La déroute du communisme dans les pays de l'Est les a privés d'une arme idéologique, non d'un espoir. La dynamique européenne leur paraît idéale pour mettre à mal la stabilité helvétique, pour imposer le changement. Pour Jean Ziegler, « ce viol sera bénéfique. Toutes les réformes fondamentales qu'on était incapable de faire nous seront imposées par la Communauté européenne. Ce sera la fin de notre loi sur les étrangers, des privilèges fiscaux, du secret bancaire[22] ». Le but avoué, dans ce cas-là, est moins l'intégration européenne que la désintégration du système suisse, en tant qu'îlot privilégié.

A droite, c'est précisément la spécificité helvétique que l'on souhaite maintenir. L'Action pour une Suisse indépendante et neutre, l'ASIN, a été fondée en 1986 pour succéder au Comité contre l'adhésion de la Suisse à l'ONU. Forte de 4 000 membres et du soutien d'une soixantaine de parlementaires, elle compte quelques personnalités particulièrement déterminées : Christoph Blucher, lui-même patron d'un groupe chimique qui exporte 80 % de sa production, ou Otto Fischer, l'ancien directeur de l'Union suisse des arts et métiers, le syndicat des PME. Pour l'ASIN, la situation est limpide. La Suisse, pays pauvre, est parvenue à construire une société à niveau de vie élevé et sans chômage. L'association ou l'adhésion à Bruxelles ne pourrait avoir que des conséquences négatives[23]. A ce courant s'ajoutent les mouvements xénophobes constitués autour de la lutte contre la « surpopulation étrangère » — ce qui suffit pour être hostile à une ouverture plus grande des frontières — mais qui sont évidemment attachés à l'ensemble des valeurs traditionnelles.

Le cas des écologistes est différent. Sans être hostiles, apparemment, à l'Europe, ils la veulent respectueuse de l'environnement, et le Marché unique représente, sur ce plan, de nouvelles menaces à leurs yeux. La dynamisation des échanges commerciaux se traduira inévitablement par un accroissement des transports, donc de la pollution ; elle accentuera la spécialisation de la production locale et la concentration de l'activité dans les grands centres au détriment de l'autonomie régionale et du développement des régions périphériques[24]. Aux leaders du mouvement, la Communauté de Bruxelles paraît trop axée sur la croissance immédiate, et pas assez sur la qualité de la vie à long terme. Comme le souligne Emmanuel Todd, les idées vertes et grises, l'écologie et la xénophobie, ont cependant quelques caractéristiques communes. Contrairement aux idéologies antérieures, elles ne rêvent pas d'un au-delà parfait ni même meilleur. Elles sont profondément conservatrices : l'une veut empêcher la destruction de l'environnement par l'économie, l'autre la destruction de la société par l'immigré. « Verts et gris, conclut-il, veulent arrêter l'histoire[25]. »

Avantages et inconvénients de l'adhésion

« La véritable indépendance de la Confédération, expliquait William Martin, ne peut être fondée que sur la paix et l'équilibre en Europe[26]. » La paix ? En mettant fin aux antagonismes responsables de deux guerres mondiales, à l'affrontement séculaire entre la France et l'Allemagne, la Communauté de Bruxelles représente une diminution spectaculaire du risque de conflit sur le continent. L'équilibre ? Sur ce plan, les résultats sont moins probants. La crainte que la Suisse a connue au temps de l'Empire napoléonien ou du grand Reich allemand est partiellement réapparue avec la volonté des Douze de se transformer en puissance économique et politique. Sans doute s'agit-il cette fois d'une Europe pacifique mais qui n'hésite pas, malgré tout, à menacer ses modestes voisins de représailles s'ils ne cèdent pas assez vite à ses désirs. La Suisse en a fait l'expérience lors des négociations relatives au trafic de transit sur son territoire. La manière dont Bruxelles a enjoint les pays membres de l'AELE à ne parler que d'une seule voix (comme si les problèmes de chacun d'entre eux étaient identiques), le ton sur lequel elle leur a disputé un droit de codécision dans l'élaboration de l'Espace économique européen relèvent d'une tentation hégémonique parfois mal maîtrisée. Bien que son gouvernement souhaite rejoindre les rangs de la Communauté, un ministre autrichien redoute publiquement les tendances impérialistes ou colonialistes qui poussent les Douze à se prendre pour la planète mère[27]. « Nous vivons tous dans un seul et même village, l'Europe, déclare par exemple un diplomate français, et il est évident que si nous, la Communauté européenne, qui sommes la force la plus importante de ce village, prenons une décision, celle-ci aura des conséquences pour l'ensemble du village[28]. » Ce n'est plus la politique de la canonnière, mais le discours en prend de temps à autre les accents. Cet aspect des choses n'est pas le moindre motif d'hésitation des Suisses qui pèsent les avantages et les inconvénients d'une adhésion.

L'ancrage européen. — Seize des vingt-six cantons et demi-cantons helvétiques ont une frontière avec la Communauté qui constitue naturellement le principal pôle économique de la Suisse. Deux tiers de ses échanges commerciaux (un peu moins de 60 % des exportations et plus de 70 % des importations) se font avec les Douze. Dans le domaine des services, les compagnies d'assurances helvétiques touchent autant de primes, ou presque, en Europe qu'à l'intérieur des frontières nationales. En gros, un franc sur trois gagné en Suisse vient des affaires réalisées avec la Communauté.

A l'inverse, la Confédération est un partenaire appréciable. Elle est le deuxième client de la Communauté, après les États-Unis, et lui laisse un bénéfice commercial substantiel qui couvre la moitié du déficit avec le Japon. Ce courant touche tous les secteurs d'activité. Au carrefour de trois langues, la Suisse est ainsi le quatrième acheteur étranger de biens culturels communautaires, malgré le faible poids de ses six millions et demi d'habitants. Troisième investisseur étranger, après l'Allemagne et la France, elle fournit aussi à l'Europe un flux important de capitaux. Elle donne enfin du travail à plus d'un million de ressortissants de la Communauté. Les deux tiers d'entre eux sont employés en Suisse où ils représentent 20 % de la population active. Les autres sont employés dans les filiales européennes de sociétés helvétiques. Dans les régions frontalières, les deux phénomènes coexistent dans un rayon de quelques kilomètres. Plusieurs milliers de frontaliers allemands et français, par exemple, viennent travailler chaque jour chez Ciba-Geigy, à Bâle. Mais l'entreprise chimique fabrique des produits pour l'agriculture à Huningue, sur sol français, à huit cents mètres de la frontière, et des colorants à Grenzach, sur territoire allemand, à deux kilomètres de son siège central. Au total, les dix-sept plus grandes multinationales helvétiques emploient dans l'ensemble de la Communauté environ le double de leurs effectifs en Suisse.

Cette interpénétration générale de l'économie en Europe risque-t-elle de satelliser la Suisse plus sûrement qu'une adhésion à Bruxelles ? Atténuerait-elle au contraire les effets négatifs d'un Marché unique auquel elle ne serait pas associée ? Les avis sont partagés. « Les États-Unis aussi ont un marché unique, remarque pour sa part un diplomate à Berne. Nous avons bien survécu, non ? »

L'ouverture sur le monde. — Le poids de l'Europe, et en particulier celui de l'Allemagne, tendent à augmenter dans les échanges extérieurs de la Suisse. En vingt ans, la part des exportations helvétiques en dehors du continent européen est passée, en chiffres ronds, de 50 à 30 %. Mais la Suisse cherche par tous les moyens à maintenir ouverts les marchés lointains, en participant activement aux négociations du GATT (General Agreement on Tarif and Trade). « Mieux nous contribuerons à mettre sur pied un ordre commercial multilatéral et mondial, souligne le ministre de l'Économie Jean-Pascal Delamuraz, plus la Communauté sera forcée de s'ouvrir aux pays européens non membres, et donc à la Suisse[29]. » C'est le vieux réflexe d'un pays sans accès à la mer et qui a connu plusieurs fois l'encerclement. A la chute de Napoléon Ier, la plupart des États européens, qui s'étaient pourtant plaints du blocus continental, fermèrent leurs frontières aux produits étrangers. L'ouverture sur le monde de l'industrie helvétique date de cette époque. Elle dut trouver d'autres débouchés à ses cotonnades qui prirent le chemin de l'Amérique et de l'Extrême-Orient [30]. Les deux guerres mondiales ont joué un rôle similaire en obligeant la Suisse à commercer et à s'approvisionner au-delà du continent, jusqu'à mettre sur pied une flotte maritime importante pour un pays dont le seul port est à Bâle.

En 1946, l'Europe ne fournissait plus que 57 % des importations de la Suisse contre 83 % en 1913. Le courant actuel des échanges avec la Communauté correspond donc davantage à un retour à la normale qu'à une évolution négative. Mais la situation particulière du pays explique que Berne ait toujours défendu le principe du libre-échange international, pratiquement seule aux côtés de l'Angleterre au XIXe siècle, et aussi fort que les États-Unis depuis la fin de la Deuxième Guerre mondiale. Elle l'a d'ailleurs appliqué, à l'exception notable de l'agriculture volontairement protégée pour garantir un seuil minimum d'autoapprovisionnement. Les droits de douane helvétiques sur les produits industriels comptent parmi les plus bas du monde ; ils sont inférieurs de 50 % en moyenne à ceux de la Communauté.

L'enjeu économique général. — L'article 23 de l'Acte unique européen réaffirme que la Communauté « vise à réduire l'écart entre les diverses régions et le retard des régions les moins favorisées ». Malgré l'aide accordée par Bruxelles et les États membres aux régions les moins développées, c'est l'inverse qui se produit. Plus de trente ans après la signature du traité de Rome, les écarts se creusent entre les niveaux de développement régional. Bénéficiant d'un réseau urbain très dense, d'une tradition industrielle ancienne et du dynamisme de sa population, le centre progresse plus vite que la périphérie. Le bassin rhénan, le couloir rhodanien (prolongé aujourd'hui jusqu'à Barcelone) et la plaine du Pô demeurent les lieux privilégiés de la croissance. Au carrefour de ces pôles de développement, la Suisse ne peut *a priori* que se trouver entraînée par le mouvement.

La suppression progressive des entraves au libre-échange au sein de la Communauté, la création d'un marché unique de près de 340 millions de consommateurs devraient encore fouetter cette croissance, en offrant aux entreprises de nouveaux débouchés, en leur permettant de réaliser des économies d'échelle. Ces perspectives s'ouvrent également aux entreprises suisses déjà fortement implantées en Europe par le truchement de leurs filiales. Mais la compétition deviendra plus dure, et le risque existe que l'ouverture des frontières à l'intérieur de la Communauté s'accompagne d'une fermeture vers l'extérieur. L'Europe n'a sans doute pas intérêt à se replier sur elle-même, à se transformer en « forteresse » en multipliant les mesures protectionnistes ou discriminatoires à l'égard des produits étrangers. Mais en situation de forte concurrence, un handicap même léger peut faire la différence, et ce danger ne peut être écarté. Seule une adhésion pourrait l'éliminer complètement pour l'économie suisse d'exportation.

Cette intensification de la concurrence pourrait toutefois conduire à une détérioration du niveau de vie et des conditions de travail des salariés de la Communauté. C'est du moins la crainte exprimée par la commission des Affaires sociales du Parlement européen en automne 1990. Elle pourrait aussi entamer l'avantage helvétique. « Économiquement, la Suisse sera aplanie par l'Europe, explique pour sa part Beat Kappeler, secrétaire de l'Union syndicale suisse, et lui-même partisan de l'adhésion. Notre pays ne pourra plus s'abriter derrière d'artificielles conditions particulières[31]. » Plusieurs d'entre elles s'opposent en effet aux principes mêmes d'un libre marché.

Comparée aux pays de la Communauté, on l'a vu, la Suisse compte le plus fort taux de population et de main-d'œuvre étrangères. Elle emploie aussi la plus forte proportion de frontaliers. Elle limite pourtant l'immigration par un système de contingents annuels auxquels les cantons doivent se soumettre. De cette manière, les étrangers n'ont aucun droit à l'obtention d'un permis de travail, leur nombre total ne peut pas dépasser le quota fixé et les entreprises doivent accorder la priorité aux travailleurs indigènes. La libre circulation des personnes en Europe obligera la Suisse à lever, au moins à terme, ces restrictions. Mais cette liberté nouvelle n'est pas conçue sans frein par la Communauté de Bruxelles. D'abord, elle ne concerne que les ressortissants des pays participant au Marché unique (le principe des contingents pourrait être maintenu à toutes les autres nationalités et même se montrer plus sévère à leur égard). Ensuite, elle ne s'applique qu'aux travailleurs disposant d'un emploi ; les chômeurs en sont exclus pour éviter que les États ne soient tentés de les exporter. L'heure des déferlements migratoires semble d'ailleurs passée au sein même de la Communauté. On observe plutôt une stabilisation des mouvements de main-d'œuvre à l'intérieur de ses frontières, en raison d'un rapprochement progressif des salaires, et le déplacement temporaire tend à remplacer l'émigration durable. La Suisse elle-même est devenue moins attrayante, sur ce plan, que par le passé.

Autre paradoxe, l'économie helvétique est l'une des plus cartellisées du monde [32]. Les ententes entre concurrents y sont tolérées, seuls les abus peuvent être réprimés. Dans les secteurs les plus divers, on se met d'accord sur les tarifs pratiqués, les prestations offertes, à moins qu'on ne se partage carrément le marché. Cela permet à chacun de maintenir des prix plus élevés et d'écarter pratiquement tout nouveau concurrent. Dans le domaine des adjudications publiques, un phénomène supplémentaire s'ajoute aux cartels, dans la mesure où les cantons ont conservé l'habitude d'accorder leur préférence aux entreprises de la région. Nombre d'entre elles vivent ainsi sur des rentes de situation qui les ont dissuadées de se rationaliser ou qui les ont tout bonnement sauvées de la faillite. A l'inverse, la Communauté a choisi, dès sa fondation, d'appliquer strictement le principe de la concurrence. Elle interdit les cartels de même que les abus de positions dominantes et punit les contrevenants d'amendes salées. C'est la raison pour laquelle le gouvernement suisse se montre plus attentif aux distorsions du marché depuis 1986. Il a notamment aboli plusieurs cartels importants dans l'assurance et la banque. D'autres, comme celui de la bière, sont morts de la révolte d'un membre de la branche, ou se sont faits plus discrets pour ne pas provoquer les associations de consommateurs ou pour s'adapter aux exigences des grandes chaînes de magasins. Mais on est encore loin des règles en vigueur en Europe. A vrai dire, la pratique communautaire de subventions massives à des régions entières (pour freiner leur déclin, accélérer leur croissance ou recycler leur économie) et d'aides publiques directes à des entreprises en difficulté comble pour une bonne part ce déficit théorique.

Il est, en fait, quasiment impossible de déterminer l'impact économique global de la participation de la Suisse au Marché unique alors que Berne a signé plus de 130 accords bilatéraux avec Bruxelles depuis 1972. La réciprocité d'établissement des entreprises helvétiques dans la Communauté et des entreprises communautaires en Suisse est déjà assurée dans de nombreux secteurs, y compris dans le domaine des services, les banques, par exemple, ou les sociétés d'assurances non vie. Mais l'avantage de déposer son argent à Genève ou à Zurich plutôt qu'à Londres ou à Milan se maintiendrait-il si la Suisse adhérait à l'Europe ? Pourquoi, dans ces conditions, le Luxembourg cherche-t-il à sauvegarder le statut spécifique de sa place financière ? Quel aveuglement pousse encore des entreprises étrangères à s'installer en Suisse si le pays n'a plus de futur hors l'Europe ? Comment peser réellement « l'intérêt » des Suisses à pouvoir travailler ou étudier où bon leur semble sur le territoire de la Communauté et « le risque » de devoir accueillir un plus grand nombre d'étrangers sur le sol helvétique, sinon par un acte de foi dans un sens ou dans l'autre ? Imagine-t-on sérieusement qu'intégrée à la Communauté, la Suisse puisse maintenir intacte la paix du travail qui la caractérise ? De nombreux produits coûteraient moins cher au consommateur (peut-être moins qu'on ne le croit dans la mesure où les droits de douane helvétiques sont souvent moins élevés que ceux de la Communauté), mais les salaires suisses sont, semble-t-il, destinés à stagner à l'avenir ; ils seraient rattrapés par les salaires étrangers[33]. Comment savoir, d'ailleurs, si certaines conséquences négatives ou positives attribuées à l'adhésion ne se produiraient pas de toute façon, d'une autre manière, si le pays restait à l'écart de la Communauté ? Une seule chose est sûre : la richesse n'est pas inscrite dans les chromosomes de la Suisse et, quelle que soit la forme de ses rapports avec l'Europe, les seuls avantages économiques dont elle pourra bénéficier durablement ne seront dus qu'à une productivité supérieure, au forceps de la compétitivité.

Le problème agricole. — Le cas particulier de l'agriculture helvétique tient dans une simple contradiction. D'un côté, la Constitution fixe des objectifs assez clairs à la Confédération : « Conserver une forte population paysanne, assurer la productivité de l'agriculture et consolider la propriété rurale » (article 31*bis*). De l'autre, aucun produit agricole suisse, à l'exception peut-être du fromage, n'est concurrentiel en Europe, en raison du relief montagneux et du climat du pays. L'écart des coûts — et donc des prix — est largement défavorable aux produits helvétiques : il est de 53 % pour le lait, de 66 % pour le bétail de boucherie, et il tend à s'accroître avec les années. Appliquer d'un seul coup les prix agricoles de la Communauté en Suisse aurait pour effet de réduire le revenu des paysans de 40 à 50 % en moyenne[34]. L'ouverture, même progressive, des frontières ne peut qu'aboutir à de profondes modifications de structures : recul sensible et spécialisation de la production, diminution du nombre des exploitations et augmentation de leur taille. Pour le consommateur, les denrées alimentaires coûteraient moins cher, mais le degré d'autoapprovisionnement (qui tourne autour de 60 %) serait considérablement réduit. Les défenseurs de l'agriculture font également valoir que l'entretien des paysages ne s'importe pas, ni les habitants dans les zones de montagne, alors que la Suisse des champs ne menace guère ses voisins par ses exportations. A titre de comparaison, la Communauté produit 110 % de sa consommation agricole, et un État industriel comme l'Allemagne couvre 96 % de ses besoins alimentaires.

Rien n'interdit, en principe, de compenser la diminution du revenu paysan par des paiements directs pendant une période transitoire, afin d'assurer une évolution moins brutale. Mais les principaux intéressés n'ont aucune envie de devenir les (gentils ?) cantonniers du jardin helvétique, et les résultats d'une telle politique, à laquelle il faudrait sans doute renoncer en cas d'adhésion, seraient aléatoires.

L'avenir paraît d'autant plus douloureux pour les agriculteurs suisses (européens aussi d'ailleurs) qu'il annonce des sacrifices plus ou moins importants dans tous les cas de figure, que le pays adhère ou non à la Communauté, qu'il négocie avec l'Europe ou dans le cadre multilatéral du GATT. Et qu'ils se sentent abandonnés par leurs compatriotes. Les revendications paysannes recevaient encore l'approbation de 61 % des Suisses en 1979 ; elles ne sont plus soutenues que par 48 % d'entre eux en 1990. Une fois de plus, le changement s'est opéré autour de 1985. Jusque-là, l'agriculture occupait une place « très importante » aux yeux de l'opinion. Le pays ne lui reconnaît plus qu'un rôle « assez important » aujourd'hui [35].

Le déficit démocratique. — C'est sous l'angle politique que le processus d'intégration européenne a toujours suscité les plus grandes craintes en Suisse, dans tous les milieux attachés aux trois piliers de sa sagesse : la démocratie directe, le fédéralisme et la neutralité.

Jusqu'à présent, force est de constater que la Communauté de Bruxelles s'est développée de manière oligarchique. Personne, sans doute, ne peut contester sa légitimité. Plusieurs pays se sont prononcés par référendum sur le principe de leur adhésion. Les traités qui la fondent ont été ratifiés par les Parlements nationaux, et l'opinion publique de la majorité des États membres paraît acquise à la poursuite du processus d'unification. Mais c'est l'Europe des États qui s'est construite plus que l'Europe des peuples. Tant qu'il s'agissait des échafaudages et du gros œuvre, le procédé se justifiait pleinement ou pouvait se comprendre. Maintenant qu'on s'apprête à vivre ensemble sous le même toit, il devient anachronique et même dangereux. A l'heure où l'Europe vante sans cesse les mérites de ses millions de consommateurs, elle semble oublier un peu trop qu'elle compte aussi quelques millions d'électeurs.

Le Parlement européen, élu au suffrage universel depuis 1979, n'est qu'une belle potiche, un ornement concédé aux habitudes démocratiques. Les deux tiers du budget communautaire échappent en fait à son contrôle dans la mesure où le Conseil des ministres conserve le dernier mot dans ce domaine. Les députés n'exercent qu'une influence très relative sur la législation européenne : ils ne votent pas la loi. Tout au plus ont-ils la possibilité de revoir les textes qui leur sont soumis en adoptant des amendements que le Conseil des ministres ne peut ensuite modifier qu'à l'unanimité. Enfin, le Parlement ne joue aucun rôle dans la composition de l'exécutif européen. Il peut seulement contraindre la Commission à démissionner en bloc en votant une motion de censure, mais encore faut-il que le texte de défiance réunisse la majorité des deux tiers de l'assemblée. Un obstacle de taille. Ce déficit démocratique chronique explique d'ailleurs le peu d'enthousiasme que les députés européens manifestent généralement dans l'exercice de leur mandat et le désintérêt de l'opinion et des médias pour leurs travaux.

En Suisse même, la participation à l'Espace économique européen, à plus forte raison l'adhésion à la Communauté, limiterait le recours à la démocratie directe. Tous les domaines de l'acquis communautaire échapperaient à l'initiative et au référendum[36]. Certains Suisses eux-mêmes s'en réjouissent. Le système de décision helvétique ne leur paraît plus adapté aux conditions du monde moderne. Il est trop lent, disent-ils, bloque les changements indispensables et empêche le gouvernement de développer une politique cohérente. Conçu pour donner la parole aux citoyens, qui sont de plus en plus nombreux à bouder l'exercice, il ne fait que favoriser les manœuvres des lobbies ou l'expression des minorités de blocage. Cette « vetocratie », à laquelle ils contestent tout rôle moteur, n'a pas grande qualité démocratique à leurs yeux. Ils rêvent de lui substituer un régime où c'est le Parlement, par exemple — et non plus la réaction de 50 000 citoyens — qui sélectionnerait les décisions soumises à l'approbation populaire[37]. Cette analyse présente l'inconvénient majeur de ne pas correspondre aux tendances de l'opinion. Les Suisses, ceux qui votent en tout cas, n'ont eu de cesse de consolider les mécanismes de la démocratie directe et d'en élargir le domaine. En automne 1990, l'Union syndicale, qui prône le rapprochement avec la Communauté, a même suggéré que les droits du peuple soient encore renforcés par l'introduction de nouvelles procédures : l'initiative législative, par exemple, ou la motion populaire qui permettrait d'exiger du gouvernement qu'il adopte telle ou telle attitude à Bruxelles[38]. Les partisans de l'adhésion eux-mêmes ont lancé une initiative populaire pour appuyer leur position. Commentaire de l'un de ses principaux artisans : « Chaque initiative a de l'avance sur l'air du temps. C'est la raison d'être de cet instrument privilégié de notre démocratie, qui associe le peuple aux options fondamentales[39]. »

La menace centralisatrice. — La Communauté, vue de Suisse, prend souvent les allures d'un bulldozer. Son poids ne risque-t-il pas de servir les intérêts des grandes puissances qui la composent, au détriment des autres, et d'écraser les particularités des États membres ? Les partisans des institutions de Bruxelles soulignent qu'elles favorisent plutôt les petits pays, en leur accordant une représentation supérieure à leur importance réelle.

1. Au sein de la Commission, chaque État membre désigne son représentant, à l'exception des cinq « Grands », l'Allemagne, la France, l'Italie, la Grande-Bretagne et l'Espagne qui en nomment deux. Chaque commissaire détient un portefeuille.

2. Au Conseil des ministres, où chaque État est également représenté, la pondération des voix atténue la faiblesse des membres les plus modestes. Sur 76 voix au total, le Luxembourg en a 2 ; le Danemark et l'Irlande : 3 ; la Belgique, la Grèce, le Portugal et les Pays-Bas : 5 ; l'Espagne : 8 ; la France, l'Allemagne, la Grande-Bretagne et l'Italie : 10. Forte de près de 80 millions d'habitants, géant économique mondial à elle seule, l'Allemagne ne pèse que cinq fois le poids du minuscule Luxembourg, avec ses 375 000 habitants.

3. La majorité qualifiée requise pour qu'un projet puisse être adopté en Conseil des ministres est fixée à 54 voix. Avec leurs 48 voix, même les cinq plus grands États de la Communauté (qui représentent 85 % de sa population) ne peuvent imposer leur volonté sur la base de leur simple accord. Il leur faut obtenir le soutien d'au moins deux autres membres.

4. L'unanimité est exigée pour toutes les décisions qui touchent aux dispositions fiscales, à la libre circulation des personnes, aux droits des travailleurs salariés et à l'adhésion de nouveaux membres.

Le Conseil des ministres fonctionne ainsi comme le véritable Parlement européen, ou plutôt comme une diète. Mais cette pondération des voix qu'on y pratique (la Suisse en aurait vraisemblablement 4) ne fait qu'atténuer les inégalités des États membres, elle n'assure pas l'égalité complète des inégaux que les Suisses ont toujours appliquée. Dans l'ancienne Confédération, chaque canton, quelle que soit sa puissance, disposait de deux voix. Le principe a été adapté, mais maintenu, dans l'État fédéral d'aujourd'hui par le biais d'un Parlement bicaméral, où la Chambre des États, qui place tous les cantons sur un strict pied d'égalité, jouit exactement des mêmes pouvoirs que la Chambre du peuple. L'Europe de Bruxelles s'orientera-t-elle dans cette direction dans une phase ultérieure ? Rien n'est moins sûr et c'est ce qui chagrine ou inquiète ceux qui ont peur du rouleau compresseur. Le fédéralisme communautaire protège moins bien les « petits » que le fédéralisme helvétique.

L'autre inquiétude naît de l'attachement des Suisses aux particularismes. Certains d'entre eux voient dans la « bureaucratie » européenne un repère de technocrates jacobins qui voudront (qui veulent déjà) tout réglementer, tout aligner, tout uniformiser de Lisbonne à Berlin. L'adhésion à l'Europe conduirait les cantons et leurs différences à l'agonie. Cela n'est pas inéluctable. L'unification qui se prépare, même si elle envisage quelques pas supplémentaires sur le plan politique, sera surtout économique. Les affaires qui sont du ressort des cantons, ou des *Länder* en Allemagne, ne leur échapperont pas subitement. Le plus souvent, le droit européen se contente de fixer une norme-cadre qui laisse une large marge d'application aux États membres. Et la Suisse ne se retrouverait sans doute pas seule, à Bruxelles, pour défendre l'union dans la diversité.

La perte d'indépendance. — L'Irlande est neutre, et membre à part entière de la Communauté européenne : elle a même adopté par référendum la disposition de l'Acte unique sur la sécurité collective. La Suisse ne peut-elle pas suivre cet exemple sans soulever plus de problèmes que Dublin ? C'est que la neutralité helvétique plonge ses racines profondément dans l'histoire, qu'elle n'est pas née des conflits « nationalistes » ou « idéologiques » du XXe siècle. Reconnue, garantie, voulue de longue date par les puissances, elle a peu à peu forgé le double destin du pays. Une vocation d'État tampon ou médiateur dans les conflits, où les adversaires les plus irréductibles peuvent s'installer à la table de négociation sans avoir l'air, déjà, de céder du terrain. Reagan et Gorbatchev se rencontrent-ils pour la première fois en 1985 ? L'événement se déroule à Genève, comme l'entrevue de la dernière chance entre l'Américain James Baker et l'Irakien Tarek Aziz avant la guerre du Golfe. Plus discrètement, parfois secrètement, le Comité international de la Croix-Rouge mène, sous pavillon neutre lui aussi, une vocation d'aide humanitaire à toutes les victimes des conflits, dont il n'est plus, dans bien des cas, que l'ultime espérance. Ces deux rôles-là perdraient sans doute beaucoup de leur efficacité si la neutralité de la Suisse allait se diluer dans les communiqués de Bruxelles. A moins que l'Europe elle-même ne succombe, ce qui n'est pas impossible à la longue, à la tentation de la neutralité.

Privée d'une politique étrangère originale, la Suisse ne pèserait plus que son propre poids, qui ne serait pas lourd, dans les instances internationales ou communautaires. C'est bien dans cette idée qu'aux yeux de nombreux Suisses, la neutralité est devenue la condition même de l'existence du pays. Une Suisse qui ne serait plus neutre ne serait plus la Suisse : elle se réduirait à une principauté de « Monaco-les-Cimes », avec ses rochers bien fréquentés peut-être, mais sans vue sur la mer, sans même les drames et les frasques d'une famille princière pour faire illusion dans les gazettes.

Cette conception taboue de la neutralité n'est certes pas conforme aux intentions de ses inventeurs. Ils l'avaient imaginée comme un instrument à disposition du pays, comme un moyen de préserver la paix intérieure ou d'assurer l'indépendance nationale dans certaines circonstances, non comme le but ultime de la Confédération. D'incessants conflits, deux guerres mondiales suivies d'une guerre froide l'ont statufiée en mythe. Pour qu'elle redescende de son piédestal, il faudrait que la détente s'installe durablement dans le monde, et surtout sur le continent ; qu'à l'apaisement des nationalismes à l'ouest vienne s'ajouter la mort de l'idéologie à l'est. 1989 avait fait naître d'immenses espoirs dans cette direction, en partie concrétisés en 1990. « L'espèce d'innocence des neutres devient absurde, disait alors un diplomate français. Nous sommes en train de démanteler l'appareil militaire issu de la guerre froide et de bâtir un système de sécurité nouveau[40]. » Cette espèce d'euphorie — dont on aurait bien voulu qu'elle ne soit pas absurde — est venue buter sur deux obstacles de taille quelques mois plus tard : le réveil de certains vieux démons à Moscou et la guerre — la vraie guerre — dans le Golfe.

Le risque d'éclatement. — Certains redoutent que la Suisse n'explose en adhérant à l'Europe de Bruxelles, qu'elle y perde sa raison d'être, que chacune des communautés linguistiques ne se dissolve dans la nation voisine dont elle partage la culture. Dans l'ardeur du combat, la lutte pour la création du canton du Jura a bien pris parfois les accents voilés d'une menace de rattachement à la France. Et quelques Genevois se disent indépendantistes. Mais le risque d'un éclatement du pays paraît largement exagéré. Il ne s'est pas produit en Belgique, malgré les vives tensions qui existaient au départ entre Wallons et Flamands, même si les deux communautés ont parfois le sentiment de vivre côte à côte en regardant ailleurs : les Flamands vers les Pays-Bas, l'Allemagne ou la Grande-Bretagne, les Wallons en direction de la France. « Les Belges pensent au contraire, écrit l'un d'eux, que l'Europe, parce qu'elle les a projetés hors de leurs frontières, les a incités à dépasser un régionalisme dont les limites sont évidentes, les aide à mieux définir leur identité. Certes, l'évolution politique interne du pays a renforcé les particularismes, et beaucoup de gens, désormais, se sentent plus flamands ou wallons que belges. N'empêche dans le grand mélange européen, les uns et les autres prennent conscience de l'originalité et surtout de la richesse de leur situation[41]. » On voit mal pourquoi l'évolution serait différente en Suisse, dans une société plus ancienne et, apparemment, mieux soudée, où un incontestable réflexe national s'est manifesté dans les circonstances difficiles. Au XXe siècle, la querelle la plus sérieuse entre Romands et Alémaniques remonte à la Première

Guerre mondiale, au moment où les Suisses suivaient la pente naturelle de leurs sympathies de langue ou de voisinage dans le conflit. « D'une certaine manière, fait observer Pierre du Bois, c'est au nom d'un patriotisme supérieur que les Alémaniques et les Romands se critiquent (...). Malgré eux — ou à cause d'eux — Alémaniques et Latins attestent leur appartenance à une même nation, c'est-à-dire à un même lieu de référence sentimentale[42]. » De toute façon, les Suisses n'ont pas attendu l'Europe pour regarder ailleurs. Communauté ou pas, deux téléspectateurs suisses sur trois sont branchés, en moyenne, sur les chaînes étrangères, françaises pour les Romands, allemandes ou autrichiennes pour les Alémaniques, plutôt que sur la chaîne nationale réservée à leur langue maternelle. Au point qu'en politique internationale, l'opinion des Romands paraît souvent calquée sur celle de la France et le point de vue des Alémaniques suivre celui de l'Allemagne[43]. Pourquoi les Suisses se tourneraient-ils davantage encore vers Paris, Rome ou Berlin au moment même où un nouveau pôle politique, en l'occurrence Bruxelles, s'offrirait à eux ? « On nous répète depuis un siècle, disait Denis de Rougemont, que les Suisses, selon la langue qu'ils parlent et pour cette seule raison, se rattachent à l'une ou l'autre des trois grandes cultures nationales voisines. L'Europe est la seule unité de culture, organique et complète, à laquelle nous puissions nous rattacher directement, nous qui n'avons pas eu la chance, ou le malheur, d'avoir une prétendue “culture nationale”, intermédiaire entre l'Europe et nos cités. »[44]

Notes et références

1. Henri Stranner, *Neutralité suisse et solidarité européenne*, Lausanne, Vie, 1959, p. 173-174, et Pierre du Bois, *La Suisse et le défi européen, 1945-1992*, Lausanne, Pierre-marcel Favre, 1989, p. 24-26.

2. Le pourcentage plancher a été enregistré en mai 1988 et le pourcentage plafond est apparu à deux reprises, en juin 1988 et en novembre 1990, mais les questions sont chaque fois différentes, la taille des échantillons aussi : les comparaisons sont donc hasardeuses. Ces chiffres et ceux qui suivent sont fondés sur toute une série de sondages réalisés pour le compte des médias (*l'Hebdo*, 13 novembre 1986 ; *Coopération*, 18 avril 1988 ; *Schweizerische Handels-Zeitung*, 19 mai 1988 ; *Tribune de Genève*, 25-26 et 27 juin 1988 ; Radio suisse romande, 3 juillet 1989 ; *Bilan*, janvier 1990 ; Télévision suisse romande, 29 novembre 1990) et d'autres enquêtes menées par des instituts universitaires mais dont les principaux résultats ont été également publiés par la presse (*Construire*, 27 avril 1988 ; *Journal de Genève*, 24 mai 1989) ou sont disponibles sous une autre forme (*Les Suisses et l'économie*, Zurich, Société suisse de recherches sociales pratiques, 1987, p. 180-182).

3. Sondage effectué auprès d'un échantillon de 983 Suisses des deux sexes âgés de 15 à 24 ans (*Schweizer Illustrierte*, 2 avril 1990).

4. D'un sondage à l'autre, 45 à 68 % des Romands disent oui à l'adhésion, 30 à 45 % seulement des Alémaniques.

5. *La Suisse et l'organisation européenne*, Neuchâtel, La Baconnière, 1950, p. 9-10.

6. *L'Illustré*, 12 septembre 1990.

7. Pierre du Bois, *op. cit.*, p. 59.

8. *L'Ambassade permanente*, Lausanne, L'Age d'Homme, 1966, p. 147-148.

9. Friedrich Wahlen, in *Revue économique franco-suisse*, numéro 4, 1961, p. 35.

10. Pierre du Bois, *op. cit.*, p. 55-62.

11. Rapport présenté à l'Assemblée fédérale par le Conseil fédéral sur sa gestion en 1962, Berne, 1963, p. 338 et ss. En d'autres termes, la Suisse acceptait de négocier sur la base du traité de Rome et des quatre libertés (personnes, marchandises, services et capitaux), quitte à réclamer des dérogations ici et là, alors que l'accord signé dix ans plus tard ne porte que sur la libre circulation des marchandises industrielles.

12. Rapport sur la position de la Suisse dans le processus d'intégration du 24 août 1988, Berne, 1988, p. 132-136. Pour l'essentiel, cette position a été confirmée en novembre 1990 dans un rapport intermédiaire.

13. Discours devant le Parlement européen, *Libération* et *Tribune de Genève*, 18 janvier 1990. Il est assez significatif que *Libération* ne parle pas du passage du discours de Jacques Delors sur les rapports de la Communauté avec l'AELE alors que les journaux helvétiques en font le point dominant de leurs articles.

14. *24 Heures*, 29 décembre 1989.

15. Deux différences fondamentales distinguent les objectifs et les structures de la Communauté européenne et de l'AELE. Les Douze visent l'unité politique même si la date et la forme de l'unification restent imprécises. Dans cet esprit, ils appliquent deux principes que l'AELE rejette. Premièrement, la supranationalité. Dans de nombreux secteurs, les décisions de la Communauté de Bruxelles, prises à la majorité, prévalent sur les lois nationales. Au sein de l'AELE, toutes les décisions doivent être prises à l'unanimité, rien ne peut être imposé à l'un des pays membres. Deuxièmement, la globalité. Chez les Douze, l'harmonisation des législations nationales touche tous les secteurs de la vie publique, toutes les branches de l'économie, mais aussi les politiques sociale ou culturelle, et dans une certaine mesure la diplomatie et la défense. L'AELE ne pratique l'harmonisation que dans le domaine économique, et de manière restrictive, la politique agricole en étant, par exemple, exclue (Jörg Thalmann, *1992... et nous ?*, Lausanne, J.-M. Blanc, 1989, p. 21-22). Au sein de l'Espace économique européen, les membres de l'AELE accepteraient, sans reconnaître formellement le principe de la supranationalité, de s'intégrer progressivement à un système économique global et contraignant.

16. *Le Matin*, 2 août 1989.

17. *Le Matin*, 1er août 1989. Dans cette série d'interviews, d'autres anciens conseillers fédéraux, du socialiste Pierre Aubert au démocrate-chrétien Ludwig von Moos, s'expriment dans le même sens (*Le Matin*, 31 juillet et 3 août 1989).

18. Le texte de la résolution est adopté par 200 voix contre 1 (*Journal de Genève*, 14 mai 1990).

19. *24 Heures*, 30 avril 1990.

20. *Gazette de Lausanne*, 18 mai 1990, et *24 Heures*, 24 août 1990.

21. *24 Heures*, 23 novembre 1990 et *Journal de Genève*, 19 et 22 novembre 1990.

22. *La Suisse*, 18 décembre 1989.

23. *24 Heures*, 3-4 mars 1990, *l'Hebdo*, 15 mars 1990 et *Journal de Genève*, 14 mai 1990.

24. *CH 89*, Journal suisse de l'année, Prilly, Eiselé, 1990, p. 20.

25. *L'Invention de l'Europe*, *op. cit.*, p. 487-488.

26. *Op. cit.*, p. 229.

27. Ehrard Busek, ministre de la Recherche scientifique, lors d'une conférence à Genève, *Tribune de Genève*, 19-20 mai 1990.

28. *Tribune de Genève*, 20 décembre 1989.

29. *Bilan*, juin 1990, p. 131.

30. William Martin, *Histoire de la Suisse*, *op. cit.*, p. 240-243.

31. *Le Temps stratégique*, numéro hors série, janvier 1991, p. 21-24.

32. « Nous sommes le pays du monde le plus riche en cartels et le plus

pauvre en personnel pour les surveiller », admet le directeur du secrétariat permanent de la Commission suisse des cartels, qui compte six collaborateurs (*l'Hebdo*, 22 novembre 1990). Voir aussi *Bilan*, décembre 1990, p. 57-64.

33. Pour Henri Schwamm, ancien directeur de l'Institut universitaire d'études européennes à Genève, l'alignement des droits de douane helvétiques sur ceux de la Communauté provoquerait, au contraire, l'augmentation de nombreux articles, des machines électriques aux vêtements (*la Suisse*, 5 mai 1990). La stagnation des salaires helvétiques est le scénario d'avenir envisagé par la douzaine de représentants des milieux économiques consultés par *le Temps stratégique*, numéro hors série, janvier 1991, p. 30.

34. Rapport du Conseil fédéral du 24 août 1988 sur la position de la Suisse dans le processus d'intégration européenne, *op. cit.*, p. 113.

35. *24 Heures*, 13-14 octobre 1990.

36. « L'ennui avec les Suisses, dit-on à Bruxelles, c'est qu'ils ont pris l'habitude de régler par référendum des questions purement économiques ou des problèmes d'environnement, qui seraient évidemment du ressort communautaire » (*l'Expansion*, 26 avril 1989).

37. « La démocratie directe est-elle dépassée ? », in *l'Hebdo*, 19 juillet 1990. Voir aussi la réponse de Laurent Rebeaud dans le numéro du 9 août 1990 du même hebdomadaire.

38. *Journal de Genève*, 22 novembre 1990.

39. *L'Illustré*, 16 mai 1990.

40. *Libération*, 16 novembre 1990.

41. Jacques Zeegers, in *Le Temps stratégique*, numéro hors série, novembre 1989, p. 78.

42. *Union et division de la Suisse*, *op. cit.*, p. 91.

43. Yves Fricker, « La construction européenne et la cohésion nationale suisse : une fois encore le Sonderfall Schweiz ? », in *La Suisse et son avenir européen*, Lausanne, Payot, 1989, p. 256-259, et Fabien Dunand, *op. cit.*, p. 219.

44. *Op. cit.*, p. 195.

CONCLUSION

Le défi suisse ou le complexe de David

Ne demandez pas à un Américain moyen où se trouve la Suisse sur la mappemonde : c'est trop petit. Avec ses 41 000 km², elle se situe, à l'échelle européenne, entre l'Albanie (28 000 km²) et la Hongrie (98 000 km²) ; aux côtés de ses principaux voisins, elle prend les dimensions d'une simple région. Elle tend même à devenir minuscule en temps/kilomètre. Il fallait encore compter en jours pour se déplacer d'un bout à l'autre du pays vers le milieu du XIXᵉ siècle, on compte en heures désormais pour se rendre d'un bout à l'autre du continent. Faute d'espace, son aviation militaire va parfois s'entraîner à l'étranger pour certaines missions, et le projet « Swissmétro » actuellement à l'étude, mais techniquement réalisable, permettrait de traverser la Suisse d'ouest en est en un peu plus d'une heure.

A l'échelle mondiale, la Suisse n'est qu'une valeur mathématiquement négligeable. Elle ne représente que 0,028 % des terres et sur 10 000 habitants de la planète en 1985 on ne comptait que 14 Suisses. Même sur le plan européen, la Confédération n'est qu'un poids plume démographique : elle abrite 0,8 % de la population du continent si l'on considère que l'URSS en fait partie (1,3 % si on écarte le géant soviétique).

La Suisse ne peut prétendre à la puissance ni par le nombre ni par l'espace. Elle ne recèle en outre aucune richesse naturelle dans son sol ni dans son sous-sol. Un quart de son territoire est impossible à exploiter, un autre quart est couvert de forêts. Elle n'a pas de débouchés sur la mer : c'est un îlot entouré de terres, peuplé d'indigènes qui parlent de multiples dialectes et sacrifient à des religions différentes. Bref, si la Suisse n'existait pas, personne ne prendrait le risque de l'inventer. Elle existe, pourtant, et se montre exceptionnellement prospère. Son revenu par tête d'habitant est cinq fois supérieur à la moyenne mondiale ; il est l'un des plus élevés de la planète. Sa part à la production des pays de l'OCDE dépasse d'environ 40 % son poids démographique au sein de ce club des riches. La Suisse occupe le quatorzième rang mondial des nations exportatrices (elle vend à l'étranger plus du tiers de sa production de biens et de services alors que les autres pays industrialisés en exportent généralement 10 à 20 %). Après New York, Londres et Tokyo, c'est la quatrième place financière du globe. Mais contrairement à un avis fort répandu, la Suisse ne doit pas son niveau de vie à l'afflux de capitaux étrangers dans les sous-sols de ses banques. En matière de compétitivité économique, les experts lui décernent les meilleurs diplômes, ceux qui reviennent aux États-Unis, à l'Allemagne, au Japon ou à d'autres pays du Sud-Est asiatique, comme Taïwan ou la Corée du Sud.

Cet écart permanent dans l'histoire de la Suisse entre la faiblesse de ses moyens et sa capacité finale à rivaliser avec les Grands a fait naître chez elle toute une série d'attitudes et de comportements qui ressemblent fort à ce que j'appellerais un complexe de David, du nom de ce berger devenu roi des Juifs dans l'Ancien Testament, après avoir affronté avec succès le terrible Goliath, géant des Philistins[1]. Le mythe de Guillaume Tell repose d'ailleurs sur un autre combat libérateur et singulier entre un berger d'Uri et le bailli Gessler, où l'arbalète a simplement remplacé la fronde.

Contre les féodaux du duc de Habsbourg, à cheval et bardés de fer, les premiers Suisses remportent leur première victoire avec des moyens dérisoires, en lançant sur l'adversaire pris au piège des avalanches de troncs d'arbres et de rochers. Face à la puissance de Charles le Téméraire, leurs carrés de piques et de hallebardes leur assurent la suprématie sur le terrain malgré leur infériorité numérique. Dans les deux cas, David a terrassé Goliath. Encerclée par les armées du IIIe Reich rugissant, la Suisse invente le réduit alpin — véritable sanctuaire national — et met en pratique, avant l'ère nucléaire, l'idée même de la dissuasion. En étant capable de faire subir à l'ennemi des pertes sans commune mesure avec l'enjeu qu'il représente, David a empêché Goliath de lui nuire. Dépourvue des greniers à blé qui ont fait émerger la puissance de la France sur le continent, du charbon et du fer qui ont lancé l'Angleterre la première dans la révolution industrielle, d'une population nombreuse qui puisse assurer à ses produits de vastes débouchés, la Suisse cultive le travail, trouve des ressources dans la spécialisation et le haut de gamme, ouvre son économie sur le monde (à un point nulle part égalé sauf dans les pays du Bénélux). De cette manière, David parvient à rester dans la compétition économique, et même à l'emporter sur les Goliath dans de nombreuses épreuves individuelles.

Ce complexe de David expliquerait-il le fameux « malaise » suisse ? Il se traduit, dans la mentalité collective, par la conviction d'être différent et la ferme détermination de le rester. « On aime bien ce pays, dit sobrement Jean-François Aubert. Comme il est. Et on n'aimerait pas le voir changer trop, ni trop brutalement [2]. » Mais l'impression d'être privé d'espace, d'être limité dans ses mouvements, au propre comme au figuré, engendre parfois l'envie du grand large, ce besoin qu'éprouvent de nombreux Suisses de s'expatrier, au moins pour un temps. « Je me souviens, raconte l'un d'eux, de l'exaltation extraordinaire qui m'avait saisi lors de mon premier voyage à Paris et qui m'a ressaisi trente ans plus tard à Sao Paolo. Je m'étais senti infiniment grandi par cette démesure car j'y étais tout petit : le bonheur me submergeait de savoir que je n'en aurais jamais fini de tout cela, que je n'en viendrais jamais à bout[3]. » Ce sentiment de vivre dans un pays vraiment trop petit, dans tous les sens du terme, d'être contraint de se montrer toujours le même et cohérent, de ne pouvoir changer d'avis ou de comportement sans qu'au moins le voisin s'en inquiète, explique sans doute le malaise ressenti par des générations d'artistes et d'intellectuels.

Paradoxalement, la conscience historique d'être si petit renforce aussi la volonté de préserver l'indépendance politique du pays, en dépit de l'interdépendance économique croissante à travers le monde. La Confédération le sait, les cantons en ont fait l'expérience : une fois perdu, le pouvoir de conclure des .traités ne se récupère plus. « Les pays cèdent d'autant plus volontiers une parcelle de leur souveraineté, explique le très diplomate Franz Blankart, qu'ils sont grands et qu'ils sont sûrs de continuer de se faire entendre[4]. » La Suisse n'a pas cette certitude et c'est précisément la source d'une inquiétude permanente sur le sort du pays. Car David, malgré tout, n'a pas toujours eu les moyens de gagner. Sans remonter jusqu'à Napoléon qui se comportait en Suisse comme un maître chez lui, le pays a été pris d'angoisse dans d'autres circonstances, mêmes pacifiques. Lorsque l'Europe, par exemple, s'est lancée dans l'aventure des chemins de fer, à partir de 1830, plusieurs obstacles ont longtemps freiné leur développement en Suisse. La Confédération était encore trop compartimentée en multiples souverainetés cantonales pour apercevoir l'intérêt de ce nouveau mode de transport pour l'ensemble du pays, d'autant que les ressources financières — fonds publics et capitaux privés — étaient insuffisantes pour faire face à une telle entreprise. La seule construction de la ligne et du tunnel du Gothard n'aurait jamais pu être entreprise à temps sans les millions investis par l'Allemagne et l'Italie. Comme partout aussi, tout un courant d'opinion craignait le pire, pour leur emploi ou la nature, de la part de ces nouvelles diligences. Mais les résistances, surtout chez les paysans, furent plus difficiles à surmonter qu'ailleurs. Un homme politique bernois ne redoutait-il pas — à cette époque déjà — que les chemins de fer n'entraînent la mort des petits États ?

Vers le milieu du siècle, le bilan était devenu alarmant. La Grande-Bretagne exploitait 10 500 km de voies ferrées, l'Allemagne 5 800 et la France 3 000. La Suisse se contentait de 25 km (la distance Paris-Versailles), et la première ligne construite, en 1847, entre Zurich et Baden, fonctionnait comme une navette ; elle n'était reliée à aucun réseau existant à ses frontières. Ce fut le Parlement qui renversa la vapeur sous l'impulsion d'un député qui devait lui-même lancer sa compagnie de chemins de fer, Alfred Escher. « De tous les points cardinaux, déclarait-il en 1849, des voies ferrées convergent vers la Suisse. La question se pose de savoir où et comment ces rails se rejoindront ; déjà l'on discute avec animation des moyens de contourner la Suisse. Si nous ne nous préoccupons pas d'amener les voies ferrées sur notre territoire, d'assurer les liaisons entre les pays qui nous entourent, nous courons le risque de demeurer une île déserte au cœur de l'Europe, et d'offrir à l'avenir le spectacle d'un ermitage européen à l'écart de tous les chemins[5]. »

A la fin du XXe siècle, c'est pourtant l'Europe qui pèse sur le bonheur helvétique. David doit-il s'incliner devant ce nouveau Goliath ? Au fond d'eux-mêmes, les Suisses ne le veulent pas. Sans doute se montrent-ils divisés sur la question de l'adhésion de leur pays à la Communauté européenne, mais ce fossé entre Romands et Alémaniques n'existe plus dès qu'on aborde les conséquences concrètes d'une telle adhésion. Ni les uns ni les autres ne sont prêts à accepter qu'on porte atteinte aux grands principes nationaux : la démocratie semi-directe, le fédéralisme et la neutralité (ni, d'ailleurs, à d'autres particularités nationales) sous prétexte d'un traité avec Bruxelles[6]. Un rapprochement est-il envisageable dans ces conditions ? Cela n'est pas exclu. Si la Suisse ne bouge que lentement, la Communauté européenne, elle aussi, n'avance qu'à petits pas. L'Europe, impuissante à faire respecter seule ses intérêts, devra peut-être un jour en tirer les conséquences, dresser le même constat que la Suisse du XVIe siècle, devenue incapable, après Marignan, d'imposer sa volonté à l'extérieur de ses frontières. La guerre du Golfe en témoigne au-delà du nécessaire. Il a fallu trois semaines à la France pour conduire dix mille de ses soldats à 4 000 km de leurs bases et « le vrai problème, constate *Libération*, c'est que les Français ont atteint l'extrême limite de ce qu'ils peuvent déployer sur le terrain » en tant qu'armée de métier[7]. Chiffre révélateur : sur plus de 2 500 sorties aériennes annoncées chaque jour par l'armada alliée engagée dans le conflit, la France n'en assure au mieux que deux à trois dizaines. La Grande-Bretagne et la France avaient déjà mesuré leurs limites lors de l'expédition de Suez en 1954. Les pressions conjuguées de Washington et de Moscou avaient contraint Londres et Paris à laisser Nasser au pouvoir en Égypte malgré la nationalisation du canal de Suez. L'abandon des empires coloniaux, même quand il fut déguisé sous des élans de générosité magnanime, n'avait d'autre motif que l'impossibilité de faire autrement. « Les grandes nations traditionnelles de l'Europe, souligne Emannuel Todd, sont en effet en train de devenir petites à l'échelle mondiale, et ont désormais beaucoup à apprendre de pays habitués depuis longtemps à une certaine modestie diplomatique et militaire (...) L'Europe politique ne pourra être réalisée que si la France, l'Angleterre et l'Allemagne cessent de se penser comme différentes par nature des Pays-Bas, de la Suède ou de la Suisse[8]. »

L'alternative est simple : ou la Communauté se dote d'une véritable puissance militaire capable d'intervenir là où ses intérêts l'exigent ; ou l'Europe renonce au fil de l'épée pour se contenter d'un bouclier protecteur. C'est précisément cette deuxième voie que suggère de prendre l'un des théoriciens français de la dissuasion, le général Pierre-Marie Gallois. « Cessons donc les cocoricos, dit-il. En 1983, la France envoie des troupes au Liban pour rétablir l'ordre. L'attentat du Drakkar fait 53 morts parmi nos soldats. Et immédiatement, on rapatrie nos forces. Pour la société française, ces 53 morts sont intolérables. Tout cela milite en faveur de la neutralité de notre pays. C'est d'ailleurs plus un constat qu'un plaidoyer. La logique de la dissuasion et du sanctuaire national, c'est la neutralité[9]. » Cette tendance ne touche pas que les puissances européennes. Pour l'ambassadeur du Japon contraint de quitter Bagdad en décembre 1990, son pays ressemble « à un animal qui paraît très gros mais n'a ni dents ni griffes et mange de l'herbe[10] ». Seuls les États-Unis paraissent encore capables d'une politique à l'échelle planétaire, bien qu'ils donnent eux aussi des signes de fatigue en invitant leurs partenaires à financer le coût de leur intervention massive contre l'Irak.

Les États-nations seraient-ils en train de disparaître, non plus au profit des empires en déclin, mais pour se diluer dans de nouvelles formes d'alliances ? Malgré les monopoles qui sont encore les siens, partout, l'État semble perdre le pouvoir, manifester au moins des signes d'impuissance. Face à l'information instantanée qui est devenue la règle dans nos sociétés, l'administration publique conserve des méthodes de fonctionnement archaïques. Ce sont désormais les dépêches d'agence et les reportages télévisés, souvent diffusés en direct, qui informent les ministères, et non plus l'inverse. Les gouvernants découvrent l'événement en même temps que l'opinion et, à l'instant, les médias les assaillent pour connaître leurs réactions. Partout, des activités traditionnellement réservées au secteur public échappent à l'État ou sont privatisées, en raison de son incapacité à se montrer compétitif, en particulier dans le domaine des télécommunications. De plus en plus d'entreprises et de citoyens sont habitués à gérer leurs affaires par-dessus les frontières nationales. Incapable de juguler des problèmes aussi graves que l'émigration, l'illettrisme ou le trafic de drogue, l'État en vient à perdre la confiance de l'opinion, et partant, sa légitimité. Une coalition de minorités, qui ne parviendrait pas à s'entendre au pouvoir, s'entend en revanche à le paralyser.

Tous ces changements affaiblissent l'État-nation au profit d'autres points de référence qui correspondent mieux aux aspirations du citoyen : la région, où il dispose d'un cadre à sa mesure, et à l'autre extrême, la planète tout entière où se joue désormais la solution de tout problème important (la lutte contre la pollution par exemple). Aucun système ne serait mieux adapté à cette évolution que le fédéralisme. Au sein de la Communauté européenne, il permettrait aux États de poursuivre leur rapprochement, de faire progresser pas à pas le fonds commun, en accordant aux régions la plus large autonomie possible, en leur laissant la faculté de vivre leurs diversités. L'idée fédéraliste, ce n'est pas un Livre blanc de trois cent dix propositions à réaliser comme un plan quinquennal par le pilonnage systématique des résistances. On n'écrase pas, d'ailleurs, si facilement les différences. Fernand Braudel s'émerveillait que deux siècles de régime jacobin et tous les rouleaux compresseurs nés de l'uniformisation de la langue, de la révolution industrielle, de l'accélération des transports ou de la société de consommation n'aient pas anéanti la diversité française [11]. La centralisation ? D'un bout à l'autre du continent, elle est mise en échec. La France elle-même accorde un statut spécial à la Corse et au « peuple » qui l'habite. Après des décennies de diktat moscovite, les nationalités souhaitent pouvoir s'épanouir dans les pays de l'Est et jusqu'au cœur de l'empire soviétique. L'Allemagne s'helvétise en renforçant les attributions de ses Länder. Les revendications autonomistes explosent du Pays basque aux pays baltes. Autour d'une centrale nucléaire, d'une autoroute — ou d'un drapeau — les populations locales veulent prendre en main leur destin, sans laisser à des capitales lointaines — et donc étrangères — le soin de décider à leur place. Pourquoi faudrait-il suivre ceux qui rêvent d'uniformiser au-delà du nécessaire la vie de plus de 300 millions d'Européens si le vœu d'indépendance de 3,5 millions de Lituaniens nous paraît parfaitement légitime ? Comment pense-t-on y parvenir en quelques années quand le niveau de vie des régions de la Communauté varie dans la proportion de 1 à 7 ?

« Il est certain, écrivait Denis de Rougemont, que l'Europe se fera un jour ou l'autre. Il est probable qu'elle sera faite d'ici 1980[12]. » C'était en 1964. A l'inverse, le journaliste allemand Peter Scholl-Latour envisageait encore, en 1989, que la perspective de la réunification de son pays puisse être lointaine[13]. Ce qui semblait à portée de l'effort d'une bonne dizaine d'années ne s'est pas encore réalisé ; ce qui paraissait impensable il n'y a pas si longtemps est déjà entré dans les faits. L'histoire se moque des prévisions comme des horoscopes : elle fait ce qu'elle veut ou, plutôt, comme elle peut. Les changements qui se produisent sont rarement ceux que l'on attendait. Le monde ne se modifie pas selon la volonté des abracadabreurs. 1989 annonçait, paraît-il, la paix universelle et un toit pour l'Europe. 1990 enfante le conflit international le plus grave depuis longtemps et c'est la tuile pour la « maison européenne », de Bagdad à Vilnius. « La coopération entre les Douze a été soumise à une véritable épreuve du feu, reconnaît le ministre espagnol des Affaires étrangères en évoquant la crise du Golfe, et je crains que le résultat n'ait pas été très bon[14]. »

Que s'est-il donc passé ? La Communauté européenne ne s'est montrée unie qu'en apparence, pour condamner l'annexion du Koweit par l'Irak et apporter son appui aux résolutions de l'ONU. Au-delà de cette désapprobation morale, qui n'a guère impressionné Saddam Hussein, chacun des Douze a suivi son penchant national. La Grande-Bretagne s'est immédiatement rangée derrière la bannière étoilée. La France a cherché à jouer cavalier seul, et les toutes dernières initiatives diplomatiques de Paris, à quelques heures du déclenchement des hostilités, ont passablement irrité Londres. L'Allemagne a invoqué sa Constitution pour ne rien faire sur le plan militaire qui puisse mobiliser ses pacifistes. Jusqu'à la petite Irlande où une partie de l'opinion s'est avisée que les avions américains faisant escale à Shannon Airport violaient sa neutralité. « L'étendue des divergences entre les pays européens, déclare le Premier ministre britannique, a encore souligné que l'Europe n'était visiblement pas prête à réaliser une union politique et une défense communautaire [15]. » Est-ce bien la leçon inéluctable que nous devons tirer de ces désaccords ? Pas sûr. Ce sont précisément des divergences de cette nature qui ont marqué l'histoire de la Confédération suisse et qui, sans l'empêcher de se faire, l'ont renforcé dans l'idée de limiter ses forces à la défense du territoire, l'ont davantage ancré dans la neutralité. Et rien n'assure, au contraire, que le poids stratégique de l'Europe et son rôle économique dans le monde re ressembleront pas, demain, à ceux de la Suisse dans l'Europe d'aujourd'hui.

Il est vrai que la comparaison constante de la future Europe avec les États-Unis, l'expression même d'États-Unis d'Europe faussent les esprits en attribuant à la Communauté plus de puissance et d'unité qu'elle ne peut en avoir d'un seul coup. A l'origine, les treize colonies d'Amérique étaient unies par la langue, la religion et le système juridique empruntés aux anciens maîtres. Cette base fait totalement défaut aux douze États de la Communauté. Ils ont chacun leur tradition, leur langue, leur droit, et de nouvelles adhésions ne feraient qu'enrichir — ou compliquer — cette complexité. Les États américains n'ont connu entre eux qu'une guerre civile. En Europe, ils ont vécu les guerres de religion, les mobilisations nationales, les croisades idéologiques. Les frontières historiques ne disparaîtront pas aussi vite que les postes douaniers. Si l'Europe veut surmonter ses divisions en respectant ses différences, elle devra explorer davantage qu'aux États-Unis la voie du fédéralisme. La culture européenne elle-même s'appuie sur ce principe. Comme l'a montré Edgar Morin, elle ne repose pas seulement sur quelques idées-forces (le christianisme, par exemple, ou la science), mais sur ces idées et leurs contraires, sur leur dialogue. Ce qui importe aux yeux du sociologue pour l'avenir de la culture européenne, c'est cette rencontre fécondante des diversités, des antagonismes, des concurrences, des complémentarités [16]. Dans cette Europe-là, David ne devrait plus avoir peur de Goliath. Le taureau d'Uri, figure emblématoire de la Suisse primitive, pourrait rejoindre sans crainte le taureau de Lascaux, plus vieux symbole connu de civilisation sur le continent. Hasard des légendes ? C'est encore un taureau qui, dans la mythologie grecque, parvenait à séduire la déesse Europe. Elle pourrait se réveiller un jour plus suisse qu'elle ne le croit.

NOTES ET RÉFÉRENCES

1. Curieusement, *Le Roi David* d'Arthur Honegger est l'une des rares œuvres musicales suisses connues à travers le monde.
2. Laurent Rebeaud, *La Suisse qu'ils veulent, op. cit.*, p. 17.
3. « Laurent Wolf, sociologue devenu peintre et vivant à Paris », in *Création et innovation en Suisse, op. cit.*, p. 50-52 et p. 92-93.
4. *Bilan*, décembre 1989, p. 21.
5. Discours prononcé lors de l'ouverture de la session d'automne de 1849. Le 12 novembre suivant, il dépose avec d'autres députés une motion invitant le gouvernement à construire rapidement des chemins de fer.
6. *La Suisse et son avenir européen, op. cit.*, p. 243-244 et 252.
7. 1er février 1991.
8. *L'Invention de l'Europe, op. cit.*, p. 10-11.
9. *Libération*, 16 novembre 1990.
10. *Mainichi*, 19 décembre 1990.
11. *L'identité de la France, espace et histoire*, Paris, Arthaud, 1986, p. 29-30.
12. Denis de Rougemont, *La Suisse ou l'histoire d'un peuple heureux*, Lausanne, L'Age d'Homme, réédition 1989, p. 303.
13. *Hexagonie*, Paris, Presses de la Cité, 1989. Préface à l'édition française.
14. *El Pais*, 16 janvier 1991.
15. *Libération*, 4 février 1991.
16. *Penser l'Europe*, Paris, Gallimard, 1987.

BIBLIOGRAPHIE

AUBERT, Jean-François, *Exposé des institutions politiques de la Suisse à partir de quelques affaires controversées*, Lausanne, Payot, 1978.

BAIROCH, Paul, *Commerce extérieur et développement économique de l'Europe au* XIXe *siècle*, Paris, Mouton, 1976.

BARRY, Joseph, *Versailles, passions et politique*, Paris, Seuil, 1987.

BEGUELIN, Roland, *Un Faux Témoin la Suisse*, Paris, Lausanne, Montréal, éd. du Monde, 1973.

BERGIER, Jean-François, *Histoire économique de la Suisse*, Lausanne, Payot, 1983.

BERGIER, Jean-François, *Guillaume Tell*, Paris, Fayard, 1988.

BODIN, Jérôme, *Les Suisses au service de la France*, Paris, Albin Michel, 1988.

BOLTANSKI, Luc, *Le Bonheur suisse*, Paris, Minuit, 1966.

BONJOUR, Edgar, *La Neutralité suisse, synthèse de son histoire*, Neuchâtel, La Baconnière, 1979.

BRAKER, Ulrich, *Le Pauvre Homme du Toggenbourg*, Lausanne, L'Age d'Homme, réédition 1985.

BRAUDEL, Fernand, *L'Identité de la France, espace et histoire*, Paris, Arthaud, 1986.

BRUCKBERGER, R-L., *A l'heure où les ombres s'allongent*, Paris, Albin Michel, 1989.

CENTLIVRES, Pierre, *Devenir Suisse, adhésion et diversité culturelle des étrangers en Suisse*, Genève, Georg, 1990.

CHAPUISAT, Édouard, *La Suisse et la Révolution française*, Genève, Mont-Blanc, 1945.

CHEVALLAZ, Georges-André, *La Suisse ou le sommeil du juste*, Lausanne, Payot, 1967.

ID, *Les Raisons de l'espoir*, Lausanne, L'Aire, 1979.

ID, *La Suisse est-elle gouvernable ?*, Lausanne, L'Aire, 1984.

ID, *Neutralité suisse et Nations unies*, Lausanne, L'Aire, 1986.

ID, *Le Gouvernement des Suisses ou l'histoire en contrepoint*, Lausanne, L'Aire, 1989.

Cinq Siècles de relations franco-suisses (ouvrage collectif), Neuchâtel, La Baconnière, 1984.

COURVOISIER, Jean-Claude, *La Suisse jubilaire et l'Europe naissante*, Lausanne, L'Aire, 1989.

Création et innovation en Suisse (ouvrage collectif), Genève, Zoé, 1989.

DIESBACH, Roger (de), *L'Armée*, Lausanne, Mondo, 1988.

Données sur l'alcool et les drogues en Suisse, Lausanne, ISPA, 1989.

DU BOIS, Pierre, *La Suisse et le défi européen, 1945-1992*, Lausanne, Pierre-Marcel Favre, 1989.

DUNAND, Fabien, *Dessine-moi un Suisse*, Lausanne, 24 Heures, 1987.

DU PASQUIER, *L'État englobé*, Lausanne, Réalités sociales, 1986.

DUPLAIN, Georges, *La Suisse en 365 anniversaires*, Bienne, Paul Thierrin, 1964.

DURRENMATT, Friedrich, *La Mise en œuvre*, Paris-Lausanne, L'Age d'Homme, 1985.

DURRENMATT, Friedrich, *Pour Vaclav Havel*, Genève, Zoé, 1991.

DURRER, Robert, *Die ältesten Quellen über den seligen Nikolaus von Flüe, sein Leben un seinen Einfluss*, Sarnen, 1917-1921.

DUTTWEILER, Catherine, *Kopp Madame et Monsieur*, Lausanne, Payot, 1990.

Encyclopédie illustrée du pays de Vaud (ouvrage collectif), Lausanne, 24 Heures.

ENZENSBERGER, Hans Magnus, *Europe, Europe !*, Paris, Gallimard, 1988.

FAURE, Edgar, *Mémoires II, Si tel doit être mon destin ce soir...*, Paris, Plon, 1984.

FELLER, Richard, *Geschichte Berns*, Berne, 1946.

FINGER, Matthias et SCIARINI Pascal, *L'Homo politicus à la dérive ?*, Lausanne, L.E.P, 1990.

FRISCH, Max, *La Suisse sans armée, un palabre*, Yvonand, Bernard Campiche, 1989.

GAULLE, Charles (de), *Discours et messages, Vers le terme*, Paris, Plon, 1970.

GRELLET, Pierre, *La Suisse des diligences*, Lausanne, L'Age d'Homme, réédition 1984.

HIERONYMI, Otto, *La Crise internationale et la sécurité de la Suisse*, Genève, Georg, 1988.

HILDBRAND, René, *Tell me a Swiss Joke*, Berne, Benteli Verlag, 1989.

HILTY, C., *Les Constitutions fédérales de la Confédération suisse*, Lausanne, L'Aire, réédition 1991.

IMBODEN, Max, *Helvetisches Malaise*, Zurich, EVZ Verlag, 1964.

KNUSEL, René, *Les Secrets de l'isoloir*, Lausanne, Réalités sociales, 1990.

KRIESI, Hans-Peter, *Entscheidungsstukturen und Entscheidungsprozesse in der Schweizer Politik*, Francfort, Campus, 1980.

La Démocratie suisse, 1848-1948 (ouvrage collectif), Morat, éd. patriotiques, 1948.

LALIVE D'EPINAY, Christian, *Le Mythe du travail en Suisse*, Genève, Georg, 1988.

ID, *Les Suisses et le travail, des certitudes du passé aux interrogations de l'avenir*, Lausanne, Réalités sociales, 1990.

La Mobilité des étudiants, Berne, éd. Office fédéral de la statistique, 1990.

« La Suisse », in *Pouvoirs*, numéro 43, 1987.

La Suisse et son avenir européen (ouvrage collectif), Lausanne, Payot, 1989.

LEBEAU, René, *La Suisse*, Paris, Masson, 1975.

Le Livre de l'Europe, atlas géopolitique, Paris, Stock, 1990.

Les Alpes à l'avant-garde de l'Europe ? (ouvrage collectif), Le Temps stratégique, 1986.

Les Suisses vont-ils disparaître ? (ouvrage collectif), Berne et Stuttgart, Haupt, 1985.

L'Europe aujourd'hui (ouvrage collectif), Neuchâtel, La Baconnière, 1985.

L'Europe, une longue marche, Lausanne, éd. du Centre de recherches européennes, 1985.

LINDER, Wolf, *La Décision politique en Suisse*, Lausanne, Réalités sociales, 1987.

LINIGER-GOUMAZ, Max, *De l'éradication du crétinisme et autres phénomènes remarquables tels qu'on les peut observer dans la région des Alpes pennines*, Lausanne, L'Aire, 1989.

MACHIAVEL, *Œuvres complètes*, Paris, Gallimard, 1952.

MARTIN, William, *Histoire de la Suisse*, Lausanne, Payot, 1980.

MASNATA, François et Claire, *Le Pouvoir suisse, séduction démocratique et répression suave*, Paris, Christian Bourgois, 1978.

MAUGUE, Pierre, *Guillaume Tell et la tradition celtique, le mythe et l'histoire*, Paris, Guy Trédaniel, La Maisnie, 1985.

MCPHEE, John, *La Place de la Concorde suisse*, Paris, Grasset, 1985.

MELICH, Anna, *Comment devient-on Suisses ? Enfants et apprentissage politique*, Lausanne, Institut de science politique, 1979.

MORIN, *Edgar, Penser l'Europe*, Paris, Gallimard, 1987.

Nouvelle géographie de la Suisse et des Suisses (ouvrage collectif), Lausanne, Payot, 1990.

Nouvelle histoire de la Suisse et des Suisses (ouvrage collectif), Lausanne, Payot, 1986.

Paix du travail, concertation, confrontation, Lausanne, Rencontres suisses, 1987.

Paix du travail, mythes, réalités et enjeux, Confédération romande du travail, bulletin numéro 75, décembre 1987-janvier 1988.

PEYREFITTE, Alain, *Le Mal français*, Paris, Plon, 1976.

ID, *Encore un effort, Monsieur le Président*, Paris, Jean-Claude Lattès, 1985.

PICHARD, Alain, *La Suisse dans tous ses États*, Lausanne, 24 Heures, 1987.

PIVOT, Bernard, *Écrire, lire et en parler*, Paris, Robert Laffont, 1985.

PLATTER, Thomas, *Ma vie, Lausanne*, L'Age d'Homme, réédition 1982.

PLOMB, Georges, *Les Sept Sages*, Lausanne, L'Aire, 1989.

RAPPARD, William, *La Constitution fédérale de la Suisse 1848-1948, son origine, son élaboration, son évolution*, Neuchâtel, La Baconnière, 1948.

ID, La Suisse et l'organisation européenne, Neuchâtel, La Baconnière, 1950.

Rapport présenté à l'Assemblée fédérale par le Conseil fédéral sur sa gestion en 1962, Berne, 1963.

Rapport de la Commission de coordination pour la présence de la Suisse à l'étranger, Berne, 11 décembre 1974.

Rapport sur la position de la Suisse dans le processus d'intégration du 24 août 1988, Berne, 1988.

Rapport de la Commission d'enquête parlementaire sur les événements de grave portée survenus au Département militaire fédéral, Berne, 23 novembre 1990.

REBEAUD, Laurent, *La Suisse qu'ils veulent*, Lausanne, L'Age d'Homme, 1975.

ID, *La Suisse, une démocratie en panne*, Lausanne, L'Age d'Homme, 1978.

ID, *La Suisse verte*, Lausanne, L'Age d'Homme, 1987.

RESZLER, André, *Mythes et identité de la Suisse*, Genève, Georg, 1986.

REY, Jean-Noël, *La Suisse au pluriel*, Lausanne, L.E.P., 1990.

REYNOLD, Gonzague (de), *Conscience de la Suisse*, Neuchâtel, La Baconnière, 1939.

ID, *Grandeur de la Suisse*, Neuchâtel, La Baconnière, 1940.

ID, *Cités et Pays suisses*, Lausanne, L'Age d'Homme, réédition 1982.

RIBEAUD, José, *Kurt Furgler à cœur ouvert*, Lausanne, L'Aire, 1986.

ROUGEMONT, Denis (de), *Mission ou démission de la Suisse*, Neuchâtel, La Baconnière, 1940.

ID, *La Suisse ou l'histoire d'un peuple heureux*, Lausanne, L'Age d'Homme, réédition 1989.

ID, *Vingt-huit siècles d'Europe*, Paris, Christian de Bartillad, réédition 1990.

SALIS, Jean-Rodolphe (de), *La Suisse diverse et paradoxale*, Neuchâtel, La Baconnière, 1971.

SANGUIN, André-Louis, *La Suisse, essai de géographie politique*, Gap, Ophrys, 1983.

SCHMID, Karl, *Unbehagen im Kleinstaat*, Zurich, Artemis, 1963.

SCHOLL-LATOUR, Peter, *Hexagonie*, Paris, Presses de la Cité, 1989.

SCHWOK, René, Horizon 1992, *La Suisse et le grand marché européen*, Genève, Georg, 1989.

SIDJANSKI, Dusan, *Les Suisses et la politique*, Berne et Francfort, Herbert et Peter Lang, 1975.

SIEGFRIED, André, *La Suisse, démocratie témoin*, Neuchâtel, La Baconnière, édition 1969.

STRANNER, Henri, *Neutralité suisse et solidarité européenne*, Lausanne, éd. Vie, 1959

TABIN, Jean-Pierre, *La Formation professionnelle en Suisse*, Lausanne, Réalités sociales, 1989.

THALMANN, Jörg, *1992... et nous ?*, Lausanne, J.-M. Blanc, 1989.

TSCHANI, Hans, *A qui appartient la Suisse ?*, Genève, Zoé, 1988.

ID, *Qui dirige la Suisse ? Les groupes de pression contre la démocratie*, Lausanne, 24 Heures, 1984.

TODD, Emmanuel, *L'invention de l'Europe*, Paris, Seuil, 1990.

Union et division des Suisses (sous la direction de Pierre du BOIS), Lausanne, L'Aire, 1983.

URIO, Paolo, *L'Affaire des Mirage : décision administrative et contrôle parlementaire*, Genève, Médecine et Hygiène, 1972.

ID, *Le Rôle politique de l'administration publique*, Lausanne, L.E.P., 1984.

VERDEIL, Auguste, *Histoire du canton de Vaud*, Lausanne, 1854.

VOUGA, Jean-Pierre, *Romands, Alémaniques, Tessinois*, Neuchâtel, La Baconnière, 1978.

ID, *Les Helvètes au Grütli*, Lausanne, L'Aire.

WAHLEN, Friedrich, *L'Ambassade permanente*, Lausanne, L'Age d'Homme, 1966.

WALTHER, François, *Les Suisses et l'environnement*, Genève, Zoé, 1990.

WINDISCH, Uli et CORNU, Florence, *Tell au quotidien*, Zurich, éd. M, 1988.
WRAIGHT, John, *The Swiss and the British*, Salisbury, Michael Russel, 1988.

ZIEGLER, Jean, *Une Suisse au-dessus de tout soupçon*, Paris, Seuil, 1976.
ID, *La Suisse lave plus blanc*, Paris, Seuil, 1990.
ZORN, Fritz, *Mars*, Paris, Gallimard, 1979.

TABLE

DEUXIÈME PARTIE
LA SUISSE

Ouvrage imprimé sur presse CAMERON,
dans les ateliers de la S.E.P.C.
à Saint-Amand-Montrond (Cher)
en avril 1991

ISBN 2-228-88354-9

— N° d'impression : 958. —
Dépôt légal : avril 1991.

Imprimé en France